北京印刷学院学科建设与研究生教育专项资助立项

光明社科文库
GUANGMING DAILY PRESS:
A SOCIAL SCIENCE SERIES

·历史与文化书系·

清末思想界民论研究

韩丽雯 ｜ 著

光明日报出版社

图书在版编目（CIP）数据

清末思想界民论研究 / 韩丽雯著 . -- 北京：光明
日报出版社，2025. 1. -- ISBN 978 - 7 - 5194 - 8437 - 8

Ⅰ. D092. 52

中国国家版本馆 CIP 数据核字第 2025FW4872 号

清末思想界民论研究

QINGMO SIXIANGJIE MINLUN YANJIU

著　　者：韩丽雯

责任编辑：杨　茹　　　　　　　责任校对：杨　娜　贾　丹
封面设计：中联华文　　　　　　责任印制：曹　诤

出版发行：光明日报出版社

地　　址：北京市西城区永安路 106 号，100050

电　　话：010-63169890（咨询），010-63131930（邮购）

传　　真：010-63131930

网　　址：http: //book. gmw. cn

E - mail：gmrbcbs@ gmw. cn

法律顾问：北京市兰台律师事务所龚柳方律师

印　　刷：三河市华东印刷有限公司

装　　订：三河市华东印刷有限公司

本书如有破损、缺页、装订错误，请与本社联系调换，电话：010-63131930

开　　本：170mm×240mm

字　　数：291 千字　　　　　　印　　张：19

版　　次：2025 年 1 月第 1 版　　印　　次：2025 年 1 月第 1 次印刷

书　　号：ISBN 978 - 7 - 5194 - 8437 - 8

定　　价：98.00 元

序

　　近代中国思想界经历了从传统的天下观念向近代国家观念的演变历程。传统"天朝上国"的优越心态在经历了一次次战败之后被击得粉碎，在经历了短暂的列国共处的万国观念之后，思想界逐渐产生近代国家观念。随着近代国家观念认识的不断深化和演变，最终形成人民之公产的近代国家观念。在此基础之上，传统的民本思想也向近代民论发展演变。

　　戊戌维新时期，即1895—1898年，甲午战争的失败和洋务运动的破产给思想界带来巨大刺激。反思国家积弱的原因，寻求国家强大的途径成为时代的主题。在此背景下思想家展开了关于民生、民智、民权的认识和思考，在认识到民生多艰、民智未开、民权缺失造成国家积弱之后，他们一方面积极寻求自上而下的政府改革变法，以此改善民生、开发民智和赋予民众参与政事的权利，另一方面积极投入自下而上的组织学会、创办报纸、开设学校等的承担国家建设的活动中去，大力倡导"人人有自主之权"和传播西方国家的自然科学和社会科学。这一阶段思想家不仅在民智、民权方面的认识和思考超越了传统的民本思想，而且他们的"合群"观念也促进了国家建设中民众对国家的认同。

　　戊戌之后，即1899—1904年，庚子事变使中国的处境危机四伏，国家主权日益受到蚕食。寻求国家的自立、自存成为思想界关注的焦点。这一时期思想界的精英或流亡海外或出国留学，他们对西方国家的政治、经济和思想有了更加深入和全面的认识，但由于思想家的人生境遇、知识结构和接受西方思想学说的程度不同，使他们的思想观念产生分歧，他们逐渐分化成改良和革命两大派别，而严复则逐渐走向注重实效的稳健派。他们从民族主义、中国人种和民性、塑造中国之民等三个方面展开关于民的认识和思考。梁启超倡导西方的国家思想，并以民族主义作为建立强大民族国家的动力。但民族主义思想的宣传在清末特殊的环境下在国内演变成排满的民族主义，青年知识分子举起排满革命的大旗宣扬建立汉民族的民族国家。针对排满建国的思潮，康有为、严复和梁启超都发表文章纠正排满建国的偏失。思想家从国民资格的角度认识中国民性，指出中国之民缺乏国民资格，而具有奴隶根性，其原因在于中国秦汉之后的思想教化和专制统治，他们各自提出塑造中国之民的措施和方法。这一时期思想家主要从国家观念、精神品德等方面开启民智，倡导民权方面注重集体的权利而忽视了个体权利的建设和保障。在国家建设方面，增强了民众对国家的认同却使政府的合法性遭遇巨大的危机。

立宪运动前期，即1905—1907年，日俄战争的启示使立宪政体改革成为中国思想界思考的重心。立宪运动成为时代的潮流，但关于立宪政体实现的途径、方法和目标产生的分歧使中国政治思想层面形成两大政治团体，即立宪团体和革命团体。两大团体从民族主义、民权主义、民生主义展开关于民的认识和思考。关于民族主义，双方的主张并未超越前一阶段；关于民权主义，双方的追求具有了西方民主思想的含义，但由于中西传统的不同，与西方的民主思想也存在着本质的差别；关于民生主义，双方对西方经济思想都有借鉴，但借鉴的学说不同，革命团体借鉴西方的社会主义学说，而立宪团体借鉴西方的资本主义学说。

清末，即1895—1907年，思想界民论的形成，是在近代国家观念由产生到不断成熟，近代国家建设由民众认同、政府合法性遭遇质疑到国家制度设计的选择三个阶段依次推进的历史背景下不断走向深化和成熟。相对于传统民本思想，虽然"民"作为国家之本而受到古代思想家的重视和强调，但仍然是一种消极被动的角色而处于被统治的地位或是统治者治理和统治的对象，而近代民论的本质便是赋予民一种积极主动的角色，乃至使之成为国家的主人和政治的权力（或权利）主体。当然在现实层面这样的目标仍有待于实现，即民仍然可能是消极被动的，但正因为意识到这一点，所以思想家才会提出开民智、新民德、鼓民力的主张，并提出君民共治、君主立宪、民主共和等政治制度方面的构想，乃至提出民族主义、民权主义和民生主义的系统理论主张。三大主义涉及民族认同、人民主权和民生保障等近现代民族国家及其政治生活实质的诸多重大问题，而其中笔者认为应以民权主义为核心，对增强和促进基于民族认同意识的国家力量（当然还存在如何消除种族中心主义弊端的问题）和实现保障民生的社会分配正义的目标，民权的实现是其基础和前提条件。当然，在当时乃至今天这些仍然是富有争议性的问题，但是我们必须去面对和努力解决。系统梳理和厘清清末或近代民论的基本内涵、历史演化过程及其所涉及的各种思想争议与理论分歧，正是本书在学术研究方面的价值和意义所在。

目 录
CONTENTS

导　论

一、选题的含义、范围和意义

在中国政治思想史的研究中，先哲关于"民"的认识受到学者的关注，关于民本思想的研究成果颇丰，民本思想在中国政治思想中占有非常重要的地位，甚至有的学者认为："民本思想与中华帝制及其统治思想有着密不可分的血肉联系。"① 在晚清政治思想史的研究中，思想家关于"民"的认识也同样受到学术界的广泛关注。清末政治思想受到西方思想观念的重大影响，但这种"影响"又不是费正清所说的"挑战—回应"② 所能涵盖的。清末政治

---

① 张分田先生认为中国古代丰富的民本思想是与统治思想密不可分的，甚至可以说是中国古代统治思想的一部分。三代以来，重民一直是历代王朝的基本政治原则之一；汉唐以来，民本思想一直是官方学说的重要组成部分。除少数类似秦二世的庸碌昏聩的暴君，历代帝王普遍认同民本思想的核心理念和基本思路。他认为体系化的民本思想可以涵盖中国古代统治思想的基础框架乃至全部内容。以民为本的思想几乎可以贯通所有重大的政治理论命题。（参见张分田. 民本思想与中国古代统治思想 [M]. 天津：南开大学出版社，2009：21，45.）

② 以费正清为代表的哈佛学派根据"挑战—回应"的理论范式，认为中国的近代化是在西方挑战下的一个被动的"受刺"过程。就是说，中国人在西方的强大压力之下，只能逆来顺受，被动回应。王人博先生认为费正清在他及其学生的一系列著作中，过度强调西方对中国的"挑战"所产生的意义，忽略了"选择"这一概念在近代中国所包含的复杂意义。西方对中国的近代性肯定是有意义的，无论是正面的，还是负面的，但西方之于中国近代性的意义不能被无限地夸大。事实上，晚清时期的中国，既有西方带来的"外患"，也有穷途末路下的中国封建社会自身的"内忧"，在这样的双重压力下，中国人既有应对，也有自己主动性的思考和选择。就是说，"挑战—回应"的范式无法接纳中国的"主体性"这一根本性的要素。对近代的中国而言，"主体性"一词包含了太多、太复杂的意义。虽然，在近代的世界格局之下，中国的角色不断地被边缘化，但沮丧之中仍有中国的智慧、谋略，既有学习也有创造。（参见王人博. 中国近代宪政史上的关键词 [M]. 北京：法律出版社，2009：4-5.）

思想的转变，"西方知识只提供刺激的源泉，而思想的形成则是出于中国学者内在的感悟"①。清末思想界民论既激起了对中国古代民本思想的重新关注和思考，又有对西方近代民权、民主思想的介绍和想望；既有对中国国民性的激烈批判和改造，又有对应有国民人格的倡导和塑造；既有高层统治者对民权的无奈承认，又有下层民众对自身权利的日益关注。在这些看似相互矛盾而又相辅相成的民论思考中，不同阶层的人们相互影响、相互改变着，其中思想界主要思想家的民论起着重要的引领作用。不同时期不同的思想家，由于时代背景和自身境遇的不同，对外来的刺激也产生了不同的感悟，并启发他们一些新的观念，这些新的观念并非"对西方思想作有系统的了解而全新移植，不但不能说是充分领受，而且颇显得片段零星"②，在此基础上形成了他们"自创的理论"，这些理论"即使免不了简单和不成熟，却毕竟是中国学者的思想"③，从而汇聚成清末思想界独特的民论。本书使用的民论，主要是指不同时期不同阶层不同思想家出于某种意图和目的，在思想观念中形成的如何看待民的特点或特性和对民在国家政治生活中作用的定位，以及由此形成的如何建构理想民的特点或特性所形成的关于民的系统认识。清末思想界涉及民论的思想内涵丰富，其中既具有中国传统民本思想、夷夏观念和种族思想的渊源，又具有西方近代民主思想、民族主义思想和经济思想的引介和影响，还包括不同时期不同阶层的思想家对自身处境的反应和创新。

　　本书以清末 1895—1907 年这一时段为研究范围，分三个阶段（戊戌维新时期，戊戌之后时期，立宪运动前期）展开主要思想家民论的考察。笔者非常认同王尔敏先生的看法，他认为中国近代思想的特色在于主要的思潮反应"多半跟随重大史事爆发"，"重大史事后之展放新创思潮"④。因此，重大历史事件特别是战争对近代思想的刺激作用是非常重大的。本书以 1895 年为研究起点，1895 年在晚清乃至中国近代史上都是非常重要的一年，这一年甲午中日战争以中国战败而结束，中国被迫割地赔款，这一重大事件对国人的冲

---

① 王尔敏. 晚清政治思想史论 [M]. 桂林：广西师范大学出版社，2007：1.
② 王尔敏. 晚清政治思想史论 [M]. 桂林：广西师范大学出版社，2007：1.
③ 王尔敏. 晚清政治思想史论 [M]. 桂林：广西师范大学出版社，2007：8.
④ 王尔敏. 晚清政治思想史论 [M]. 桂林：广西师范大学出版社，2007：2-3.

击是巨大的，亡国灭种的危机意识推动思想家创生出许多新的思想和观念，其中关于民的认识和思考逐渐开始突破传统的民本思想而具有了近代的特点。正如张灏先生所指出的，中国近代的转型时代正是自 1895 年开始，他认为自 1895 年开始的转型时代具有以下特征：1895—1920 年是中国近代思想的转型时代，无论是思想知识的传播媒介还是思想的内容均有突破性的巨变。就思想知识传播媒介的变化来讲，一是报纸杂志、新式学校和学会等制度性传播媒介的大量涌现，一是新的社群媒体即知识阶层的出现；就思想内容的变化来讲，主要是文化取向的危机和新的思想论域。① 金观涛、刘青峰也认为 1895 年甲午战败是"一个分水岭，'仁政'所代表的社会秩序的观念受到冲击。从此中国思潮汹涌，出现了从来没有过的出国留学热潮"②。本书以此为起点开始考察主要思想家的民论，更能凸显近代民论的特征以及对国家建设的推动作用。1907 年作为本书考察的下限，主要的思考在于 1907 年立宪团体和革命团体的论争基本结束，1907 年 3 月《新民丛报》报馆失火，四个月后该报停止发行。随后清政府发布了设立资政院和谘议局的上谕，梁启超等着手筹划成立政闻社等政党组织，转到为立宪做准备的实际的政治活动中去。③ 梁启超着手立宪运动的实务之后，无暇与革命团体再进行理论的斗争，论战停止，孙中山的主义也没有再得到进一步的发挥，革命派内部发生了分化，无政府主义的暗流开始扩展，革命派也逐渐转入实际的政治活动中，第二年《民报》也停刊了。并且两派都认为"言论之时代"已经过去，"实行之时

---

① 其中思想内容方面、文化取向方面的危机主要是指儒家规范伦理的核心与德性伦理的核心都在动摇中，二者同时动摇代表着中国传统的价值中心已受到严重的侵蚀，以致中国知识分子已经失去社会发展与人格发展的罗盘针与方向感；精神取向方面的危机主要指传统儒家的宇宙观与价值观在转型时代受到严重动摇，使中国人重新面临一些传统文化中已经被认同的生命和宇宙的基本意义问题，这些问题的出现产生了普遍的困惑与焦虑；文化认同危机是指中国进入一个以新的西方霸权为主的国际社会，由一个处于世界中心地位的国家降为处于文化边缘甚至落后的国度，自然产生文化失重感，群体的自尊和自信大受损伤。参见张灏．中国近代思想史的转型时代 [J]．二十一世纪，1999（52）：29-39.

② 金观涛，刘青峰．开放中的变迁：再论中国社会超稳定结构 [M]．北京：法律出版社，2011：65.

③ 丁文江，赵丰田．梁任公先生年谱长编：初稿 [M]．北京：中华书局，2010：196-201.

代"已经来临。① 至论战结束时，双方关于民族主义、民权主义、民生主义的基本观点和主张的理论阐述基本完成，所以对本书考察清末思想界民论的基本内涵、历史演化过程及其所涉及的各种思想争议与理论分歧而言，到此时为终结无损于理论的完整性。后期的实际政治运动以及在建立中华民国中对双方主张和观点的借鉴和妥协已是另外要研究的课题。

学术界关于中国近代民主、民权思想和国民性问题的研究可谓成果颇丰，学者研究中国近代关于民主、民权或国民性等思潮的发展和演变，探究民本、民权和民主之间的关系等问题，还有学者对近代主要思想家的思想展开或全面或部分的研究和考察。但是学术界关于清末思想界民论的研究相对很少，特别是清末思想家在传统天下观念逐渐崩溃，而民族国家观念逐渐形成之时，他们是怎样看待民在国家政治生活中所处的地位和所发挥的作用的？他们关于民性的认识和批判的思想动机和渊源是什么？他们以怎样的标准开展理想之民的塑造？这些问题的研究还非常薄弱，而从民族国家建设的角度考察主要思想家关于民的全面认识和思考的研究在学术界还是一个空白，因此在清末的"转型时代"展开对主要思想家关于这些问题思考的考察，系统梳理和厘清清末或近代民论的基本内涵、历史演化过程及其所涉及的各种思想争议与理论分歧，正是本书在学术研究方面的价值和意义所在。

二、研究现状综述

清末思想界，"国民""民国""平民""民权""民生""民族"等由"民"组成的词语被广泛使用，《民报》《新民丛报》等最具影响力的报纸，都是直接以"民"命名。从时代发展来看，辛亥革命成功后建立的国家叫作"中华民国"，也是以"民"命国。孙中山所提出的"三大主义"即民族主义、民权主义、民生主义都与民息息相关。不仅是"三民主义"，当时中国的各种思想流派主张，也很少有不与"民"发生紧密联系的。可见在思想纷繁复杂的清末，对民的关注和关于民的思想都有着非常重要的地位。对于清末思想界丰富的民的认识和民的观念，国内外学术界给予了充分的重视。国内

---

① 佐藤慎一. 近代中国的知识分子与文明 [M]. 刘岳兵，译. 南京：江苏人民出版社，2006：203.

外学术界关于清末丰富的民的认识和民的观念的研究，主要从三大视角展开：

一是关于近代国民性改造思潮的研究。在 20 世纪 80 年代有温元凯与倪端的《改革与国民性改造》、郑欣淼的《文化批判与国民性改造》和沙莲香编著的《中国民族性》（一）（二）等几部具有代表性的研究国民性问题的专著，受到学术界的广泛认可，并成为后来学者参阅、引述的重要资料。在 20 世纪 90 年代总体论述的专著主要有任剑涛的《从自在到自觉——中国国民性探讨》（陕西人民出版社，1992 年）、俞祖华的《深沉的民族反省——中国近代改造国民性思潮研究》（山东人民出版社，1996 年）、袁洪亮的《人的现代化——中国近代国民性改造思想研究》（人民出版社，2005 年）、教军章的《中国近代国民性问题研究的理论视阈及其价值》（中国社会科学出版社，2009 年）、周建超的《近代中国"人的现代化思想"研究》（社会科学文献出版社，2010 年）。以鲁迅这位国民性改造思潮中最具代表性的人物为考察对象的有闫玉刚的《改造国民性——走近鲁迅》（中国社会出版社，2005 年）等。这些研究，尽管对何谓"国民性"的阐释众说纷纭，却基本上都认同所谓"国民性"指的就是中国"民性""积习"中需要进行"改造"的"劣根性"，他们关于国民性改造思潮的研究也是在这一前提下展开的。改造的对象大体指奴性、冷漠、自私、虚伪、为我、固执、妒忌、空谈、无公德、缺少是非感、无国家思想、无冒险精神、无尚武精神、不求效率、崇尚虚浮等①。关于近代国民性改造思潮的研究主要围绕国民性的概念，国民性改造思潮的历史机制、终极关怀、文化态度和主要流派等方面展开讨论，总体上看，早期的研究大部分是描述性的，侧重于对思潮发生、发展的过程及其内容的梳理和描述。随着学术研究日趋多元化，越来越多的研究者不仅拓宽了视角，还将目光深入思潮的深层，如该思潮发生、发展的原因及内在理路，思潮中的文化取向以及个人、社会与国家间的关系等。关于国民性的研究，相关的论文也有很多，如郑云山的《辛亥前夕的国民性问题探讨》（《近代史研究》1992 年第 1 期）、陈平原的《论近代中国改造国民性的社会思潮》（《近代史研究》1992 年第 1 期）、郑师渠的《辛亥革命后关于国民性问题的探讨》

---

① 闫润鱼，陆央云.20 世纪 90 年代以来中国近代国民性改造思潮研究述评［J］.教学与研究，2009（3）：63-71.

（《天津社会科学》1988 年第 6 期）、周建超的《梁启超与〈新民说〉》（《江苏社会科学》1997 年第 4 期）、张锡勤的《中国近代资产阶级思想家对"奴隶性"的批判》（《学习与探索》1988 年第 6 期）等相关的文章，都对国民性改造的问题进行了探讨，有学者曾以专文进行评述。① 在国民性改造思潮研究的过程中，有少数学者曾经对国民性改造思潮提出过疑问，如刘禾曾提出："19 世纪的欧洲种族主义国家理论中，国民性的概念一度极为盛行。这个理论的特点是，它把种族和民族国家的范畴作为理解人类差异的首要准则（其影响一直持续到冷战后的今天），以帮助欧洲建立其种族和文化优势，为西方征服东方提供了进化论的理论依据，这种做法在一定条件下剥夺了那些被征服者的发言权，使其他的与之不同的世界观丧失存在的合法性，或根本得不到阐说的机会。"② 但大多数学者接受了国民性改造这一提法，而对国民性改造这一提法的认同，笔者认为预设了一种主观的倾向，即认为中国的国民性是需要改造的，而国民性的改造又与反传统道德紧密联系着。归根结底这是一种"现代化范式"③，即人的现代化的一种反应，这也是笔者在本书中使用"民论"这一中性词语，而没有使用"国民性改造"这一词语的重要原因。

二是关于近代民权思想、民主思想和民本思想的近代命运等方面的研究。关于近代民权、民主思想和民本思想的总体论述的专著主要有熊月之的《中国近代民主思想史》（上海人民出版社，1986 年），在此书中作者将民主思想

---

① 袁洪亮曾有关于《中国近代国民性改造思潮研究综述》的文章专门评述国民性改造思潮的研究，他从国民性的概念分歧、近代国民性改造思潮的起点与分期、国民性改造思潮兴起的背景及思想渊源、近代国民性改造思想的内容、近代国民性改造的方式及流派、对近代国民性改造思潮的评价、近代国民性改造思潮研究的不足及建议共七大方面对中国近代国民性改造思潮的研究进行全面的总结和评述。（参见袁洪亮. 人的现代化——中国近代国民性改造思想研究 [M]. 北京：人民出版社，2005：34-47.）

② 刘禾. 跨语际实践：文学、民族文化与被译介的现代性 [M]. 北京：生活·读书·新知三联书店，2002：76.

③ 所谓"现代化范式"是建立在社会进化、社会发展的理论基础之上的一个新范式。它是以"一元多线历史发展观"为理论基础，以现代化为主线，以"三种矛盾""四个趋势"为基本线索，以"三次模式"转换为脉络考察中国现代化历程，力图"建立一个包括革命在内而不是排斥革命的新的综合分析框架"，"以现代化生产力、经济发展、政治民主、社会进步、国际性整合标志"，重新定位中国近代史的研究模式。（参见罗荣渠. 现代化新论：世界与中国的现代化进程 [M]. 北京：商务印书馆，2004：488.）

界定为"关于民主政体的思想，同时也应包括一切与专制主义相对立的思想，诸如自由思想、平等思想、分权思想、法治思想等等"①。书中将中国近代民主思想的发展分为酝酿、产生、发展、成熟、转变五个阶段，并指出"从鸦片战争到五四运动的八十年间，中国思想领域经历了由封建专制、资产阶级民主、社会主义民主这样一个新陈代谢的演变过程"②。此书以详细的资料考察了中国近代不同时代不同人物关于民主、民权的思想，成为中国近代民主思想研究的重要参考书。耿云志等的《西方民主在近代中国》（中国青年出版社，2003年）考察了从1840—1940年中国的先进知识分子为改变中国落后的君主专制制度，力求在中国建立某种西式的民主制度所做出的种种努力和尝试。闾小波的《近代中国民主观念之生成与流变——一项观念史的考察》，是对"近代中国的民主作一项观念史的考察，力图理清民主观念在近代中国的生成与流变的脉络"③。此书还以"文本分析"与观念流变所处的"历史语境"相结合，以提供民主观念的人所处的"小时代"和他们所处的"大时代"相结合的研究方法展开对中国近代民主观念流变的详细考察，笔者在写作中多有引用和借鉴。陈永森的《告别臣民的尝试——清末民初的公民意识与公民行为》（中国人民大学出版社，2004年）一书，对清末民初的公民意识和公民行为进行了考察，著作中对公民、国民、公民观念等概念进行了辨析，对公民意识的传播和成长进行了梳理，并对清末民初的公民行为进行了考察。著作中论述的有关民的认识和观念确实是思想家"告别臣民的尝试和努力"，但是是否就是公民的意识还有一定的争议。梁景和的《清末国民意识与参政意识研究》（湖南教育出版社，1999年）一书对清末思想界提出的关于国民应该具有的品格，如独立和合群、权利与义务、自由与平等、进取与冒险等进行了全方位的考察，并介绍了当时士绅阶层的参政意识和当时先进知识分子提出的教育国民的文化启蒙活动和主张。④ 夏勇所著的《中国民权哲学》是关于人权的基本理论，但名称叫作"民权哲学"。关于民本思想，作

---

① 熊月之. 中国近代民主思想史［M］. 上海：上海人民出版社，1986：2.
② 熊月之. 中国近代民主思想史［M］. 上海：上海人民出版社，1986：19.
③ 闾小波. 近代中国民主观念之生成与流变——一项观念史的考察［M］. 南京：江苏人民出版社，2011：19.
④ 梁景和. 清末国民意识与参政意识研究［M］. 长沙：湖南教育出版社，1999：67-73.

者认为"不仅是讲民为国之根基、源泉或凭持,而且是讲民为国之主体"①。关于人权,作者认为,"中国社会之有权利的观念、体系和保护机制,自初民之有社会始,非自西学东渐、旧邦新造始。这既是一种关于权利的社会学立场,也是一种关于权利的文化立场"②。中国近代以来,由于主张以群体权利为核心,从而替代了个人权利;而长期的社会动乱和战争所导致的对基本生活秩序的需求进一步强化了政治权威,从而遏制了对个人权利和自由的享有。这些对中国近代民权、民主思想总体论述的专著从不同的角度阐述了近代中国的民权、民主思想,对于材料的梳理和挖掘积累了丰富的素材,对近代中国关于民的认识和观念进行了很好的总结和阐述。但同时这些著作中有以反专制思想为核心的"革命范式"③ 的阐述,也有以西方的民主政治为标准的对中国近代民权民主思想的得失的评判,笔者认为无论是"革命范式"还是以西方为标准的"现代化范式",都是以西方为中心的研究视角,而得出的结论往往就是中国近代民权或民主思想的不彻底和缺陷。这在中山大学博士论文《民本思想在近代中国的命运(1840—1912)》(胡波,2002 年)中也有体现,论文分三章内容,第一章是鸦片战争至甲午战争前民本思想体系之动摇,第二章是戊戌维新时期民本思想之衰变,第三章是辛亥革命时期民本思想之消退。最后作者得出结论"民本思想在近代中国的演变,实际上就是民本思想理论体系逐渐崩溃解体、功能作用日益萎缩的过程"④。笔者认为这是"现代化范式"的典型表现,它忽视了中国内部思想和观念的发展脉络。在国内外,关于近代主要思想家的民权、民主思想的研究著作也非常丰富,这方面的主要著作有许政雄的《清末民权思想的发展与歧义——以何启、胡礼垣为例》,该书主要从"何启、胡礼垣的著作中的民权思想部分,去了解他们民权思想的内容,以及和同时代国内知识分子和洋务官僚的民权思想做比较,

① 夏勇. 中国民权哲学 [M]. 北京:生活·读书·新知三联书店,2004:7.
② 夏勇. 中国民权哲学 [M]. 北京:生活·读书·新知三联书店,2004:181.
③ 所谓革命范式就是在研究中国近代史时"将二十世纪的中国革命视为近代中国历史的中心事件,它构成了指导历史探究的问题群的核心"。(参见黄广友. 回应"挑战":刘大年晚年关于革命史范式的思考 [J]. 清华大学学报(哲学社会科学版),2012(1):75-85,160.)
④ 胡波. 民本思想在近代中国的命运(1840—1912) [D]. 广州:中山大学,2002.

从彼此间的差异去解说民权思想在近代中国思想潮流里，尤其是清末的变法改良运动及革命运动之间的变动轨迹"①。柯文的《在传统与现代性之间：王韬与晚清改革》一书，在阐述王韬的良政方案时指出，"王韬十分清楚，当好官的最重要品质就是能通民情，这意味着给人民提供表达民意的途径。但更重要的是它意味着能使官员自身顺从民意"②，从而阐述了王韬借鉴西方的民权思想和议院的制度设计改造中国的重民思想，并希望通过议院沟通君民上下之情，从而实现中国古代三代之治的美好愿望，这使王韬成了从传统向现代过渡的人物。本杰明·史华兹著、叶凤美译的《寻求富强——严复与西方》（江苏人民出版社，1990 年），萧公权著、汪荣祖译的《近代中国与新世界——康有为变法与大同思想研究》（江苏人民出版社，2007 年），张灏的《梁启超与中国思想的过渡（1890—1907）》（新星出版社，2006 年）等书，在论述近代人物的思想时对他们关于民的认识都有阐述，这为本书进行清末思想界民论研究提供了非常宝贵的资料。这些研究已经开始关注近代思想家的思想与中国传统思想的关联以及对西方思想的借鉴和差异。郝大维、安乐哲的《先贤的民主：杜威、孔子与中国民主之希望》一书，对现代化必须是西方动力的天真设想提出疑问，并"认为个人至上、以权利为基础的民主、资本主义以及技术的种种必备是人类发展的必然结果"可能是一个错误，在此前提下，提出中国将可能继续是一个社群社会，中国将可能出现一个"儒家民主"的模式。③ 王汎森在《晚清的政治概念与"新史学"》中阐述了"国民"意识的形成过程及其与"民权"思想的联系④。李孝悌的《清末的下层社会启蒙运动》通过对清末白话报刊、阅报社、宣讲、讲报、演说和戏曲等传播媒介的考察和介绍，勾画了清末"下层社会如何被广义的知识分子作为改良对象的经过"，即作者关心的是"'知识分子'如何把他们的想法、理

---

① 许政雄. 清末民权思想的发展与歧义——以何启、胡礼垣为例 [M]. 台北：文史哲出版社，1992：1-2.
② 柯文. 在传统与现代性之间：王韬与晚清改革 [M]. 雷颐，罗检秋，译. 南京：江苏人民出版社，2006：140.
③ 郝大维，安乐哲. 先贤的民主：杜威、孔子与中国民主之希望 [M]. 何刚强，译. 南京：江苏人民出版社，2004：9.
④ 王汎森. 晚清的政治概念与"新史学" [M]. 石家庄：河北教育出版社，2001：175-180.

念加在下层社会的过程"①。桑兵的《庚子勤王与晚清政局》则对民权思想走向行动的过程进行了考察②。杜赞奇的《从民族国家拯救历史：民族主义话语与中国现代史研究》一书，对国民思想在 20 世纪 20 年代的延续与变化进行了考察③。黄克武的《清末民初的民主思想：意义与渊源》一文，在对近代西方与近代中国的民主思想进行梳理的基础上，指出二者之间的差异和诠释，作者认为近代中国的民主思想是"以转化为基调并充满乐观精神的民主观"④。谢放的《戊戌前后国人对"民权""民主"的认知》一文，对戊戌前后思想界关于"民权"和"民主"两个关键词的含义和差别进行了详细的考察⑤，对笔者考察思想界民论具有非常大的启发和帮助。以上学术界关于中国近代国民性改造问题和民主、民权思想的研究，成为笔者研究的重要参考，也成为笔者思考和研究的基础和前提。

有关中国近代"民意识"的研究，笔者见到的仅有一篇博士学位论文，即柯继铭的《20 世纪前十年思想史中的"民意识"研究》（四川大学，2005年）。作者在论文中并没有给予"民意识"明确的定义，而只是说："各种思想各派主张也很少有不与'民'发生紧密联系的。说民意识的凸显在 20 世纪前十年呈现了一种时代性的关注转移，或不为过。"作者还说："对 20 世纪前十年'民'的问题上所表现出的思想观念的变化，单独以'民意识'视之而不只视为五四时期'民主'观念的序曲，不仅可以深化关于这一时期作为'重要年代'的认识，而且能够为把握 20 世纪民主观念的演变提供一些可资对比的面相。"⑥ 这是论文中关于"民意识"的用法和解释，然后论文以"名与实、理想与现实以及对'国'与'民'两种关怀"两个方面为视角对 20世纪前十年思想史上的民意识进行考察，主要论述了"民意识的凸显""民权

---

① 李孝悌. 清末的下层社会启蒙运动 [M]. 石家庄：河北教育出版社，2001：4.

② 桑兵. 庚子勤王与晚清政局 [M]. 北京：北京大学出版社，2004：137-138.

③ 杜赞奇. 从民族国家拯救历史：民族主义话语与中国现代史研究 [M]. 王宪明，译. 北京：社会科学文献出版社，2003：81-86.

④ 黄克武. 清末民初的民主思想：意义与渊源 [M] //中国现代化论文集. 台北："中央研究院"近代史研究所，1991：388.

⑤ 谢放. 戊戌前后国人对"民权""民主"的认知 [J]. 二十一世纪，2001（65）：42-47.

⑥ 柯继铭. 20 世纪前十年思想史中的"民意识"研究 [D]. 成都：四川大学，2005.

观念与国的关怀""平等意识与民的关怀""国民资格问题与思想论战""造成国民的努力"① 等五个方面，最后从政民关系与中国改革之难作为结束概括了各章的基本观点，从文章中可以看出作者主要关注这一时期人对政治方面的新政，还有民众方面新民的选择以及由此产生的思想的分歧。并且作者主要以《辛亥革命前十年间时论选集》三卷的内容为研究的资料，笔者认为这是有很大局限性的，"选集"中文章的选择本身就有局限性，以此为研究资料自会限制作者的观点，特别是当时在思想界很有影响力的严复、康有为、梁启超等的著作和文章，有些并不在选集中，再者作者对"民意识"的界定和含义并没有规范，具有很大的歧义性。

三是从中国近代宪政思潮的视角展开关于中国近代民权和民主思想的研究。这方面的研究以王人博的著作最有代表性。王人博的《中国近代宪政思潮研究》是 2001 年写作的博士论文，文章中作者运用丰富的史料"对宪政思潮的发轫、过程、内容、特质及其价值取向等问题进行深入探讨"，并指出"西方的宪政的核心在于'人'，而近世中国宪政思潮偏向于'民'。……'富强为体，宪政为用'是中国宪政思潮中最主要的一个范式，它使近世的人们无法正确审视自己的文化传统，理智地面对西方"②。作者以翔实的资料为基础展开深刻的分析，对中国近代思想中出现"民权""民主""议院"等的实质以及在国家宪政中的作用都做了深入的探讨和考察。作者就中国近代的宪政问题还写过《中国的宪政之道》（山东人民出版社，2003 年）和《宪政文化与近代中国》（法律出版社，1997 年）等著作，并发表过非常有见地的论文③，王人博先生从宪政的角度对中国近代民权、民主思想所做的研究使笔者深受启发，在本书中笔者也多有引用和借鉴。

① 柯继铭 . 20 世纪前十年思想史中的"民意识"研究 [D]. 成都：四川大学，2005.
② 王人博 . 中国近代宪政思潮研究 [D]. 北京：中国政法大学，2001.
③ 有关王人博发表的有关民权的论文有《民权词义考论》（《比较法研究》2003 年第 1 期）、《庶民的胜利：中国民主话语考论》（《中国法学》2006 年第 3 期）、《论民权与人权在近代的转换》（《现代法学》1996 年第 3 期）、《中国宪政文化之自由理念》（《现代法学》1997 年第 6 期）。

三、本书的研究框架和思路

本书以"清末思想界民论研究"为题目，以 1895—1907 年为研究范围，以重大的政治事件，即甲午中日战争、庚子事变、日俄战争为分界，分三个阶段对这一时期思想界民论进行全面的考察和研究，以展现这一时段主要思想家关于民的认识和思考，以及对近代国家建设的影响和推动。

本书的主要框架由导论、第一至第四章及结语组成：

导论部分主要阐述本书所使用的民论的内涵、本书研究范围选择的依据和思考以及选题的意义等问题。

第一章以"从天下到国家：作为人民之公产的近代国家观的转生与形成"为主题，主要阐述中国古代传统天下观的特征和在近代向国家观念的演变历程，以及近代国家观念在中国的凸显和以人民之公产为特征的近代国家观念在中国近代的演化过程。第一章作为本书观念转化的大背景出现，展现清末主要思想家是在近代国家观念产生并不断成熟的过程中，展开关于民的认识和思考的。展现清末主要思想家关于民的认识和思考是在国家建设观念的大的背景下展开的，这与传统天下观中的民本思想是有差别的。同时在论述近代国家观念时论述了西方国家建设过程中会遇到的障碍或者"危机"，即国家建设一般会遇到的四大危机，包括认同性危机、合法性危机、参与性危机和渗透性危机，以此观照中国近代思想家的"民意识"对国家建设的贡献或者可能产生的障碍。

第二章以"国家富强情怀下开民智与兴民权思想"为主题，首先阐述 1895—1898 年思想界在中日甲午战争的刺激下形成的思想背景和对国家处境的认识和思考，在此基础上本章选取这一时期的主要思想家康有为、梁启超、严复和谭嗣同四人，展开对他们在这一时期的主要思想和言论的考察，在考察中笔者发现他们主要从民生、民智、民权三个方面论述关于民的认识和思考。笔者从这三个方面展开对四位思想家关于民的认识和思考的考察，在考察中笔者非常关注每一位思想家的生活经历和人生境遇，在考察前先对思想家的人生背景进行交代，然后介绍思想家的思想和认识。笔者的思考在于思想家的思想既会受到时代大背景的影响，又会受到自身知识结构和人生境况的影响，每个思想家都会有差别。在小结中，笔者认为这一阶段思想家的民论主要是从知识结构上开发民智，从提出"人人有自主之权"上倡导民权，从而提升民众对国家的认同和在国家富强中的地位。

第三章以"国家图存观照下民族和新民思想"为主题，首先阐述 1899—1904 年政局的变化和思想背景，戊戌政变之后康有为和梁启超先后逃到国外，他们受到更加全面和深入的西方思想的影响，国内具有维新倾向的官僚或被流放或被免职，具有保守倾向的官僚得势，随后发生了庚子事变，中国的国际地位骤降，《辛丑条约》的签订使中国国家主权受到最为严重的侵袭，清政府被迫开始"新政"。在此背景下，本章主要考察梁启超、康有为、严复和以邹容为代表的革命派关于民的认识和思考，通过对他们言论的考察，笔者发现他们在这一时段关于民的认识和思考主要从中国人种和民性的认识、民族主义和塑造中国民众的努力等三个方面展开，从阐述各位思想家在这一时段的人生境遇入手考察他们思想的来源，并具体进行分类比较，即找出他们关于民的认识和思考的共性又发现他们的差异，分析他们关于民的认识和思考对国家建设可能形成的影响以及他们思想的来源。

第四章以"国家政体观照下民族与民权思想"为主题，阐述 1905—1907 年思想界关于民的认识和思考。本章首先阐述了这一时段的政治和社会背景，在日俄战争的影响下中国朝野上下掀起了立宪运动的浪潮，因政见不同，中国出现了两大政治团体，即立宪团体和革命团体，他们展开激烈的政治论争。在此背景下，本章主要考察了梁启超、康有为、严复和以孙中山为首的《民报》这一时段的主要撰稿人关于民的认识和思考，在考察中笔者发现他们在这一时段的民论思考主要从民族主义、民权主义、民生主义三个方面展开阐述和论争，这三个方面也正是近现代民族国家建设中民族认同、人民主权和民生保障的三大内容，展现了他们国家建设理论的逐渐成熟，以及他们关于民权的认识和思考逐渐接近西方的民主思想，但又具有中国的特色。

结语部分对以上各章的内容进行了总结，并进一步分析、比较了各个时段思想家民论思考对中国传统民本思想的继承和超越，以及对国家建设的影响和贡献。

本书的主要思路：笔者认为相对于传统民本思想，虽然民作为国家之本而受到古代思想家的重视和强调，但民仍然是一种消极被动的角色而处于被治的地位或是统治者治理和统治的对象，而近代民论的本质便是赋予民一种积极主动的角色，乃至使之成为国家的主人和政治的权力（或权利）主体，当然在现实层面这样的目标仍有待实现，即民仍然可能是消极被动的。正因为意识到这一点，所以清末思想家才会提出开民智、新民德、鼓民力的主张，并提出君民共治、君主立宪、民主共和等政治制度方面的构想，乃至提出民族主义、民权主义和民生主义的系统理论主张。三大主义涉及民族认同、人民主权和民生保障等近现代民族国家及其政治生活实质的诸多重大问题，而其中笔者认为近代民论展现了传统民本转换的轨迹，为西方民主理论的嫁接展现了具有中国特色的路径。当然，在当时乃至今天这些仍然是富有争议性的问题，但是我们必须面对和应该努力去解决。系统梳理和厘清清末或近代民论的基本内涵、历史演化过程及其所涉及的各种思想争议与理论分歧，正是本书在学术研究方面的价值和意义所在。正如黄仁宇所说："为理解今日的中国，我们必须回溯和西方国家对峙时期，因此必须将基线往后延伸，到鸦片战争前两百多年。"① 那么为解决今日中国这些富有争议而又重要的问题，去追溯中国思想"转型时代"思想家的困境、思考和种种尝试就将具有重要的意义。

四、本书的研究视角和研究方法

本书的选题是"清末思想界民论研究"。清末思想界异彩纷呈、纷繁复杂，此时的每一观念、每一思想、每一言论错综复杂，都是吸收外来的思想观念并相互启发、辗转传习而形成，所以探讨研究考察一种思想观念，"即随时关系到西方思想学术文物制度，亦牵连到中国固有习俗风教，且亦关联到当时时局之刺激变化"②。因此，本书在重视思想家言论所展现的思想观念的同时，非常重视时代背景、思想背景和思想家本人的人生境遇对思想家思想

① 黄仁宇.黄河青山：黄仁宇回忆录［M］.张逸安，译.北京：生活·读书·新知三联书店，2001：98.
② 王尔敏.近代中国思想研究及其问题之发掘［M］//韦政通.中国思想史方法论文选集.上海：上海人民出版社，2009：224.

的刺激、形成所产生的影响和作用。正如韦政通所说，"着重思想不同领域的交互作用和思想发展的环境"① 是思想史方法上值得参考的方法。在准确把握中国近代由传统天下观向近代国家观演变的历程后，本书以近代国家观念为视角去观照清末思想界的民论，主要思想家重视民生、倡导民权、开启民智和民族认同的提议等都是近代国家建设的重要内容，他们从国民资格的角度对中国民性的批判和塑造中国之新民的种种努力都是近代国家成熟的重要表现，这些内容在不同的思想家的思想观念中有很大的分歧，但是它们不仅在当时而且在今天仍然是国家建设不得不面对的重要课题。此外，以近代国家观念为视角去观照清末思想界的民论，还能避免仅仅从国民性改造的角度去理解清末思想家对中国民性的批判，乃至造成中国国民只具有奴隶根性等种种缺点的印象，笔者认为每一个国家、每一个民族的人们都既有缺点又有优点，许多是制度和环境造就的，并非民性和人种本身的问题。因此相对于国民性改造的单一视角，当时思想家内涵丰富的民论反倒显得更加客观、理性和公正。这也正彰显了笔者所认同的费孝通先生所提出的"文化自觉"②学说，而林存光先生称这种学说为处理中西文化的"不同寻常的大视野大智慧"③。

鉴于清末思想的特点，笔者在把握大的时代背景以近代国家观念为视角去观照清末思想界的"民意识"的同时，还非常关注思想家个人的学术造诣、人生境遇和他们每个时段的重要活动，力求从他们思想观念的继承性和独特性去解读他们的思想和观念。正如余英时先生曾说："学术思想的发展决不可能不受种种外在环境的刺激，然而只讲外缘，忽略了'内在理路'，则学术思想史终无法讲到家、无法讲得细致入微。"④ 针对清代思想史的研究现状和特点，他还特别指出以"内在理路"展开清代思想史研究的新方向。清末思想家在关于民的认识和思考的各个方面思想观念差别很大，甚至有的截然相反，

---

① 韦政通. 我对中国思想史的几点认识 [M] //韦政通. 中国思想史方法论文选集. 上海：上海人民出版社，2009：157.
② 费孝通. 费孝通论文化和文化自觉 [M]. 北京：群言出版社，2005：232.
③ 林存光. 转换视角，重读诸子：评刘绪义的《天人视界：先秦诸子发生学研究》 [J]. 中国图书评论，2009（9）：58-63.
④ 余英时. 中国思想传统的现代诠释 [M]. 南京：江苏人民出版社，2003：178.

他们之间也展开针锋相对的论争，这种差别有些让人费解，但是如果结合他们的人生经历和重要活动分析或许能够容易理解，正如史华兹先生所说："思想史的中心课题就是人类对于他们本身所处的'环境'的'意识反应'。环境这个字可以用来指所有的时间与空间之内，人类环境中的所有持久的特征。"① 他认为人类总是生活在特殊的社会环境中，其产生的"感情的态度""感动力""感觉的倾向"组成个人的"意识反应"。清末的思想家生活在思想的"转型时代"（张灏语），处在思想混乱状态和持久的精神上与思想上的危机之中，而这种危机正是中国传统的思想模式和价值与来自西方的各派思想之间的冲突和碰撞造成的。中国思想传统本身并非一个独立的单元，思想传统的内部也有纷争和演变，在19世纪面临西方文化的冲击时思想的分裂更加严重，如林存光先生就认识到戊戌维新时期不同思想家"对孔子形象的重塑和对孔子之教的重新诠释与疏解"产生了很大的差异，即使维新志士内部，"孔教信仰亦成了一个难以实现整合的难题"②；而西方思想界在19世纪末、20世纪初也是派别林立，支离混乱。面对清末的这种思想背景，思想家如何对他们面临的"环境"做出"意识反应"？即"导致一个人接受某一派思想而拒绝某一派思想的关心和倾向"③ 的原因是什么？为什么有些西方的思想和观念在中国被热烈地接受，而有些被冷淡地忽视了？而这些问题的解答，笔者认为恰恰能够从时代背景和思想家本人的教育经历、人生境遇和重要社会活动中找到蛛丝马迹。因此，本书坚持"立足本土传统，坚持以中国为中心，从中国内部的演变和标准出发，以西方为参考"④ 的研究立场。这种研

---

① 史华兹. 关于中国思想史的若干初步考察［M］. 张永堂，译//韦政通. 中国思想史方法论论文选集. 上海：上海人民出版社，2009：243.

② 林存光. 维新运动与孔子观念的裂变［J］. 齐鲁学刊，2005（5）：18-23.

③ 史华兹. 关于中国思想史的若干初步考察［M］. 张永堂，译//韦政通. 中国思想史方法论论文选集. 上海：上海人民出版社，2009：255.

④ 韩丽雯. 立足本土传统 彰显文化自觉：读《原理及其意义——探索中国法律文化之道》有感［J］. 中国政法大学学报，2012（1）：149-153，161.

究立场既借鉴了柯文"中国中心观"① 中对中国内部思想自发演变的重视，又借鉴了费正清的"挑战—回应"模式中西方挑战对中国思想形成过程中的刺激和影响。这种研究立场还受到张灏先生关注思想家"成长的思想环境"②的影响，张灏先生关于思想史的研究，坚持既考察研究对象所身处的思想风气的影响，又要了解研究对象所感知并引起他们回应的情境。③ 这种研究思想史的方法是对学术界关注的近现代中国思想研究中的"断裂性问题"④ 和"继承性问题"⑤ 的超越，或者说是灵活性的综合运用。

　　本书以清末思想界的民论为中心题旨，采用分阶段、分类别罗列事实和比较分析的研究方法。所谓罗列事实，即以思想家的文本和言论为依据对其思想进行研究，正如林存光先生所说："一以贯之地坚持运用'归纳法'且以思想文本的'母本体系的整体性'作为立论的前提来研究和论述中国政治思想史。"⑥ 在清末，1895—1907 年由于受历史重大事件的影响以及重要思想家

① "中国中心观"代表了西方另一种学术趋向，是反抗费正清的"挑战—回应"模式代表的"西方中心主义"范式而提出的，是美国学者柯文《在中国发现历史：中国中心观在美国的兴起》一书中提出的观点，他认为在近代"中国本土社会并不是一个惰性十足的物体，只接受转变乾坤的西方的冲击，而是自身不断变化的实体，具有自己的运动能力和强有力的内在方向感"。（参见柯文．在中国发现历史：中国中心观在美国的兴起 [M]．林同奇，译．北京：中华书局，2002：88．）
② 张灏先生所说的"思想环境"是指"一个特殊环境中流行的思想和价值，也即生活于特定环境中的人们所身处的所谓思想风气"。（引自张灏．危机中的中国知识分子：寻求秩序与意义 [M]．北京：新星出版社，2006：5．）
③ 张灏．危机中的中国知识分子：寻求秩序与意义 [M]．北京：新星出版社，2006：5．
④ 关于断裂性问题是指在研究近现代中国思想时，认为中国近现代思想的变迁很少与传统有继承性，其中约瑟夫·列文森的《儒教中国及其现代命运》一书是这一观点的典型代表。如他在书中认为："中国民族主义起因及其实质是知识分子在感情上与中国传统文化的疏离。"（参见约瑟夫·列文森．儒教中国及其现代命运 [M]．郑大华，任菁，译．桂林：广西师范大学出版社，2009：77．）
⑤ 关于继承性问题的主要代表是墨子刻的《摆脱困境》一书，此书也许是目前流行的强调继承性问题的最有名的论著。根据墨子刻的观点，他认为近现代的中国知识分子大体上继承了基本的道德目标和儒学传统的抱负。他们从西学所接受的东西，仅仅是给实现这些道德目标和传统抱负提供了新的技术和体制上的方法而已。（参见墨子刻．摆脱困境：新儒学与中国政治文化的演进 [M]．颜世安，高华，黄东兰，译．南京：江苏人民出版社，1995：191-235．）
⑥ 林存光．思想、社会与历史：刘泽华先生的"王权主义"说评析 [J]．天津社会科学，2009（3）：118-119．

接受西方思想的程度不同，不同时期思想家民论关注的重点也不同。鉴于以上考虑，笔者以重大历史事件为依据将这一时段分为三个分段，即以甲午中日战争、庚子事变、日俄战争为依据分为戊戌维新时期、戊戌之后时期和立宪运动前期三个阶段，从而能够做到"熟习一个时代的历史，更要者是时代之转变的关键，必须完全了解清楚"①。在此基础上对主要思想家的言论以时间为依据分阶段、分类别进行整理和汇总，每一阶段占一章的内容进行考察，每章进行小结，从而清楚地再现同一阶段不同思想家关于民论的共同关注和相互差异。从而做到"就某一时代阶段了解某一概念共喻之定义，特别是多数人所信仰所相互提示的新概念"②。这也需要搜集主要思想家这一时段所有有关民的言论，用以确定他们关于民论的发展和影响。本书所选取的主要思想家是在当时思想界能够起到引领作用的人物，正由于思想可以创造历史，可以影响政局，并且思想"实际上一直是历史进程中一股重要的原动力，所以人对于历史是必须负责的；而且越是在历史发展中占据着枢纽地位的个人，其责任也就越重大"③。本书在考察事实的基础上，采用分析、比较的方法对每一时段民论的特点进行总结，与中国传统的民本思想进行比较，寻找其继承和超越的成分，以及与西方的民主思想所具有的差异和可以吸收的成分。在最后的结语部分，对三个时段的民论进行总结和比较，以及总结民论各分概念如民生、民智、民权和民族之间的逻辑联系，从而系统梳理和理性总结这一时段思想界民论的发展、演变，展现民本转换的轨迹，以及他们对国家建设的推动和影响。

　　本书通过以近代国家观念的视角为观照，以立足本土传统、以中国为中心的研究立场，以分时段、分类别的考察事实和比较分析的研究方法，在详细介绍时代大背景和思想家人生小背景的前提下，力求在做到理性认识的同时观照到思想家的情感、心态、信仰、性格和嗜好，力求以本真的生命情怀

---

①　王尔敏. 近代中国思想研究及其问题之发掘［M］//韦政通. 中国思想史方法论文选
　　集. 上海：上海人民出版社，2009：226.
②　王尔敏. 近代中国思想研究及其问题之发掘［M］//韦政通. 中国思想史方法论文选
　　集. 上海：上海人民出版社，2009：226.
③　余英时. 历史与思想［M］. 台北：联经出版事业公司，1965：6-7.

"去体味那些曾经有过的生命，去解读那些生命中孕育着的个性、性格和思想"①，并力求去感受那个时代的时代脉搏和时代困境。而这也正体现了笔者所认可的中国问题的解决只能"透过中国文化本身"展开思考，中国人的未来"实植根于中国文化这种方式才能获得"②。

五、本书的创新之处

本书的创新之处主要表现在以下几个方面：

第一，从选题意义上来说，本书选择清末思想界民论作为研究的课题，以"民论"这个具有中性色彩的词语作为中心议题，去考察清末"转型时代"的1895—1907年主要思想家关于民的认识和思考，去系统梳理他们在特定的时代背景下关于民的特性的认识和民在国家政治生活中的地位和作用的思考，以及由此引发的关于开发民智、塑造新民的种种努力和尝试，以及在后期开展的民族认同、人民主权和民生保障的国家建设中的全面的民论思考，对学术界这一时段关于民的认识和思考具有重要的补充作用。

第二，从研究视角上来说，本书以近代国家观念为视角观照主要思想家关于民的认识和思考，从而将主要思想家关于重视民生、开发民智、倡导民权和民族认同的提议等民论的主要内容作为近代国家观念中的重要内容而进行观照，也更加客观地解读了思想家关于中国民性的批判，避免单纯从中国人种和民性上认知中国之民的种种缺点。以近代国家观念为视角既反映了时代的要求又更加全面地观照了思想家关于民的认识和思考。

第三，从研究立场上来说，本书采用立足本土传统，以中国为中心，又同时重视西方挑战对中国思想的刺激和影响的研究立场，既撷取费正清的"挑战—回应"模式的可取之处，又采纳柯文的"中国中心观"的优势之处，以此展开对主要思想家民论的考察，并在阐述时代背景和思想家的人生境遇的基础上力求去体味思想家的个性特征。正如夏勇在研究民权问题所指出的，"真正进入自家的文化脉络，通过仔细甄别和分析古来的民本观念及其源流，

① 葛荃.寻觅史家笔触：政治思想研究方法论刍议［M］//刘泽华，张分田.思想的门径：中国政治思想史研究方法论.天津：天津古籍出版社，2006：117.
② 狄百瑞.中国的自由传统［M］.李弘祺，译.贵阳：贵州人民出版社，2009：引言3.

参考域外权利思想，在把握中国思想传统不同于西方思想传统的前提下，通过去粗取精，去伪存真，识别其中的民权观念和民主思想，进而结合中国的现代思潮和社会变化，转出新的民本学说"①。

第四，从研究方法上来说，本书采用分时段、分类别罗列事实和比较分析的研究方法，将研究范围依据重大史事分成三个时段，将主要思想家的言论按照时间进行分段、分类，并与时代背景和思想家个人的重要活动相匹配，进行综合阐述，力求整理出不同时段民论的主要特征，又在总体上呈现出民本转换的轨迹和民论的演变历程。

第五，从研究结果上来说，本书经过考察认为戊戌维新时期思想家主要从知识结构上开发民智以使民众成为国家政治生活的主体；戊戌之后思想家主要从精神观念、思想品德、国家思想、民族观念等方面开发民智、倡导民权和宣传民族主义以加强国家的凝聚力，增强国家的力量；立宪运动前期则从民族认同、人民主权和保障民生等国家建设的主要内容出发来思考关于民的问题。思想家关于民的认识和思考不断全面和深入，关于民族国家的观念也逐渐成熟。

---

① 夏勇. 中国民权哲学 [M]. 北京：生活·读书·新知三联书店，2004：6.

第一章

从天下到国家：作为人民之公产的近代国家观的转生与形成

在 1840 年的鸦片战争中，英军的坚船利炮轰开了清王朝腐朽的大门，从此开始来自中西内外的各种因素的风云际会，逐渐深入而激烈地引起了中国社会结构的巨大变动，亦使自称"天朝上国"的清王朝失去了往日"协和万邦""宾服蛮荒"的威严，打破了中国是天下文明中心的政治神话，中国传统文化和观念在强势的西方文化的冲击下，夷夏观与狭隘的天下中心观在与社会现实的矛盾冲突面前被击得粉碎。面对如此三千年来"旷古未有之变局"，士大夫中的先知先觉者开始睁眼看世界，而且因西学之助，开始了中国人在认知和观念上由传统天下观转变为近代民族国家观的艰苦历程，并在此基础上经过一代代思想界知识分子的宣传启蒙努力，最终突破了传统君主专制政体之迷思，形成了作为人民之公产的近代民族国家观。

第一节　传统天下观的特征和本质

中国传统的世界观是一种"华夏中心主义"的世界观，而世界也即天下，华夏中心主义的世界观即指中国是天下的中心、是文明的发源地，华夏文化是文明文化的引领者。中国传统的"天下观"① 是中国传统文化价值观念的重要组成部分，它透露出一种典型的优越的文化心态，并在行为模式上表现出开放和封闭两种模式。当中国在政治经济上非常强大时，华夏中心主义表现出开放性，如唐朝鼎盛时，不仅在中国有数十万外国人居住，而且允许外国人在朝做官；但是当中国经济政治衰退时，华夏中心主义就表现出封闭性，即严加防范以夷变夏。传统天下观无论表现出开放还是封闭，外夷只是中国教化、防范和威服的对象，对于外夷内部的事物并不特别关心，也不是必须认知的对象。中国传统天下观在地理、民族和国际关系三个方面的表现有所不同。

一、中国为天下中心的地理观

中国传统的天下观是把权威的源泉和中心称为中国，所谓"中国者，天下之中也"，即指域内，是九州的中心，为华夏族的居住区，其四周被视作偏僻蛮荒的方外，为四夷居住区，拱卫中国。古人相信自己居于天下的中心，有中心就有四边。他们故称："居天地之中者曰中国，居天地之偏者曰四夷，四夷外也，中国内也。"②《清朝文献通考·四夷考》开篇即说："大地东西七万二千里，南北如之，中土居大地之中，瀛海四环。其缘边滨海而居者，是谓之裔；海外诸国亦谓之裔。裔之为言，边也。"所以中国之"中"的含义，其一可以解释为向内缩小的聚焦作用，其二可以解释为向外扩大的发散效应。中国古代疆域范围常按聚焦与扩散的规律变化，小到拥有中原地区，大到囊

---

① 关于"天下"的含义，学术界依然存在争议。吕思勉认为，"古所谓天下者，非真谓普天之下，乃谓中国政教所及耳"（《吕思勉读史札记·甲轶·先秦》）。杨伯峻认为，"天下一般指中国范围内的全部土地"（《论语译注·论语词典》）。赵伯雄则指出，"周人眼中的'天下'，实在相当于我们今天所说的'世界'"，"天下既然是当时人心目中的'世界'，自无具体的疆界可言，这与今人的国家观念是很不相同的。"（赵伯雄. 周代国家形态研究［M］. 长沙：湖南教育出版社，1990：18.）儒家的"天下"观可以说是周人"天下"观的继承和发扬，如果说，周人以"天下"为"世界"，儒家则进一步将政治意义和道德意义注入其中，有所谓"天下归之之谓王，天下去之之谓亡"（《荀子·正论》）的著名论断，顾炎武对此大加阐发："有亡国，有亡天下。亡国与亡天下岂辨？曰：改姓易号，谓之亡国，仁义充塞而至于率兽食人，人将相食，谓之亡天下。"（《日知录·正始》）

② 石介. 中国论［M］//陈植锷. 徂徕石先生文集. 北京：中华书局，1984：116.

括大半个亚洲。① 这种天下观是与历史上华夏文化长期独领风骚相一致的，也与大一统中央王朝重复出现并构成历史主流相一致。大一统王朝疆域辽阔，物产丰盈，自给自足，形成了中国人传统而自豪的民族文化心理，即一种"天朝上国"的优越文化心理。"中国不是亚洲的一部分，更不是'远东'的一部分；它是指体现文明本身的中心王国。这种以中国为中心的思想起因于这一事实：中国幅员辽阔，力量雄厚，历史悠久，而又资源丰富；这一切使得它成为东亚世界的自然中心。中国人和非中国人的关系，便染上了这种中国中心主义的思想和中国人优于其他民族的偏见。"② 诚如利玛窦在《利玛窦中国札记》中所评论的：

> 中国人认为天是圆的，地是平而方的，他们深信他们的国家在地的中央。他们不喜欢我们把中国推到东方一角上的地理概念。……因为他们不知道地球的大小又夜郎自大，所以中国人认为所有各国中只有中国值得称美，就国家的伟大、政治制度和学术的名气而论，他们不仅把所有别的民族都看作野蛮人，而且看成是没有理性的动物。③

中国传统天下观在地理观念上的表现是在当时地理知识缺乏的状况下，由于其优越的文化心态所形成的想象，其归根结底依然是一种文化心态。

二、清王朝世界秩序

中国传统天下观反映到中国和周边各国的关系上，即致力于构建一种以中国为中心的天下秩序，它实质上是一种华夷朝贡关系，亦可称为清王朝世界秩序。在中国传统的天下观念中，清王朝自居于在文化、道德和政治上优越于周边各国的"天朝上国"。"天朝"一词，作为表示传统王朝国家的代名词，它内在的含义

---

① 安树彬. 从传统天下观到近代国家观 [J]. 华夏文化，2004 (1)：24-27.
② 费正清. 剑桥中国晚清史（1800—1911）：下卷 [M]. 北京：中国社会科学出版社，1985：167-168.
③ 利玛窦，金尼阁. 利玛窦中国札记 [M]. 何高济，王遵仲，李申，译. 北京：中华书局，2010：6-7.

即表示历代统治者以"中华世界帝国"的概念来理解中国与周边各国的关系，维持这种关系的是"清王朝世界秩序原理"，即建立一种"四海宾服""万方来朝"的华夷朝贡关系，这可以说是一种"天朝"定制。在古典中国的民族关系图景中，华夏民族是最优的，而四周民族处于从属地位。古典中国的形象就是"中国"如"夏"，位于宇宙模式的中心，享有号令天下的最高权威；而周围各国如"夷"，位于这个模式的边缘，必须向"中国"臣服和朝贡。

从以上中国传统天下观反映的特征可见，中国传统天下观的本质是一种文化上的华夏中心主义，是一种以华夏文明为中心的文化与政治的共同体，正如元人王元亮在《唐律疏议释文》中所说："中华者，中国也。亲被王教，自属中国，衣冠威仪，习俗孝悌，居身礼仪，故谓之中华。"这种传统天下观意义上的即以华夏文明为中心的文化与政治的共同体有两个明显的特点：第一，它缺乏具体而明确的地理疆域的边界，甚至也可以没有明显的民族作为依托。如"普天之下，莫非王土，率土之滨，莫非王臣"的诗句所显示的，中国传统的疆域观念源于王土思想。在观念上，清王朝的王教德化是普遍有效的，从中心呈同心圆状向外无限扩展。王教德化的影响所到之处，可以使"近者悦，远者来"，而其影响所及也就被确定为帝国统治的疆域。虽然帝国的疆域边界线可以得到一定程度的确认和维持，但其疆域边界是模糊和暧昧的，而不是明确和绝对的，原因之一就是王朝权力本身并不想将其意志完全渗透到其影响范围之外的每个地方，反之，恰如"近者悦，远者来"的说法所表达的，帝国王教德化的影响又必须向化外之民保持开放，帝国必须接受和容纳那些受其王教德化之感化和影响而自愿钦慕向化而前来归服的周边国家和民族。因此，虽然王教德化的影响所及，有化内与化外之别，但在传统天下观的政治文化语境下，清王朝的疆域边界事实上是没有明显边界的。第二，在传统天下观的政治文化语境下，作为文化和政治之共同体的"天下"和"国家"是有层次差别的，但所谓"国家"与西方政治文化语境下的"国家"，尤其是西方近现代的民族国家又是有本质区别的。西方的国家观念是与立法权紧密相连的，西方民族国家观念就是在把国家等同于主权的基础上发展起来的。中国春秋战国时期"国"与"家"是不同的，"国"指的是周代诸侯的封地，而"家"指的是大夫的食邑。① 历史上"家"和"国"两字的连用组成"国家"的过程，是与家国同构的理念同步形成的。家国同构是儒家思想中的重要理念，它把"国"看作"家"的同构放大，把"国"与"家"一样看作儒家伦理道德的载体。秦汉之后，"国家"作为习惯用语更常被用来指称帝制中国的最高政治实体，但不管是"国家"，还是"天下"，它们既是指一种政治的共同体，亦是指一种文化的或道德的共同体。另外，在中文中，主权指的是皇帝的权力②。这与西方的国家和主权观念是有很大差别的。正如任剑涛先生把中国传统的国家形态称为古典的文化（文明）国家，他认为这种古典的文化（文明）国家无论就国家的结构还是就国家的作用方式来说，都具有与现代民族国家本质不同的地方。一方面，在国家统治理念上，它依赖的是基于文化与文明的认同。"华优夷劣"的古典国家基本价值与"华而夷者夷也，夷而华者华也"的关系呈对置结构，显示了古典的文化国家认同的特质在于文化和文明，显示出古典文化国家对政治对峙的淡化处理。另一方面，在制度建制上，古典文化（文明）国家设计的制度是一套道德感化的机制。尽管从国家资源的占有来讲，古典中国的私有性质不容否认，此所谓"普天之下，莫非王土；率土之滨，莫非王臣"，但是，这种所有权仅仅具有形式意义。再一方面，在日常生活上，古典文化（文明）国家显现的是自然秩序的和谐。这由古典中国国家"家国同构"的特质显示出来。作为社会自然结构的"家庭"与作为政治建制的"国家"，在古典中国以混用、结合、同构的多种方式紧紧地统合在一起，进而以日常伦理、联系方式、法律

---

① 诸侯的封土大的称为"邦"，小的称为"国"。如《周礼》中有"大宰之职，掌建邦之六典，以佐王治邦国"（《周礼·天官·大宰》）。郑玄注曰："大曰邦，小曰国，邦之所居，亦曰国。"《说文解字》称"邦国互训，浑言之也"。而大夫的政治统治区域则称为"家"，《论语·季氏》云："丘也闻有国有家者，不患寡而患不均，不患贫而患不安。"其中"有国有家者"指的是诸侯与大夫。同时，"家"也指一门之内共同生活的人，如《吕氏春秋》中有"吴人应之不恭，怒杀而去之。吴人往报之，尽屠其家"。从古代礼制来看，"国"与"家"是先秦时代政治领域中的两个重要范畴，其差异主要在于畛域的大小。

② 1860年以前中文里"主权"一词毫无例外地指皇帝的权力，甚至1861年冯桂芬仍在这一意义下运用该词，如："上与下不宜狎，狎则主权不尊，太阿倒持而乱生。"（参见冯桂芬. 复陈诗议［M］//校邠庐抗议：下篇. 郑州：中州古籍出版社，1998：161.）

机制、经济活动、社会心理强化稳固这种国家形态①。

综上所述，扼要而言，中国传统的天下国家观可以说是一种文化意义上的道德共同体和政治共同体，其国家的认同主要依靠文化价值理念和伦理道德规范维系。

第二节　从传统天下观到近代民族国家观的演变

在 1840 年鸦片战争之前，中国处在传统的天下国家观的笼罩之下，人们生活在"天朝上国"的文化优越与民族自豪感的心态影响之中。在中国传统思想文化中，只有发达的"天下"观念和独特的"民族"与"国家"的观念，却没有西方近现代意义上的"民族"和"国家"观念，这是学术界普遍持有的观点②。那么中国传统的天下观到底是什么时候走向解体的？它在向近代民族国家观转变的过程中曾经历了怎样的演化过程？兹就这一问题稍做分析、论述如下。

---

① 任剑涛．政党、民族与国家：中国现代党化国家形态的历史、理论分析［J］．学海，2010（4）：103-104.

② 比如，著名历史学家钱穆先生就指出："中国人很早便知以一民族而创建一国家的道理，正因中国民族不断在扩展中，因此中国的国家亦随之而扩展。中国人常把民族观念消融在人类观念里，也常把国家观念消融在天下或世界的观念里。他们只把民族和国家当作一个文化机体，并不存有狭义的民族观与狭义的国家观，'民族'与'国家'都只为文化而存在。因此两者间常如影随形，有其很亲密的联系。'民族融和'即'国家凝成'，国家凝成亦正为民族融和。中国文化，便在此两大纲领下，逐步演进。……中国历史上的'民族融和'与'国家凝成'之大工程，很早在先秦时代已全部完成了。而且又是调和一致了。""中国古代人，一面并不存著极清楚极显明的民族界线，一面又信有一个昭赫在上的上帝，他关心于整个下界整个人类之大群全体，而不为一部一族所私有。从此两点上，我们可以推想出他们对于国家观念之平淡或薄弱。因此他们常有一个'天下观念'超乎国家观念之上。他们常愿超越国家的疆界，来行道于天下，来求天下太平……国家并非最高最后的，这在很早已成为中国人观念之一了。因此在春秋时代，殉国卿大夫间，他们莫不热衷于国际的和平运动。诸夏同盟的完成，证明他们多不抱狭义的国家观念。"（见钱穆．中国文化史导论［M］．北京：商务印书馆，1994：23-24，47-48.）

一、中国传统的天下观念面临挑战

鸦片战争的失败，中英《南京条约》的签订，使部分士绅官员在与敌国交接中开始有意识地睁眼看世界。正如姚莹所说："四海万国俱在目中，足破数千年茫昧。""若坐井观天，视四裔如魑魅，暗昧无知，怀柔乏术，坐致其侵凌，曾不知所忧虑可乎。甚矣，拘迁之见误天下国家也。"① 面对千古未有之变局，因意识到被西方的坚船利炮打开的国门再也无法关闭的现实，晚清一批有识之士开始放下"唯我独尊"的架子，面向世界，著书立说，他们介绍与研究西方国情，在对比中承认中国只是世界的一部分，在第一次鸦片战争至第二次鸦片战争时期影响最大的首推林则徐和魏源。林则徐的《四洲志》介绍了世界五大洲 30 多个国家的域情、国情。魏源的《海国图志》则介绍了当时世界各主要国家的地理位置、历史沿革、社会政治制度、先进科技、民情风俗等，其中有 17 卷着重介绍欧洲各国，分析英国强大的原因。成书于1848 年，徐继畬的《瀛寰志略》对外部世界的介绍比《海国图志》更详尽准确，对西方诸国的史地沿革、风土人情及社会变迁等做了较多记载。这些书从不同角度描绘世界大势及各国状况，将整个世界展现于人们面前，使中国人对世界、对自己都有了新的较为正确的看法与认识，这不仅增加了中国人的地理知识，开阔了眼界，更重要的是逐渐改变了中国人认为中国是世界中心的观念，对中国传统的天下观提出了严峻的挑战。

二、国家主权观念萌发

第二次鸦片战争之后，清王朝和西方国家维持了短暂的"和好"局面，列强把侵略矛头转向了清朝的周边国家。19 世纪 70 年代以来中国开始发生边疆危机，东南海疆、东北边疆、西北边疆和西南边疆同时告急，西方国家和日本开始蚕食并侵占中国周边国家。19 世纪的最后 30 年，俄、英、法、日等几个帝国主义国家对清王朝周边国家的侵略，改变了清王朝的周边关系。这一改变打破了清王朝"抚有四夷"的局面，而使清王朝打交道的对象变成英、

---

① 姚莹. 康輶纪行［M］//丁守和. 中国近代启蒙思潮：上卷. 北京：社会科学文献出版社，1999：47-48.

法、俄、日等国的殖民当局。① 清政府相继以国际条约的形式与沙俄、英国、法国、日本签订了众多边界条约，这从国际法的意义上使中国承认放弃了对藩属国的宗主权。这一行为标志着中国传统外交体系的解体，标志着中国传统的以华夏为中心的世界秩序观的根本变化，是对中国传统天下观的挑战。

第二次鸦片战争后出现的洋务派，在对西方国家和世界秩序的看法上又比林则徐等更进了一步。一些洋务官僚认为，中国不仅不是世界的文明中心，反而到了落后挨打的地步，因此，必须彻底放弃自我中心的"天朝"观念，打开国门，走向世界，中国不能再闭关自守。1864 年洋务派首领奕䜣奏请出版丁韪良翻译的美国人亨利·惠顿所著的《万国公法》（直译为《国际法基本原理》或《国际法要旨》）一书，得到批准。这是国际法正式系统地传入中国的标志。该书出版后，总理衙门即分发了三百本给各省地方官员及通商口岸官员使用，这使近代中国人对西方世界普遍通行的处理主权国家之间交涉事务的基本原则和惯例有了初步了解，并在实践中自觉或不自觉加以运用。国际法中阐述了西方近现代意义上意涵独特的"国家"概念，即"国家是世界舞台上之角色独立的一员，这样的国家具有明确的疆界与领土。国家同时也有履行义务的责任，亦即新的政府不可以中止旧政府所负有的义务"②。惠顿在《万国公法》中还引用了一个常见的国家定义，"所谓国者，惟人众相合，协力相护，以同立者也"③。其中"人众相合，协力相护"一句，明显带有一种"尚武"的精神。通过对国际法的阅读，清朝官员很快意识到他们需要一个外交部门，以及一个处理涉外事宜的领事机构。他们也认为需要进一步做体制上的根本变革以让西方人不再以"野蛮"视之中国。④ 有些人还主张运用国家主权平等的原则，来处理中国与西方国家的关系。他们认为现在中国的主权受到极大的损害，西方国家与中国签订的一系列条约是不平等的，

---

① 王小红. 从天下到民族国家：十九世纪末期中国世纪秩序观的空间重构 [D]. 兰州：兰州大学，2005.

② 沙培德. 清末的国家观：君权、民权与正当性 [M] //许纪霖，宋宏. 现代中国思想的核心观念. 上海：上海人民出版社，2011：372.

③ 惠顿. 万国公法 [M]. 丁韪良，译. 北京：中国政法大学出版社，2003：24-25.

④ 沙培德. 清末的国家观：君权、民权与正当性 [M] //许纪霖，宋宏. 现代中国思想的核心观念. 上海：上海人民出版社，2011：372.

应该根据国际法来重新审定。郭嵩焘、曾纪泽认为治外法权是对中国法律主权的蔑视，应该取消。郑观应认为关税主权的丧失不利于中国经济的发展，中国应该自己控制关税，行使主权国家应有的权利。① 这标志着在西方国家观念的引入过程中，中国人国家主权观念的萌发。

三、中国使领制度和国际法维护国家主权的开端

1875 年清政府终于借"马嘉理事件"任命郭嵩焘为出使英国的钦差大臣，由此迈出了向国外派遣常驻使节的关键一步，随后又陆续向日、法、美、德、俄、西班牙和秘鲁等国派驻使节。1876 年清政府颁布了《出使章程十二条》，对驻外使节的任期、使馆的编制和经费的使用以及出使人员的俸薪等做出了规定，并从 1877 年起先后向海外 57 个地区派驻了领事。到 1880 年时，中国的使领制度初具雏形。在出国访问的官员中许多人留下了文字记载。从 1860 年到 1895 年的 35 年间，中国究竟有多少部外出考察游记问世，学术界无确切统计，据徐维则在《东西学书录》中所载，截止到甲午战争以前，比较有价值的游记有 50 余种。另据王尔敏说："据约略统计，自 1866 年至 1900 年，撰著外国记事之人物有六十一位，而撰著记录达一百五十一种。"② 其中价值较高的有张德彝的《航海述奇》数种，李圭的《环游地球新录》，郭嵩焘的《伦敦与巴黎日记》，薛福成的《出使英法义比四国日记》，黎庶昌的《西洋杂志》，王韬的《漫游随录》《扶桑游记》和黄遵宪的《日本杂事诗》等。这些著作大多数突破了传统的天下观，中国在这些游记中变成了列国中的一员了，他们有的甚至认为西方人与中国人本质上一样，不应该称夷狄，或者他们并不等同于历史上远远落后于中原的夷狄，他们的制度文化和器物有高于中国之处，西方国家是与中国一样或比中国更强大的文明国家。这种新的世界图景和观念，冲击了中国人千百年来以华夏为中心的传统天下观念，中国人第一次不得不面对列强林立、充满竞争的世界，并由此开始走向世界舞台，这也揭开了清政府主动在国际大家庭环境中运用国际法武器维护国家主权、保护海外侨民的崭新一页。

---

① 郑观应. 盛世危言［M］. 郑州：中州古籍出版社，1998：310.
② 王尔敏. 中国近代思想史论［M］. 北京：社会科学文献出版社，2003：55.

总之，第一次鸦片战争以来，随着一系列侵略战争的失败和不平等条约的签订，以及随之而来的边疆危机、国际法的引入和影响、驻外大臣在国外的亲身经历和见闻，都对中国传统的天下观提出了挑战，中国传统的"天朝上国"的天下观念逐渐被打碎。正如马克思在谈及 1840 年至 1842 年的中英鸦片战争时，指出这场战争造成的结果之一，就是"英国的大炮破坏了中国皇帝的威权，迫使天朝帝国与地上的世界接触"，同时"天朝帝国万世长存的迷信受到了致命的打击，野蛮的、闭关自守的、与文明世界隔绝的状态被打破了，开始建立起联系"[1]。在与西方日益紧密的接触和联系中，特别是国际法的传入和广泛影响，中国传统的天下观已经发生了重大转变，可以说从 1860 年到 1895 年这一时期，中国传统的天下观已经无法解释清政府的外交思想了。郭廷以早就指出，自同治中兴起，清廷朝野对国际关系的认识已经发生了重大变化。[2] 金观涛和刘青峰通过近代关键词的统计、分析发现：1860年以后，使用"夷"这个词的频度急骤减少；"各国"一词不仅是传教士使用，也是士大夫对外国的称呼；而"列强"一词则要到 1895 年以后才出现。[3] 可见，这一时期近代民族国家观念还没有形成，但这一时期已经明显不同于传统的天下观，已经不是传统的华夷之辨可以囊括的了。到自强运动时，不仅士大夫开始出版、阅读大量介绍西方各国史地的新书，而且清政府也开始接受国际法作为处理国与国关系的准则。如 1880 年因越南问题引发的中法战争、1894 年因朝鲜问题引起的甲午战争和袁世凯驻兵朝鲜，甚至左右其内部政策，这在中国历史上是从未有过的。虽然李鸿章代表清政府一再宣布朝鲜的内政外交自主，中国既不干涉、也不负责，似乎承认朝鲜是主权独立的国家，但是在行动上，中国积极干预周边国家的事物，甚至不惜和外国开战。这种干预和开战，与传统的天下观既有着千丝万缕的联系，又与传统天下观

---

① 中共中央马克思恩格斯列宁斯大林著作编译局. 马克思恩格斯选集：第二卷［M］. 北京：人民出版社，1972：2.

② 郭廷以. 近代中国史纲：上册［M］. 香港：香港中文大学出版社，1989：182-187.

③ 金观涛，刘青峰. 从"天下""万国"到"世界"：晚清民族主义形成的中间环节［J］. 二十一世纪，2006（94）：40-53.

明显拉开了距离。① 金观涛和刘青峰将这段特殊的时期称为从传统天下观向近现代民族国家观的过渡时期，即万国观时期，他们认为万国观的出现是与经世致用思想在鸦片战争后的凸显和国际法的引入与应用紧密相连的。他们认为魏源 19 世纪 40 年代撰写的《海国图志》可视为经世致用思想对传统天下观改造的开始，而 1864 年清政府总理衙门将美国传教士丁韪良根据 1857 年版译出的《万国公法》刊印下达各级政府，以便他们可根据国际法处理世界事务，则标志着传统天下观已发生重大变异。在数据库的统计中显示，1830—1895 年"万国"出现了 455 次，自强运动前，使用次数很少；1860—1895 年出现 397 次，平均每年 11 次。"万国"出现的平均次数达到"天下"的四成、"国家"的一半，表明"万国"一词作为世界各国的别名，已经广泛使用，标志着传统天下观向万国观的转变。② 万国观的出现并不代表传统天下观的华夏中心主义发生了本质的改变，万国观依然是以华夏为中心的，其价值中心依然是儒家的纲常名教，它与传统天下观的区别在于："万国是中国必须认知和打交道的对象，即经世致用使天下变得更积极有为并强调和国际接轨，但并没有改变华夏中心主义的本质。"③

作为从传统天下观向近代国家观过渡的万国观，在 1860—1895 年成为清政府处理国际关系的重要准则。它以经世致用思想为主要指导，通过运用国际法积极参与国际事务，为国家的富强和发展而不懈努力。洋务运动的实质是以经世致用来应对西方的冲击④，洋务运动在长达三十多年的时间里兴办了近代国防和近代工业，清政府向西方购买了近代军舰，兴办了兵工厂、钢铁厂，并设立了同文馆，翻译了一批西方科技著作，并派遣第一批留学生出国

① 李鸿章、袁世凯对朝鲜的态度徘徊在传统天下观的藩属关系和近代国际法规定的国和国的关系之间。一方面熟悉国际法，口头上承认朝鲜主权，一方面在实际行动中，更注重中国宗主国的地位和面子，这又是和传统天下观颇为相像的。（参见林明德. 袁世凯与朝鲜 [M]. 台北："中央研究院"近代史研究所，1984：381-394.）

② 金观涛，刘青峰. 从"天下""万国"到"世界"：晚清民族主义形成的中间环节 [J]. 二十一世纪，2006（94）：40-53.

③ 金观涛，刘青峰. 从"天下""万国"到"世界"：晚清民族主义形成的中间环节 [J]. 二十一世纪，2006（94）：40-53.

④ 金观涛，刘青峰. 中国现代思想的起源：超稳定结构与中国政治文化的演变：第一卷 [M]. 香港：香港中文大学出版社，2000：247-248.

学习，可以说做了许多学习西方的实事。但是由于洋务运动坚持"中学为体，西学为用"的原则，在思想和文化层面上并没有真正向西方学习，也就是说西方的影响并没有触及社会政治制度，更谈不上文化价值上的变化了，士大夫大多漠视西方文化的存在。① "同治中兴"是经世致用思想运用成功的结果，1882年清政府通过外交方法解决了俄国占领伊犁问题，从此新疆改为中国行省，归陕甘总督管辖。这是中国运用国际法通过外交手段收回的部分领土，这些大大加强了清政府中以华夏文化为中心的万国观，这大大强化了清政府对周边藩国的干预，而接下来的一系列战争，如1884年的中法战争和1894年的甲午中日战争，则逐渐摧毁了传统士大夫对儒家伦理文化的信心。而甲午战后随之而来的中国边疆的危机则进一步使中国面临被瓜分的危险，以华夏为中心的万国观也遭遇了"去中心化"的过程，其后果是中国不再成为万国的中心，在去中心化的万国观中，对外开放、引进敌国制度，也就天经地义了。②

四、以构建民族国家为目标的近代国家观念的确立

甲午战争后，丧权辱国的现实危难驱动着爱国志士向西方学习，寻求富国强兵之路，在这一学习西方的过程中逐渐形成了中国人的近代国家观念。翻开当时的中文报刊，保国、保种、合群等文字赫然在目。梁启超在《时务报》中断言，"地者积人而成，国者积权而立，故全权之国强，缺权之国殃，无权之国亡"③，凸显了国民的民权和国家主权意识。同时，甲午战败激发了国人一种新型的价值观和自救意识，导致国民意识更新，即用近代民族主义、国家主义取代过去的夷夏观、臣民意识。当时的有识之士认为，只有高举近代意义的民族主义的大旗，做一个有独立人格的国民，建立一个民族国家，

---

① 张灏. 晚清思想发展试论：几个基本论点的提出与检讨 [M] //周阳山，杨肃献. 近代中国思想人物论晚清思想. 台北：台北时报文化出版事业有限公司，1980：25. 转引自金观涛，刘青峰. 中国现代思想的起源：超稳定结构与中国政治文化的演变：第一卷 [M]. 香港：香港中文大学出版社，2000：248.

② 金观涛，刘青峰. 从"天下""万国"到"世界"：晚清民族主义形成的中间环节 [J]. 二十一世纪，2006（94）：40-53.

③ 梁启超. 论中国积弱由于防弊 [J]. 时务报，1896（9）：1-3.

才能彻底摆脱帝国主义的侵略和压迫，恢复中华民族的独立和自由。梁启超曾强调，"自主独立之国民，为今世文明之国所最尊重者"，"故今日欲救中国，无他术焉，亦先建设一民族主义之国而已"。① 以上这些新思想初步彰显了国家观念从传统向近代的转型，凸显了国人构建近代民族国家的努力。

19世纪末20世纪初，中国经过长期的对外挫败，面对东西帝国主义瓜分中国的严重危机，亡国灭种的忧患意识深入人心，国人普遍接受了建立民族国家的观念，但是在建立什么样的民族国家上产生了分歧。改良派知识分子提倡"大民族主义"，主张合满建国；革命派知识分子提倡"一个民族，一个国家"，主张排满建国。改良派知识分子展开了轰轰烈烈的立宪运动，主张通过自上而下的改革建立君主立宪的国家；革命派知识分子展开了冒险的革命运动，主张通过自下而上的革命建立民主共和的国家。这些新思想和新观念表明了中国近代国家观念的形成及其分歧和裂变。但不管怎样，中国人近代国家观念的形成意味着人们彻底放弃了那种囿于九州但不知"寰瀛之天下"的保守世界观，而接受和承认中国只是万国或列国之一员，是世界五大洲的一小部分，而不是世界的中心，中国也不是"天朝上国"，而是在许多方面（科学技术、政治制度乃至思想文化上）不如西洋各国，不应盲目自大，而必须了解和学习西方，师夷之长技或采西学、仿行西人之政教，乃至引进西方文化之科学与民主，中国才能抵抗西方的侵略，御侮图强，而使自身立于世界民族之林。

第三节　近代国家观念的内涵和在中国的凸显

近现代民族国家的发源地在欧洲，并且近现代意义上的民族国家在欧洲的诞生也并不长久，应该说它是一种相对晚近的现象②，直到17—18世纪民族国家才在欧洲范围内基本定型。1840年鸦片战争之后，随着中西方交往的

---

① 梁启超. 论民族竞争之大势 [N]. 新民丛报，1902-02-04.

② 杰克曼. 不需暴力的权力：民族国家的政治能力 [M]. 欧阳景根，译. 天津：天津人民出版社，2005：12.

加深，西方近现代民族国家观念开始进入中国开明士大夫的视野并受到他们的关注，随着国内外形势的恶化，国人在救亡图存中逐渐使近现代民族国家观念得以凸显和形成。

在欧洲，近现代民族国家的形成经历了城邦国家、封建国家、绝对君主制国家三个阶段，经历了二三百年的演变并最终于18世纪在欧洲确立下来。民族（nation）和国家（state）是两个不同的概念。民族主要是一个偏重心理文化的概念；国家则主要是一个政治单位和政治法律概念，它是拥有一定人口、领土，具有完备的法律，建立起自治政府即拥有主权的政治单位。① "17世纪，nation的意思变为今天统治我们的强有力的大型政治实体。国家权力与占有一块领土并有着许多共同点的民族的概念合并到了一起。这就是民族国家（nation-state），一个民族和政府结构的结合体。"② 可见，纯粹的民族国家是一个国家内部只有单一的民族，国家的领土界限与民族居住地范围相同，而且文化与政治已经逐渐融合，但是现实中的大多数国家是一种多民族的混合体，它们具有以下几个特征：领土，民族国家拥有严格的国界，并以此作为行使国家权力和实现国家利益的界限，同时，在国家领土范围内只有一个政权，各民族在统一国家政权统治下实现政治上的统一；人口，每个国家在疆域内都有一定的人口，近现代民族国家对公民资格的界定有文化的和政治的两种不同标准，这两个标准越接近，国家就越容易整合，二者分离程度越大，整合就越困难；主权，主权是一个国家的最高权力，国家主权表现在对内和对外两个方面，对内主权指国家对内的一切事物具有排他性的最高统治权，对外主权指国家对外事物上的独立自主的决定权，其中主权在民原则成为近现代民族国家的基本原则之一。③ 另外，还有政府，一个国家必须明显拥有一些针对民众的、有组织的力量，即政府，没有政府，就没有国家。"根据主权理论，在一个民族国家中政府高于任何地方机构和教会组织，但是如果

---

① 景跃进，张小劲．政治学原理 [M]．北京：中国人民大学出版社，2006：63.

② 罗斯金，科德，梅代罗斯，等．政治科学 [M]．林震，王锋，范贤睿，译．北京：华夏出版社，2001：24.

③ 景跃进，张小劲．政治学原理 [M]．北京：中国人民大学出版社，2006：63-64.

超出其领土范围它就不具备在政治和法律上的优先性了。"①

近代民族国家的成功构建过程需要大致经过五个阶段，每个进一步发展的机会对国家的生命都代表着一次"危机"，国家的结构取决于解决这些危机的情况。第一，认同性危机。认同性危机是建立国家时遇到的第一个障碍。原先认同于部落、地区或其他亚国家团体的人必须认识到他们是这个国家的第一批公民。这并不会轻易、快速或自动地发生。② 第二，合法性危机。一个政府必须培养公民对它的尊重和自愿服从，让人民认识到政权的统治是合法的。出现合法性危机的政权容易被颠覆或爆发革命。第三，渗透性危机。渗透性危机是指国家实际上必须使所有人服从政府的法令，即使是在偏远的或文化不同的地方。缺乏渗透性意味着政府的政策法令无法达到全国的大部分地区。第四，参与性危机。当人们充分意识到自己被统治时，他们就"要求能在政府里说得上话"，这种感觉首先是从受过教育、经济境况良好和社会地位较高的人开始的。解决参与性危机的最好办法是采取渐进的步骤。第五，分配性危机。由于大众的广泛参与，他们会感到国家对经济收入的分配是不公平的。近现代民族国家的最高目标是政府为所有公民提供生存、稳定以及经济的和社会的福利。因此国家必须自我保护以保证国家的生存，保持领土的完整、主权的独立和国内政治的稳定。③

民族国家与传统国家有根本性的差别，与传统国家相比，近代民族国家具有如下三个层面的特点：第一，近现代民族国家首先是主权独立的国家，追求国家主权的独立是近现代民族国家的首要要求，同时在民族主义意识形态和国家认同观念的支撑下，致力于对全体国民的统合和塑造。第二，近现代民族国家是集权的、理性的国家，它体现为国家行为的制度化、程序化和政府的积极高效，具体表现为中央与地方关系的制度化和中央政府对地方政府的权威。第三，近现代民族国家是公民国家，公民权利受国家法律体系的

---

① 里普森．政治学的重大问题：政治学导论［M］．刘晓，等译．北京：华夏出版社，2001：292.

② 罗斯金，罗科德，梅代罗斯，等．政治科学［M］．林震，王锋，范贤睿，译．北京：华夏出版社，2001：35.

③ 罗斯金，罗科德，梅代罗斯，等．政治科学［M］．林震，王锋，范贤睿，译．北京：华夏出版社，2001：35-39.

保护，政治参与和社会运动呈制度化特征，具体表现为国家与公民社会构成良性互动的关系。① 亨廷顿曾经指出，区分近现代国家和传统国家最重要的标志就是人民通过大规模的政治组合参与政治并受到政治的影响。②

1895 年是中国传统天下观经由万国观正式转变为近现代民族国家观的标志。1895 年在中国近代思想史上是一个极为奇特和重要的转折点。在此之前，无论思想多么动荡、思想家多么解放，都没有摆脱儒学基本价值的正统轨道。但 1894 年的甲午战争犹如惊天巨雷，一下子击中了儒家体系，引发了人们对儒学基本价值的全盘性怀疑，一些与儒学相反的价值追求大量涌现。③ 这一思想的震撼是如此强烈，梁启超称甲午战败引发的思想变化为"吾国四千余年大梦之唤醒"④。张灏把 1895 年称为中国转型时期的开始。他发现，无论中国正统士大夫的心态、社会所关切的问题，还是知识分子所办报纸、传媒的性质，甚至中国知识分子的终极关怀，在 1895 年都是一个断裂点。1895 年以后的面貌与此前完全不同。⑤ 1895 年清议派也出现了文化价值的大转变，他们中间的很多人纷纷由捍卫传统的保守派一下子转向激进的改革派。⑥ 这是中日甲午战争的失败在国内思想界引发的震荡和冲击，同时中日甲午战争的失败在国际上引发帝国主义对中国的加紧扩张。甲午战争之后引发的西方列强瓜分中国的狂潮加剧了国人亡国灭种的危机感，"四万万人齐下泪，天涯何处是神州"⑦。民族危机的忧患意识，学习西方近代民族国家以达到国家富强的强烈愿望，使近代国家观念在国势危难中凸显。

甲午战争后民族国家的觉醒以"公车上书"为起点。光绪二十一年三月（1895 年 4 月），当中日马关和议将定之时，聚集在北京的数千名应试举人闻

① 郭绍敏. 清末立宪与国家建设的困境［M］. 郑州：河南大学出版社，2010：13.
② 亨廷顿. 变化社会中的政治秩序［M］. 王冠华，等译. 北京：生活·读书·新知三联书店，1989：34.
③ 金观涛，刘青峰. 中国现代思想的起源：超稳定结构与中国政治文化的演变：第一卷［M］. 香港：香港中文大学出版社，2000：269.
④ 梁启超. 戊戌政变记［M］. 桂林：广西师范大学出版社，2010：3.
⑤ 张灏. 中国近代思想史的转型时代［J］. 二十一世纪，1999（52）：30-39.
⑥ 柯文. 在中国发现历史：中国中心观在美国的兴起［M］. 林同奇，译. 北京：中华书局，1989：32.
⑦ 谭嗣同. 有感一首［M］//蔡尚思，方行. 谭嗣同全集. 北京：中华书局，1981：276.

讯，纷纷向都察院抗议。乃至马关条约签订的消息传到京师，在"弃台民之事小，散天下民之事大，割地之事小，亡国之事大，社稷安危，在此一举"①的强烈刺激下，广东南海籍举人康有为用一昼两夜草成奏折，于 5 月 2 日邀约 18 省 1300 余名举人联名上书，恳请光绪皇帝"下诏鼓天下之气，迁都定天下之本，练兵强天下之势，变法成天下之治"，以求"立国自强"，"保疆土而延国命"。② 这就是有名的"公车上书"。有学者统计，《公车上书》全文16147 字，其中"国"字竟出现了 155 次，频率高达百分之一，除用于称呼中国及英国、俄国等国名外，"国"字使用的范围：国家、国命、国体、国政、国耻、国势；亡国、鬻国、立国、辱国；富国、利国、国计、国帑；诸国、列国、外国、敌国、灭国等。③ "国"字如此集中地萦绕于维新志士的脑际，可谓前所未有。透过这些激愤的文字，彰显了国人"国耻"的观念和列国并立的观念。④ "公车上书"的影响是深远的，正如梁启超所说，"公车之人散而归乡里者，亦渐知天下大局之事，各省蒙昧启辟，实起点于斯举"⑤。它显示出国人特别是士绅阶层对国家命运的关注和捍卫。

甲午战败，强邻四逼，瓜分豆剖，国势危蹙。在国家面临生死存亡的危急时刻，开明士绅和士大夫开始寻求救国救民的途径。1898 年 4 月，康有为创立了保国会。在保国会的第一次集会上，康有为痛陈强邻四逼之下中国所处的险境："吾中国四万万人，无贵无贱，当今一日在覆屋之下，漏舟之中，薪火之上，如笼中之鸟，釜底之鱼，牢中之囚，为奴隶，为牛马，为犬羊，听人驱使，听人割宰，此四千年中二十朝未有之奇变。"⑥ "吾四万万之人，吾万千之士大夫，将何依何归何去何从乎？故今日当如大败之余，人自为战，

① 康有为．上清帝第二书［M］//汤志钧．康有为政论集：上册．北京：中华书局，1981：114.
② 康有为．上清帝第二书［M］//汤志钧．康有为政论集：上册．北京：中华书局，1981：114-136.
③ 李华兴．戊戌维新与国家观念的转型［J］．史林，1998（2）：6-8.
④ 李华兴，张元隆，李海生．索我理想之中华：中国近代国家观念的形成与发展［M］．合肥：安徽教育出版社，2005：188-189.
⑤ 梁启超．戊戌政变记［M］．桂林：广西师范大学出版社，2010：180.
⑥ 康有为．京师保国会第一集演说［M］//汤志钧．康有为政论集：上册．北京：中华书局，1981：237.

救亡之法无他，只有发愤而已。""故今日人人有亡天下之责，人人有救天下之权者。"① 在《保国会序》中，康有为指出成立保国会的必要性，他指出："夫弱而割地，则我堂堂万里封疆，犹可为大国也，筑路用人之权皆失，则是国土夷于属地，君上等于仆隶，岂得为有国者哉！……我海疆，我民甿，人不自保；我妇女，我婴儿，人不聊生，皆不自审为何国之民哉！抚印度、埃及之狂澜，念安南、缅甸之覆辙，远怀波兰分裂之巨祸，近睹高丽戕贼之惨刑。呜呼！我士我大夫，何蹈于斯哉？"② 在如此险恶的环境中，康有为呼吁要避免亡国："惟有合群以救之，惟有激耻以振之，惟有厉愤气以张之，我四万万人知身之不保，移其营私之心，以营一大公。知家之不存，移其保家之心，以保一大国，无富贵之可图，无格式之可循，同舟遭溺，同室遭焚，被发缨冠，奔走呼救，宜亦仁人志士所不弃也耶？"③ 康有为从国家领土和人民的角度谈合群保国的重要性，可见在国家危亡时刻士大夫国家观念的凸显。在《保国会章程》中，开宗明义第一条即指出："本会以国地日割，国权日削，国民日困，思维持振救之，故开斯会以冀保全，名为保国会。"第二条，本会"卧薪尝胆，惩前毖后，以图保全国地、国民、国教"。第三条，"为保全国家之政权土地"。第四条，"为保人民种类之自立"。第九条，"本会同志讲求保国、保种、保教之事，以为论议宗旨"。第十条，"凡来会者，激厉愤发，刻念国耻，无失本会宗旨"④。在上述文字中，"国地""国权""国民"表述得更为明确。在西方近代国家学说中，领土、主权和人民是国家缺一不可的三要素，其中领土是国家的物质基础，主权是国家最重要的属性，人民是国家的基本要素。拥有确定的领土、定居的人民和独立的主权是一个国家存在的标志。保国会所主张的通过挽救"国地""国权""国民"，从而洗雪"国耻"等政治理念，把中国视为一个具有领土、主权和人民的独立完整的国

---

① 康有为.京师保国会第一集演说［M］//汤志钧.康有为政论集：上册.北京：中华书局，1981：240.

② 康有为.保国会序［M］//汤志钧.康有为政论集：上册.北京：中华书局，1981：231.

③ 康有为.保国会序［M］//汤志钧.康有为政论集：上册.北京：中华书局，1981：231.

④ 康有为.保国会章程［M］//汤志钧.康有为政论集：上册.北京：中华书局，1981：233.

家，开始与近代西方国家观念相契合，从而驱动戊戌时期国家观念的更新和国家制度的变革。正如李华兴等所认为的，《保国会章程》是一篇"标志中国人近代国家观念基本形成的重要历史文献"①。

可以说，1895 年的甲午战争首先催醒了近代中国有识之士的国家观念和国家意识。在亡国灭种、国家危难的时刻，具有强烈的国家认同意识和民族忧患意识的先进知识分子和思想家，首先感到保家卫国是四万万中国人的共同责任，这是中国构建近代民族国家的重要契机。

第四节　作为人民之公产的近代民族国家观念的形成

鸦片战争之后，国人逐渐加深了对西方国家各方面的了解，开始睁眼看世界的士绅官僚在关注西方国家风土人情及科技发展的同时，也进一步关注到西方国家的政治制度，并以中国古代的三代来比拟和认识，并最终形成了作为人民之公产的近代国家观念。

魏源关注西方的知识，编成《海国图志》。该书介绍世界各国的状况，为的是让国人了解世界和自己的对手，并提醒国人要想抵抗西方的侵略，御侮图强，就必须先承认自己落后，向西方学习，只有这样才能使中国立于不败之地。其中，特别值得注意的是，他还对西方的民主选举制度有所了解并深怀向往。魏源认为，美国的选举制度周全，达到了"公"的理想：

> 二十七部酋分东、西二路，而公举一大酋总摄之，匪惟不世及，且不四载即受代，一变古今官家之局，而人心翕然，可不谓公乎？议事听讼，选官举贤，皆自下始，众可可之，众否否之，众好好之，众恶恶之，三占从二，舍独徇同，即在下预议之人，亦先由公举，可不谓周乎？②

① 李华兴，张元隆，李海生．索我理想之中华：中国近代国家观念的形成与发展 [M]．合肥：安徽教育出版社，2005：191.
② 魏源．海国图志 [M]．郑州：中州古籍出版社，1999：369.

徐继畬在 1848 年出版的《瀛寰志略》中，也对美国的制度给予高度赞扬，他在书中叙述："异人也，起事勇于胜、广，割据雄于曹、刘，既已提三尺剑，开疆万里，乃不僭位号，不传子孙，而创为推举之法，几于天下为公，骎骎乎三代之遗意也。……美利坚合众国以为国，幅员万里，不设王侯之号，不循世及之规，公器付之公论，创古今未有之局。"① 从以上言论可以看出，鸦片战争后，在与西方的接触中，先进知识分子就把西方的民主选举制度视为一种理想，并将之比拟为中国上古三代的"天下为公"或公天下，亦借以批判"天下为私"的专制思想与传统。

第二次鸦片战争之后，知识分子对西方国家民主制度的了解逐渐增加和深入。这一时期，他们普遍注意到了西方国家的议院制度，并对之功能进行了阐述。这一时期很重要的一位思想家是冯桂芬，他在《校邠庐抗议》一书中，直率地指出西方文化与政教的长处在"人无弃才""地无遗利""君民不隔""名实必符"等，并在中国古代的历史中找到许多与西方民主制度相通的思想。冯桂芬将泰西比拟为中国的上古三代，而且认为西方的民主制度的重要功能是可以通上下之情，使君民之间完善沟通。② 这种认为西方民主制度具有整合社会、凝聚共识的想法在 19 世纪七八十年代的知识分子的思想中得以延续发展。

王韬 1883 年出版了《弢园文录外编》，书中他将政治体制或政体形态分为三类，一为君主之国，一为民主之国，一为君民共主之国。他认为最理想的政治体制是以英国为代表的君民共主国："英国之所恃者，在上下之情通，君民之分亲，本固邦宁，虽久不变。观其国中平日间政治，实有三代以上之遗意焉。"③"君为主，则必尧、舜之君在上，而后可久安长治；民为主，则法制多纷更，心志难专一，究其极，无不流弊。惟君民共治，上下相通，民隐得以上达，君惠亦得以下逮，都俞吁咈，犹有中国三代以上之遗意焉。"④他认为西方民主制度的实施可以达到巨大的效果，"苟得君主于上，而民主于

---

① 徐继畬. 瀛寰志略：卷九［M］. 初刻本 .1848（道光二十八年）：15.
② 冯桂芬. 校邠庐抗议［M］. 郑州：中州古籍出版社，1998：160-162.
③ 王韬. 弢园文录外编［M］. 郑州：中州古籍出版社，1998：177.
④ 王韬. 弢园文录外编［M］. 郑州：中州古籍出版社，1998：65.

下，则上下之交固，君民之分亲矣！内可以无乱，外可以无侮，而国本有若苞桑磐石焉。由此而扩充之，富强之效亦无不基于此矣"①。

郑观应也有非常类似的看法，他 1884 年撰写了《盛世危言》，书中他首先批评了世袭的君主专制"以举国为私产，兆庶为奴隶"，结果君臣相与追求私利，"熙熙攘攘之民，遂交受其害，而不得复沾其利"②。他认为，西方的以议院制度为基础的君主立宪可以解决君主专制"私"天下的困局，实现"公"天下的理想。他说西方议员通过选举产生，能够做到公而无私。同时议院之外多设报馆，表明议院的是非，整体配合之下"则天下英奇之士、才智之民，皆得竭其忠诚，伸其抱负。君不至独任其劳，民不至偏居于逸，君民相洽，情谊交孚。天下有公是非，亦即有公赏罚，而四海之大，万民之众，同甘共苦，先忧后乐，若理一人，上下一心，君民一体，尚何敌国外患之敢相凌侮哉？"③ 从以上论述可以看出，郑观应认为通过议院制度的运作可以达到国家整合的功能，使朝野上下同心同德、众志成城，实现国家富强的目标。郑观应的观点具有相当的代表性，其后有不少思想家也提出类似的看法，他们认为议院可以通上下之情、开言路，回到中国上古三代"公天下"的理想，是一个相当完美的制度。

同一时期居住在香港的何启和胡礼垣也有类似的观点。他们也认为，以议院制度为基础的君主立宪可以实现公天下的理想。在他们看来，首先，从政治原则来说，"君民无二心"，"以庶民之心为心"，"君民无二事"，"以庶民之事为事"，④ 即可以达到国家的"公与平"。在制度层面要了解民心、民事则需在地方与中央开设议院，这个制度的实施即"使民自议其政，自成其令"，"人人皆如愿相偿，从心所欲"，这样，统治者依照被统治者的愿望来施政，即天下为公。⑤ 其次，民主制度实行少数服从多数，亦即"从众"原则，而众人的意见即"公道"，也即实现了公的理想。他们说："民，人也；君，亦人也。人人有好善恶恶之心，即人人有赏善罚恶之权。然就一人之见而定，

① 王韬. 弢园文录外编 [M]. 郑州：中州古籍出版社，1998：66.
② 郑观应. 盛世危言 [M]. 郑州：中州古籍出版社，1998：107.
③ 郑观应. 盛世危言 [M]. 郑州：中州古籍出版社，1998：97.
④ 何启，胡礼垣. 新政真诠 [M]. 沈阳：辽宁人民出版社，1994：73.
⑤ 何启，胡礼垣. 新政真诠 [M]. 沈阳：辽宁人民出版社，1994：115-116.

则亦涉私心；就众人之见而观，则每存公道……此民权之大意也。"① 最后，他们认为大公无私的理想不宜立即实现，目前要先肯定"私"，亦即人人各私其家、私其乡、私其国，如能使每个人各得其私，那么私就变成了公。

总之，在鸦片战争到甲午战争这段时期，在西方文化的冲击下，中国知识分子开始以一种深受传统影响的眼光来观察西方国家的政治制度，他们在经受传统天下观被击碎的同时，开始逐渐萌发近代的国家观念。而首先萌发的是对西方议院制度的高度赞扬和对专制制度的批判反省，他们认为西方的议院制度是能弥补、消除君主专制制度之弊的完美制度，具有中国上古三代"天下为公"之遗意。有所不同的是，"天下为公"在古代指禅让政治，禅让政治的基本格局是自上而下的，而"天下为公"在近代中国有新的解释，被引申为自下而上的民主政治理想。这种自上而下向自下而上的观念转变主要是受"西风东渐"的影响而出现的，这种认识已经超越了将君主统治权视为天经地义和唯一方式的传统思维，为进一步提出国家政体构想奠定了基础。

甲午中日战争后，中国在受到丧权辱国的心灵之痛之外，又遭遇西方列强瓜分的狂潮，知识分子在对时局的认识中，深深感受到救亡图存的紧迫性，亡国灭种的忧患意识深入人心。1905 年，上海《东方杂志》的编者在回顾十年间国家处境的变化时指出："甲午以后，欲雪割地赔款之耻，于是人人言自强；庚子（1900）以后，欲弥赔款失权之憾，于是人人言自立；驯至癸卯，国患日破，于是忧时之士，人人则言自存。"② 由自强、自立到自存，充分反映出当时知识分子对国势濒危的心理焦虑，日益深重而强烈。而这一时期也正是有的学者所称的中日合作的"黄金十年"，也即"彼此共同利用"的时代。③ 中国从各方面展开了向日本学习并间接向西方学习的时期，许多西方的书籍通过日译本翻译到中国来，这一时期中国知识分子的国家观念更加深刻和丰富，可以说近代中国的国家观是"建构在西方智识与中国传统智识的基

---

① 何启，胡礼垣．新政真诠 [M]．沈阳：辽宁人民出版社，1994：416．
② 自存篇 [J]．东方杂志，1905，2（5）：100．
③ 任达．新政革命与日本：中国，1898—1912 [M]．李仲贤，译．南京：江苏人民出版社，1998：26．

础上"① 的，既具有儒家"天下为公"的"公"精神，又具有西方民族国家的观念，近代国家观朝着一种混合"主权在民"与"国家至上"的不稳定的观点演变，国家只有在完完全全成为人民之公器之下，才具有正当性②，乃至最终形成了作为人民之公产的近代国家观。

严格来说，真正近代意义的国家观念是从戊戌维新一代的知识分子才开始有的，是在西方民族国家观念的影响下产生的。特别受清末知识分子所青睐的西方国家观约略有三：一为民约论；二为有机体说；三为国家之主权与领土权概念。清末知识分子对国家产生了这样的认知：国家是一种世俗性的人类产物，有其目的甚至人格，并存在于一个跟其他国家共同组成的世界里。③ 民约论的国家观，为康有为、严复、谭嗣同、梁启超、孙中山等人带来了无以复加的影响。民约论最基本的要义是从契约的角度解释国家的起源，而清末传入中国的民约论则主要以鼓吹国民一切平等且国家是人民之公仆为念。这从康有为、严复、谭嗣同、梁启超和孙中山等人的国家观念中可以清楚地看出来。

一、国家起源观念的转变

清末思想家通过国家起源的论述来申论和强调"君"的地位在起源上与"民"是平等的，把传统君主从高高在上的神的地位拉下来，使其处于与民平等的地位。如戊戌维新运动的发起人康有为说：

> 盖国之为国聚民而成之，天生民而利乐之。民聚则谋公共安全之事，故一切礼乐政法皆以为民也。但民事众多，不能人人自为公共之事，必公举人任之。所谓君者，代众民任此公共保全安乐之事。为众民之所公

---

① 沙培德. 清末的国家观：君权、民权与正当性 [M] //许纪霖. 现代中国思想的核心观念. 上海：上海人民出版社，2011：368.

② 沙培德. 清末的国家观：君权、民权与正当性 [M] //许纪霖. 现代中国思想的核心观念. 上海：上海人民出版社，2011：368.

③ 沙培德. 清末的国家观：君权、民权与正当性 [M] //许纪霖. 现代中国思想的核心观念. 上海：上海人民出版社，2011：382.

举，即为众民之所公用。①

显然，上述引文所强调的是，君是因民需要而设，又是由民推举而立，所以民为本，君为末。君是为民代劳办事，所以是民主君仆。如果君为民办事不力，或渎职失误，民亦有权随时罢免君主，即"国者国民合众为之，非君所得私有也；君者代民司理，视民所举废也。一肆之司理失职，则当去；一国之司理失职，亦当去"②。寻着这一认识路径，康有为进一步指出，如果君主违背了为民分忧解难、操劳服务的立君宗旨，人民不仅有权驱逐、撤换不称职的君主，甚至可以处死残害虐待人民的暴君虐主，并认为这是合理合法、神圣正义之举，因为这是人民在行使自己的权利。康有为把君的地位降低，从而实现君民一律平等的思想，彰显了国家的产生是为民所用，国家是人民之公产的观念。

严复的国家起源思想主要体现在对韩愈《原道》一文的批判上，严复在《辟韩》中论述，如果像韩愈所说的那样没有圣人、君主，人类早已灭亡了，那么除非圣人都不是人才可以实现。为此，他说：

> 其身与其先祖父，必皆非人焉而后可，必皆有羽毛、鳞介而后可，必皆有爪牙而后可。使圣人与其先祖父而皆人也，则未及其生，未及成长，其被虫蛇、禽兽、寒饥、木土之害而夭死者，固已久矣，又乌能为之礼乐刑政，以为他人防备患害也哉？③

严复以此说明君主与民众没有任何区别。对于君主与国家的产生，则认为是由于当时社会的纷争，即：

---

① 康有为. 孟子微［M］//康有为全集：第五集. 北京：中国人民大学出版社，2020：413.
② 康有为. 春秋笔削大义微言考［M］//康有为全集：第六集. 北京：中国人民大学出版社，2020：164.
③ 严复. 辟韩［M］//王栻. 严复集：第1册. 北京：中华书局，1986：33.

有其相欺，有其相夺，有其强梗，有其患害，而民既为是粟米麻丝、作器皿、通货财与凡相生相养之事矣，今又使之操其刑焉以锄，主其斗斛、权衡焉以信，造为城郭、甲兵焉以守，则其势不能。于是通功易事，择其公且贤者，立而为之君。其意固曰，吾耕矣织矣，工矣贾矣，又使吾自卫其性命财产焉，则废吾事。何若使子专力于所以为卫者，而吾分其所得于耕织工贾者，以食子给子之为利广而事治乎？此天下立君之本旨也。是故君也臣也，刑也兵也，皆缘卫民之事而后有也；而民之所以有待于卫者，以其有强梗欺夺患害也。有其强梗欺夺患害也者，化未进而民未尽善也。是故君也者，与天下之不善而同存，不与天下之善而对待也。①

从上述言论可知：严复认为国家和君主都是社会发展到一定时期的产物，即"与天下之不善而同存"；它也必将随着社会的不断发展和人民整体素质的不断提高和完善而最后消亡，即"不与天下之善而对待也"。这是与严复的进化论思想息息相关的。同时从权力的渊源上看，君权是民所授，主权是民所有。因此，严复发出"斯民也，固斯天下之真主也""国者，斯民之公产也，王侯将相者，通国之公仆隶也"②之激动人心、振聋发聩的呐喊，意在挑战和否定"知有一人而不知有亿兆"之君尊民卑、君主民仆的传统谬论。严复认为，在真正近代意义的国家中，只有人民是国家的主人，有权决定国家的一切，其余无论是君主，还是王侯将相，其身份都是"公仆"，无任何特权，有的只是对人民所应负的责任和应尽的义务，这就是民主，即民有权而君主无权。由此可以看出，严复已具备视国家为人民之公产的近代国家观念。

关于国家的起源，谭嗣同具有自己独特的见解，他在他的代表作《仁学》中指出：

生民之初，本无所谓君臣，则皆民也。民不能相治，亦不暇治，于是共举一民为君。夫曰共举之，则非君择民，而民择君也。夫曰共举之，

---

① 严复. 辟韩［M］//王栻. 严复集：第1册. 北京：中华书局，1986：34.
② 严复. 辟韩［M］//王栻. 严复集：第1册. 北京：中华书局，1986：36.

则其分际又非甚远于民，而不下侪于民也。夫曰共举之，则因有民而后有君，君末也，民本也，共举之，则且必可共废之。君也者，为民办事者也；臣也者，助民办事者也。赋税之取于民，所以为民办事之资也。如此而事犹不办，事不办而易其人，亦天下之通议也。①

谭嗣同从君臣民关系的起源说明君是为民办事的，臣也是为民办事的，如果君臣没有把事办好，民有权利"易其人"。从而对传统的君主专制的正当性提出了疑问和否定，肯定了君民人人平等的观念。

梁启超国家观念的形成和成熟是在戊戌维新失败之后，流亡日本的梁启超在受日本思潮影响的同时，通过大量阅读西方书籍，吸收西方的政治思想学说，并结合中国的文化传统，形成其独特的国家观念。梁启超根据卢梭的民约理论，阐述了国家的起源及其本质：

国家之所以成立，乃由人民合群结约，以众力而自保其生命财产者也。各从其意之自由，自定约而自守之，自立法而自遵之，故一切平等。若政府之首领及各种官吏，不过众人之奴仆，而受托以治事者也。

国者积民而成，舍民之外，则无有国。②

国家起源于人民的自由意志，是众人在自愿的前提下为保障每个人天赋的平等、自由、人身安全而组成的一个整体。国家的主体是国民，即"国者积民而成"，最高权力也属于国民，国家的一切事务应以人民的意志为依归，君主官吏是因国民而存在、替国民办事的，他们手中的权力是国民委托而不是神授天命的，其一言一行须对国民负责。梁启超以此对君主专制提出了疑问和否定，阐述了他君民平等、国家是人民之公产的思想。

---

① 谭嗣同. 仁学［M］//蔡尚思，方行. 谭嗣同全集：下册. 增订本. 北京：中华书局，1981：339.

② 梁启超. 论近世民族竞争之大势及中国之前途［M］//饮冰室合集：第一册. 北京：中华书局，1989：56.

梁启超批判了专制政治和传统的"天下观"。他说："国也者，人民之公产也。"① 但中国几千年的封建王朝实行专制统治，致使往昔的中国只有朝廷而没有国家，他在《少年中国说》中说："夫古昔之中国者，虽有国之名，而未成国之形也，或为家族之国，或为酋长之国，或为诸侯封建之国，或为一王专制之国"，"只不过有朝廷耳"。② 国家成为君主一人之私产，国人没有主权，不能参掌国事，不知国家与天下、国家与朝廷、国家与国民的关系，缺乏健全的国家、民族和公民意识，进而将"爱朝廷"等同于"爱国家"，连那些"精英"也只知忠君和报效朝廷而不知为国家为民族尽义务做贡献。梁启超批判了往昔国家"私天下"的观念，而主张"公天下"的近代国家观念。从梁启超的言论中可以看出，他所谓"公"一方面具有传统"正道"的意义，一方面借着主张国家是国民之公产的观点，使"公"也具有近代国家认同的特质。

二、国家正当性由传统君权神授向"主权在民"的转换

清末思想家批判传统君权神授的观念，提出国家的正当性在于"主权在民"的观念。康有为在《孔子改制考》中表达过"孔子之道，务民义为先"的思想，他认为，孔子之道的核心是"民义为先"，最好的政治制度是像尧舜时代的"民主"制度，即人民归往才可以称王，不归往则只是民霸、民贼。在《孟子微》中亦有言："国者，国人公共之物，当与民公任也。"诸如此类的思想，在康有为注释孔孟的书中比比皆是。在《大同书》中，康有为认为"民权进化，自下而上，理之自然也"，并且民有权，也容易联合，所谓"夫国有君权，自各私而难合，若但为民权，则联合亦易。……故民权之起，宪法之兴，合群均产之说，皆为大同之先声"③。在论"去国而世界合一之体"时又进一步指出，国界消除之后，可成立统一之公政府，公政府"由公民公举议员及行政官以统之"，最终将形成"无邦国，无帝王，人人相亲，人人平

① 梁启超 . 论近世民族竞争之大势及中国之前途 [M] // 饮冰室合集：第一册 . 北京：中华书局，1989：56.
② 梁启超 . 饮冰室文集点校：第二册 [M]. 昆明：云南教育出版社，2001：698.
③ 康有为 . 大同书 [M]. 郑州：中州古籍出版社，1998：106-107.

等，天下大公，是谓大同"① 的理想社会。康有为通过发扬孔孟学说中本来就有的"民贵君轻"的思想，有力抨击了君主专制制度，批判了传统君权神授的观念，进而宣扬了西方国家"主权在民"的新观念。

作为同时期以精通西方近代民族国家学说而著称的严复，对国家的前途和命运也非常关注。严复认为，按照西方国家的标准，中国很难称得上"国"，如严复说：

> 吾国之人，所以于政治之学、国家之义，自西人观之，皆若不甚分晓者，止缘大一统之故。吾所居者，只有天下，并无国家。而所谓天下者，十八省至正大中，虽有旁国，皆在要诸服之列，以其无由立别，故无国家可言。②

严复据此而对传统的君主专制国家提出疑问，认为此种"国"不是真正的国家，在此基础上，提出新的国家观。1895—1898 年，严复发表了一系列文章，其中《论世变之亟》《原强》《辟韩》和《救亡决论》四文可以视为他当时思想的集中表达。这一时期，严复对中国传统政治文化理念进行了深入的批判，并对新的国家正当性理念进行了探索。严复尖锐地指出，"夫自秦以来，为中国之君者，皆其尤强梗者也，最能欺夺者也"，"秦以来之为君，正所谓大盗窃国者耳。国谁窃？转相窃之于民而已"③。严复认为，中国是一个"家天下"的君主专制国家，他说：

> 中国自秦以来，无所谓天下也，无所谓国也，皆家而已。一姓之兴，则亿兆为之臣妾。其兴也，此一家之兴也，其亡也，此一家之亡也。天子之一身，兼宪法国家王者三大物，其家亡，则一切与之俱亡，而民人

---

① 康有为. 大同书 [M]. 郑州：中州古籍出版社，1998：108.
② 严复. 政治讲义 [M] // 王栻. 严复集：第 5 册. 北京：中华书局，1986：1245.
③ 严复. 辟韩 [M] // 王栻. 严复集：第 5 册. 北京：中华书局，1986：35.

特奴婢之易主者耳，乌有所谓长存者乎！①

在"家天下"的中国，君主作为"天下之一身"，"兼宪法、国家、王者三大物"，拥有超越一切、不受任何约束的权力。因此，"专制之民，以无为等者也，一人之外，则皆奴隶"②"君王而外，其余皆奴婢仆妾而已"③。严复认为："民主之平等也，以国民为主人，为一切之所由起。专制之平等也，以国民为奴虏，为无可比数之昆虫。"④严复认定中国之所以积贫积弱，之所以在甲午战争中失地丧权，寻根究底就是因为"自秦以降，为治虽有宽苛之异，而大抵皆以奴虏待吾民"⑤。从以上言论可以看出，严复对君主专制国家的正当性提出疑问和批判，并形成"民有权，则民与国一体而国强，民为奴，则民与国对立而国弱"的观念。按照严复"斯民也，天下之真主也"的民权思想，人民应该是国家的主人，人民是国家权力的正当化渊源。

严复还把国家强弱盛衰的基准置于每个国民整体素质即智德力的优劣之上。他说："民之可化，至于无穷，惟不可期之以骤"⑥"一政之举，一令之施，合于其智、德、力者存，违于其智、德、力者废"⑦；"论者动言中国宜减君权、兴民权，嗟乎！以今日民智未开之中国，而欲效泰西君民并主之美治，是大乱之道也"。在此认识基础上，严复一生都对革命运动持怀疑和反对的态度，唯独对"教民知学"和提高民族素质之必要性怀抱终生不渝的坚定信念。1895 年，严复在《原强》一文中明确指出："今日要政，统于三端：一曰鼓民力，二曰开民智，三曰新民德。"而国之"强弱存亡莫不视此"，"是以西洋观化言治之家，莫不以民力、民智、民德三者断民种之高下，未有三者备而民生不优，亦未有三者备而国威不奋者也"。"而三者之中，尤以愈

① 严复.《法意》按语［M］//王栻.严复集：第 4 册.北京：中华书局，1986：948-949.

② 严复.《法意》按语［M］//王栻.严复集：第 4 册.北京：中华书局，1986：952.

③ 严复.《社会通诠》按语［M］//王栻.严复集：第 4 册.北京：中华书局，1986：935.

④ 严复.《法意》按语［M］//王栻.严复集：第 4 册.北京：中华书局，1986：952.

⑤ 严复.原强［M］//王栻.严复集：第 1 册.北京：中华书局，1986：31.

⑥ 严复.原强［M］//王栻.严复集：第 1 册.北京：中华书局，1986：25.

⑦ 严复.原强［M］//王栻.严复集：第 1 册.北京：中华书局，1986：31-32.

愚为最急"①，"故曰：民智者，富强之原"②。1898年1月，也就是百日维新前半年，严复又深中肯綮地指出："夫君权之重轻，与民智之浅深为比例。"③戊戌政变后半年，严复更在给张元济的信中沉痛指出，如果民智不开，中国无论实行改良还是维新都将不能实现国家的富强。他说："同国之人，于新理过于蒙昧"，"则守旧、维新两无一可"④。1902年，严复在《原富》按语中再次强调："大抵继今以往，国之强弱，必以庶富为量。而欲国之富，非民智之开，理财之善，必无由也。""存亡之机，……亦深系乎四万万人心、民智之如何也。""窃谓中国处今，而欲自存于列强之中，当以教民知学为第一义。"⑤ 从以上的言论可知，严复对国民素质的重视，在提出新的国家观时，总是有着强烈的"民"的意识，并且把国家与"民"的参与的正当性观念联系起来。

在甲午战后将近十年的时间里，严复走在时代前列，扮演着"盗火者"普罗米修斯的角色，以从西方引进的思想学说为解剖刀，剥露了君主专制的狰狞面目，撕破了"君权至上"的神圣面纱，批判了将封建君权神化为"天之意""道之原"的传统君主专制国家观，传播了民为"天下之真主"⑥，国家是人民的公产，官员是人民的公仆，人民有权推翻暴君的近代国家观。严复在《辟韩》和《法意》按语中闪耀出的思想光芒，不仅在戊戌之前成了谭嗣同《仁学》的思想前驱，而且在20世纪初成为民主革命思潮奔腾全国的开路先锋。

谭嗣同在指出君臣民的关系起源说之后，又指出"国与民已分为二，吾不知除民之外，国果何有？无惑乎君主视天下为其囊橐中之私产，而犬马土

---

① 严复. 与《外交报》主人书［M］//王栻. 严复集：第3册. 北京：中华书局，1986：560.

② 严复. 原强［M］//王栻. 严复集：第1册. 北京：中华书局，1986：27.

③ 严复. 中俄交谊论［M］//王栻. 严复集：第2册. 北京：中华书局，1986：475.

④ 严复. 与张元济书［M］//王栻. 严复集：第3册. 北京：中华书局，1986：527，525.

⑤ 严复.《原富》按语［M］//王栻. 严复集：第4册. 北京：中华书局，1986：900，896，908.

⑥ 严复. 辟韩［M］//王栻. 严复集：第1册. 北京：中华书局，1986：36.

芥乎天下之民也。民既摈斥于国外，又安得少有爱国之忱。何也？于我无与也"①。要之，君民本是"平等"的，"君亦一民也"。如果说有什么不同的话，那就是君乃"为民办事者也"，因此，"较之寻常之民更为末也"。君若不办事，民可"易其人"，更不用说虐民自私之君了。民本君末，"非君择民，而民择君"，民可"共举之"，当然也可"共废之"，即"君者公位也。人人可以居之。彼君之不善，人人得而戮之，初无所谓叛逆也"。② 如此，谭嗣同使与西学合流后的儒学顺理成章地完成了从"民本"到"民主"的演变转进过程。在谭嗣同看来，首先，"忠"乃朋友相交之道，"抚我则后，虐我则仇"，决无以下事上之理。而"三代以下之忠臣"只是君主的奴才，大多"辅桀助纣"，为虎作伥，不足为法。其次，民为国本，"除民之外，国果何有？"如果君主窃国虐民，那就难怪老百姓不"爱国"了，因为国家"于我无与也"。最后，谭嗣同指出是"国"与"民"而不是"君"，具有本质性的内在关联。"为之民主，如墨子所谓选天下之贤者，立为天子，俾人人自主。"③ 从而，"人人自主"的民权意识开始与国家权力的正当性关联起来，凸显了"主权在民"的观念。

梁启超同样指出："国也者，人民之公产也。夫国也者，何物也？有土地，有人民，以居于其土地之人民，而治其所居之土地之事，自制法律而自守之。有主权，有服从，人人皆主权者，人人皆服从者。夫如是，斯谓之完全成立之国。"④ 这显然是对专制君主"家天下"国家观念的突破，已经明确地走入了"主权在民"的近代民族国家的思想境界。在此基础上，梁启超有针对性地说道："有民而后有君，天为民而立君，非为君而生民；有国家而后有朝廷，国家能变置朝廷，朝廷不能吐纳国家。"⑤ 接着，梁启超又进一步指

① 谭嗣同. 仁学［M］//蔡尚思，方行. 谭嗣同全集. 增订本. 北京：中华书局，1981：341.

② 谭嗣同. 仁学［M］//蔡尚思，方行. 谭嗣同全集. 增订本. 北京：中华书局，1981：339.

③ 谭嗣同. 仁学［M］//蔡尚思，方行. 谭嗣同全集. 增订本. 北京：中华书局，1981：359.

④ 梁启超. 少年中国说［M］//饮冰室合集：第一册. 北京：中华书局，1989：9.

⑤ 梁启超. 中国积弱溯源论［M］//饮冰室合集：第一册. 北京：中华书局，1989：16.

出："且我中国畴昔，岂尝有国家哉？不过有朝廷耳。我黄帝子孙，聚族而居，立于此地球之上者既数千年，而问其国之为何名，则无有也。夫所谓唐、虞、夏、商、周、秦、汉、魏、晋、宋、齐、梁、陈、隋、唐、宋、元、明、清者，则皆朝名耳。"① 在此基础上，梁启超在一篇生前未曾发表的题为《拟讨专制政体檄》一文中，号召中国青年起来讨伐专制政体。他说：

> 我辈实不可复生息于专制政体之下，我辈实不忍复生于专制政体之下。专制政体者，我辈之公敌也，大仇也。有专制则无我辈，有我辈则无专制。我不愿与之共立，我宁愿与之偕亡。
>
> 使我辈数千年历史以脓血充塞者谁乎？专制政体也。使我数万里土地为虎狼窟穴者谁乎？专制政体也。使我数百兆人民向地狱过活者谁乎？专制政体也。
>
> 专制政体之在今日，有百害于我而无一利。……我辈今组织大军，牺牲生命，誓剪灭此而后朝食。②

在其他的文章中，梁启超亦直接地论述了国家的本质："国家者，全国人之公产也；朝廷者，一姓之私产也。国家之运祚甚长，而一姓之兴替甚短；国家之面积甚大，而一姓之位置甚微。朝廷云者，不过偶尔一时为国民中巨擘之巨室云尔。"③ 在此，梁启超明确阐述了国家作为全国人之公产的近代国家观。戊戌政变之后，梁启超逃亡日本，阅读日译西书，思想观念有了更加深刻的认识。1899 年梁启超在《清议报》第 28 册上发表《自助论》一文，文章中首先阐述了个人自主之权与国家之间的密切关系：

> 国所以有自主之权者，由于人民有自主之权，人民所以有自主之权者，由于其有自主之志行。今夫二三十家之民相团则曰村，数村相联则

① 梁启超．少年中国说［M］//饮冰室合集：第一册．北京：中华书局，1989：9.
② 梁启超．拟讨专制政体檄［M］//转引自宋仁．梁启超政治法律思想研究．北京：学苑出版社，1990：85.
③ 梁启超．中国积弱溯源论［M］//饮冰室合集：第一册．北京：中华书局，1989：16.

曰县，数县相会则曰郡，数郡相合则曰国。故如曰某村风俗纯实，则某村人民之言行纯实者谓之也；曰某县多出货物，则某县人民之力农勤工者为之也；曰某郡艺文蔚兴，则某郡人民之嗜学讲艺者为之也；曰某国福祚昌盛，则某国人民之志行端良，克合天心者为之也。盖总称曰国，分言曰民，殆无二致也。①

梁启超通过以上论述，表达了国家与人民一体、公私无别的新型国家观念，同时也以此观点批评君主专制君民分割，上下不通的体制。另如梁启超曰：

> 盖西国之君，譬则御者也，民人，譬则乘车者也，其当向何方而发，当由何路而进，固乘车者之意也，御者不过从其意，施控御之术耳。故君主之权者，非其私有也，阖国民人之权，萃于其身者是已。唯然，故君主之所令者，国人之所欲行也；君主之所禁者，国人之所不欲行也。君民一体，上下同情，朝野共好，公私无别，国之所以昌盛者，其不由此欤！②

以上观点表达了梁启超国家观中国家与人民的紧密关系，国家拥有自主之权的前提条件是人民人人拥有自主之权的思想。同一时期即大约1899年秋天，《清议报》上出现了许多有关自由、权利以及"积私为公"的言论，如"积私成公，积我便成无我，合众私而成一大私，是公之极也。合众我而成一大我，是无我之至也。即私即公，即我即无我。舍我私之外，岂复有所谓无我与公哉"③。在此之后，梁启超的思想似乎有了一个很大的转折，这与他接触到德国伯伦知理的国家学说与社会达尔文主义有密切的关系。在1899年10月25日出版的《清议报》第30册上梁启超发表了《论近世国民竞争之大势及中国之前途》《放弃自由之罪》《国权与民权》等文章。在这些文章中，梁

---

① 梁启超. 饮冰室自由书：自助论 [J]. 清议报，1899（28）：5.
② 梁启超. 饮冰室自由书：自助论 [J]. 清议报，1899（28）：5-6.
③ 冯斯乐. 东京大同高等学校功课 [J]. 清议报，1899（29）：10.

启超开启了"国民"观念的新论域，对在新国家观念中的国家的国民做出了阐述：

> 中国人不知有国民也，数千年来通行之语，只有以国家二字并称者，未闻有以国民二字并称者。国家者何？国民者何？国家者，以国为一家私产之称也，古者国之起源，必自家族……一家失势，他家代之，以暴易暴，无有已时，是之为国家。国民者，以国为人民公产之称也，国者积民而成，舍民之外，则无有国。以一国之民，治一国之事，定一国之法，谋一国之利，捍一国之患，其民不可得而侮，其国不可得而亡，是之为国民。①

梁启超在上述引文中对国家、国民和公私的关系进行了阐述，他认为国民是作为人民之公产的国家中的人民，国民与国家是紧密相连的，同时他的国民的想法与他对自由与民权的认识是联系在一起的。在《放弃自由之罪》与《国权与民权》二文中，梁启超强调了国民的一个重要条件是具有"自由权"或"民权"，并且民权所涉及的不只是个人，更直接影响到"我国自由之权"或"国权"。他说："民之无权，国之无权，其罪皆在国民之放弃耳。"② 从以上的言论可以看出，梁启超尝试将民权与国权定为二而一、一而二的密切关系，而且，无论在其前期的民约论国家观，还是在其后期的国家有机体学说中，梁启超都把人民的"人人自主之权"或"民权"作为国家正当性的前提条件。

对于国家的正当性问题，作为革命派领袖的孙中山的主张又是如何的呢？孙中山明确用"民权主义"来表达他的政治理想，关于"民权"，孙中山说道：

> 民权便是人民去管理政治。详细推究起来，从前的政治是谁人管理的呢？中国有两句古语说"不在其位，不谋其政"，又说"庶人不议"，

---

① 梁启超. 论近世国民竞争之大势及中国之前途 [J]. 清议报，1899（30）：1-4.
② 梁启超. 国权与民权 [M]//饮冰室文集点校. 昆明：云南教育出版社，2001：2265.

可见从前的政权，完全在皇帝掌握之中，不关人民的事，今日我们主张民权，是要把政权处于人民掌握之中；凡事都是应该由人民做主的，所以现在的政治，又可以叫做民主政治。①

同时在孙中山看来，卢梭提出的"人民权利是生而平等的"是一种世界潮流，是难以阻挡的，他说："由神权流到君权，由君权流到民权，现在流到了民权，便没有方法可以反抗。"② 对于何为民权，孙中山认为：

何谓民权？即近来瑞士国所行之制：民有选举官吏之权，民有罢免官吏之权，民有创制法案之权，民有复决法案之权，此之谓四大民权也。必具有四大民权，方得谓为纯粹之民国也。革命党之誓约曰："恢复中华，创立民国。"盖欲以此世界至大至优之民族，而造一世界至进步、至庄严、至富强、至安乐之国家，而为民所有、为民所治、为民所享者也。③

民权在孙中山这里就是"民有""民治""民享"，民权就是建立民主国家所要实现的政治权利，从而"民"现在成了国家政治权力正当性的根源，而绝不是专制帝王"圣恩"泽被的对象。孙中山在对儒家传统的现代解释中也着重强调了这一思想，他说：

根据中国人的聪明才智来讲，如果应用民权，比较上还是适宜得多，所以两千年前的孔子、孟子，便主张民权。孔子说："大道之行也，天下为公"，便是主张民权的大同世界。又言必称尧舜，就是因为尧舜不是家天下，尧舜的统治，名义上虽然是用君权，实际上是行民权。所以孔子总是宗仰他们。孟子说："民为贵，社稷次之，君为轻"；又说"天视自我民视，天听自我民听"；又说"闻诛一夫纣也，未闻弑君也"……由此

---

① 孙中山. 孙中山全集：第九卷 [M]. 北京：中华书局，1981-1986：325.
② 孙中山. 孙中山全集：第九卷 [M]. 北京：中华书局，1981-1986：267.
③ 孙中山. 孙中山选集（上）[M]. 北京：人民出版社，1956：399.

可见中国人对于民权的见解，两千年以前，已经早想到了。①

在上文中，孙中山对儒家民本的思想虽然有"误读"，但透过孙中山的"误读"可以看到，孙中山确乎把民权作为国家权力正当性的根源的想法，这与康有为、梁启超等维新派是相当一致的。

南京临时政府一成立，孙中山便明确宣布"国家之本，在于人民"，中华民国"主权属于国民全体"。他在《建国方略》中又指出"国中之百官，上而总统，下而巡差，皆人民之公仆也"②。直到晚年，孙中山仍强调"民权主义是以人民为主人的，以官吏为奴隶的"③。主权在民，构成孙中山一以贯之的政治理念，成为建设国民国家与强化近代国家观念的核心和本质，体现了作为人民之公产的近代国家观。

三、民族国家政体选择的异彩纷呈

清末思想家在批判君主专制的传统国家观的同时，提出"主权在民"的近代国家观，在此基础之上，不同思想家根据他们关于国情民性的认识理解，对国家的政体设计提出了不同的选择方案。

作为戊戌维新运动领袖人物的康有为是力主君主立宪制度的。康有为根据对春秋三世的理解和解释，认为人类的发展应分为三个阶段，即"三世说"：据乱世、升平（小康）世、太平（大同）世。从据乱世到太平世是一个文教逐渐完备、逐渐进步的过程。随着文教的扩展与提高，据乱世逐渐朝小康世演进，然后再往大同世发展。这暗示了据乱、小康、大同是三个连续发展的阶段，不能跳跃，顺序也不能改变。同时康有为指出春秋三世由孔子制定，而孔子是至高无上的圣王，因此孔子所制定的三世之法就近乎绝对而不可颠倒的普遍法则。如果春秋三世是绝对而不可颠倒的普遍法则，那么大同世的出现就带有历史的必然性，但又不能逾越历史必经的过渡阶段而实现。

---

① 孙中山. 孙中山全集：第九卷 [M]. 北京：中华书局，1981-1986：262.
② 孙中山. 建国方略 [M] //孙中山全集：第六卷. 北京：中华书局，1981-1986：211.
③ 孙中山. 在广州农民联欢会的演说 [M] //孙中山选集. 北京：人民出版社，1956：928.

而且，对康有为来说，政治就像开药方治病，应当对症下药。春秋三世的每一世都有相对应的制度，就像每一种病症都有相应的药方。处于哪一世，就应该采取哪一世所对应的制度。当历史趋势朝向下一世前进时，就应该准备更换另一套制度相对应。康有为以春秋三世判断实际的政治现状，并且根据春秋三世的原则行事，他坚持中国要淘汰君主专制，走向民主共和，但应该先以君主立宪为过渡。① 甲午中日战争后，康有为认为中国停滞不前，大声呼吁改革的迫切性。辛亥革命前，他反对贸然以革命推翻皇帝制度，认为那样躁进的手段只会适得其反。民国初年的混乱，让他相信乱象是因为采用了不合宜的药方，中国应该采用虚君立宪的体制，回归稳健的演进道路之上。以上是康有为从历史发展的顺序和中国的现实政治情势上对政治体制所做出的思考和选择，同时康有为认为君主立宪制的正当性基础在于"合于人道"的"公理"，即使"无几何公理所出之法，而必凭人立之法者"，也必须以"最有益于人道"的"平等之意"立法，这是"人人有自主之权"之"公理"实现的起码要求。康有为是坚决主张"法权归于众"而"圣不秉权"的，如果"君主威权无限"，就无疑"大背几何公理"了。② 可见康有为选择君主立宪制是以公理为标准，以实现人民的自主之权为目的的，体现了他主权在民的近代国家观念。

严复首先介绍了西方思想家所阐述的国家政体类型及其优缺点，他在《政治讲义》中说：

> 希腊诸子言治之书，其最为后来人所崇拜者，莫如雅里斯多德之《治术论》。其分治制，统为三科：曰独治，蒙讷阿基；曰贤政，亚里斯托括拉寺；曰民主，波里地。独治，治以一君者也。贤政，治以少数者也。民主，治以众民者也。三者皆当时治制正体，然亦有其蔽焉者。独治之敝曰专制，曰霸政，曰泰拉尼 Tyranny，亦曰狄思朴的 Despotlc。贤

---

① 冯先祥. 同天不同公：康有为与孙中山的大同思想［D］. 台北：台湾大学政治学研究所，2006.

② 康有为. 实理公法全书·君臣门［M］//康有为大同论二种. 北京：生活·读书·新知三联书店，1998：18.

政之敝曰贵族，鄂里加基 Oligarchy。民主之敝曰庶政，德谟括拉寺。……又近世之人，几谓德谟括拉寺为最美后成之制。①

在其他的著作中，严复又进一步阐述了他对国家制度的看法。严复认为："五洲治制，不出二端：君主、民主而已。君主之国权，由一而散于万；民主之国权，由万而汇与一。"② 君主制和民主制国家的本质区别在于："一国之中，君有权而民无之者，谓之君主"；"民有权而自为君者，谓之民主"。所谓"君民并主"，"则其君民皆有权"，只是"其中或君之权重于民，或民之权重于君"。③ 在严复看来，只有权力掌握在人民手中，"民有权而自为君"的民主制国家，国家才是人民的公产，官员才是人民的公仆。他还从历史进化论的观点指出："民主者，治制之极盛也。使五洲而有郅治之一日，其民主乎？"④ 给予民主制的国家制度以充分肯定和热情赞扬。尽管严复在诸多译著的按语中表达了对民主政治的向往，但同时他根据自己对中国国情的诊断，主要择取的则是君主立宪，他认为君主立宪制的特征在于君民皆有权，"所谓君民并主，而其中或君之权重于民，或民之权重于君，如今之英、德、奥、意诸邦，则其国政界之天演使然，千诡万变，不可究诘"⑤。对于国家的发展变化，特别是制度的更迭，严复倾向于渐进式的自然演化，而反对掺以"人功"的突变。根据进化论，他认为国家形成于自然：

前会讲义所发明者，有最要之公例，曰国家生于自然，非制造之物。此例入理愈深，将见之愈切。虽然，一国之立，其中不能无天事、人功二者相杂。方其浅演，天事为多，故其民种不杂；及其深演，人功为重，故种类虽杂而义务愈明。第重人功法典矣，而天事又未尝不行于其中。⑥

① 严复. 政治讲义 [M] // 王栻. 严复集：第5册. 北京：中华书局，1986：1257.
② 严复.《法意》按语 [M] // 王栻. 严复集：第4册. 北京：中华书局，1986：937.
③ 严复.《法意》按语 [M] // 王栻. 严复集：第4册. 北京：中华书局，1986：950.
④ 严复.《法意》按语 [M] // 王栻. 严复集：第4册. 北京：中华书局，1986：957.
⑤ 严复.《法意》按语 [M] // 王栻. 严复集：第4册. 北京：中华书局，1986：950.
⑥ 严复. 政治讲义 [M] // 王栻. 严复集：第5册. 北京：中华书局，1986：1252.

凡国家法制之变也，必以渐进而无顿，此其理至易明也。①

盖政治家上观历史，下察五洲，知人类相合为群，由质而文，由简入繁，其所以经天演阶级程度，与有官生物，有密切之比例。故萨维宜谓国家乃生成滋长，而非制造之物。而斯宾塞亦云，人群者，有机之大物，有生老病死之可言，皆此义也。②

在严复的国家观念中，是把自由论、进化论和民主学说结合在一起进行阐述的。严复认为："故曰人得自由，而必以他人之自由为界。"③"自由者，各尽其天赋之能事，而自承之功过者也。""故言自由，则不可以不明平等，平等而后有自主之权；合自主之权，于以治一群之事者，谓之民主。"④ 有了自由，才能充分施展个人的才能，才有人人平等；有了人人平等，才有民主政治。所以他鞭辟入里地指出，西方资本主义国家是"以自由为体，以民主为用"。正因为如此，这个社会才具有"争驰并进，以相磨砻，……此既日异，彼亦月新"⑤ 的竞争机制和创造活力。正如美国学者史华兹所分析的那样，在严复心目中，"自由意味着无约束地发挥人的全部才能，意味着创造一个解放和促进人的建设性能力，以及使人的能力得以充分发挥的环境。但中国圣人所做的每件事都在限制和禁锢个人的潜在能力，而近代西方则创造和培育了旨在解放这些能力的制度和思想"⑥。

严复在其他著作中还论述了中国国民的素质问题。他认为中国由于受到长期封建专制统治的影响，多数人民只知有"君父"，做"臣民"，不知有"民主"，做"公民"，缺乏近代国家国民的政治素质，从而阻碍着近代国家的建立。他说：

---

① 严复. 续论英国宪政两权未尝分立 [M] //王栻. 严复集：第 1 册. 北京：中华书局，1986：235.
② 严复. 政治讲义 [M] //王栻. 严复集：第 5 册. 北京：中华书局，1986：1267.
③ 穆勒. 群己权界论 [M]. 严复，译//王栻. 严复集：第 1 册. 北京：中华书局，1986：132.
④ 严复. 主客评议 [M] //王栻. 严复集：第 1 册. 北京：中华书局，1986：118.
⑤ 严复. 原强 [M] //王栻. 严复集：第 1 册. 北京：中华书局，1986：23.
⑥ 史华兹. 寻求富强：严复与西方 [M]. 叶凤美，译. 南京：江苏人民出版社，1990：55.

盖自秦以降，为治虽有宽苛之异，而大抵皆以奴虏待吾民。虽有原省，原省此奴虏而已矣；虽有燠咻，燠咻此奴虏而已矣。夫上既以奴虏待民，则民亦以奴虏自待。夫奴虏之于主人，特形劫势禁，无可如何已耳。①

然政欲利民，必自民各能自利始；民各能自利，又必自皆得自由始；欲听其皆得自由，尤必自其各能自治始；反是且乱。顾彼民之能自治而自由者，皆其力、其智、其德诚优者也。是以今日要政，统于三端：一曰鼓民力，二曰开民智，三曰新民德。夫为一弱于群强之间，政之所施，固常有标本缓急之可论。唯是使三者诚进，则其治标而标立；三者不进，则其标虽治，终亦无功；此舍本言标者之所以为无当也。②

以上引材料可以看出，严复把近代国家的建立与国民的政治素质紧密相连，他认为当时的国民素质还未达到建立民主国家的程度，因此当务之急在于"鼓民力、开民智和新民德"。职是之故，严复虽然向往西方的民主政治，但并不赞成通过革命来改变政体结构。

严复应用达尔文生物进化论来解释人类社会，构筑了他的"社会机体论"。在他看来，社会同生物一样，也是一个有机体。"盖一国之事，同于人身"，"身贵自由，国贵自主"，"且一群之成，其体用功能，无异生物之一体"③；而个人与社会的关系，也就相当于细胞与生物体的关系。个体既不能享有无限制的自由而危害群体，社会机体的进步也离不开个体细胞的更新与发展。只有每一个人的素质提高了，才有国家和群体的富强。所以严复认为："今夫国者非他，合亿兆之民以为之也。国何以富？合亿兆之财以为之也。国何以强？合亿兆之力以为之也。"④ "是故，欲觇其国，先观其民，此定例也。"⑤ 严复对国民素质的重视跃然纸上，这成为他进行国家建设和设计的重

① 严复．原强 [M] //王栻．严复集：第1册．北京：中华书局，1986：31.
② 严复．原强 [M] //王栻．严复集：第1册．北京：中华书局，1986：27.
③ 严复．原强 [M] //王栻．严复集：第1册．北京：中华书局，1986：26，17.
④ 严复．《原富》按语 [M] //王栻．严复集：第4册．北京：中华书局，1986：917.
⑤ 斯宾塞．群学肄言 [M]．严复，译．北京：商务印书馆，1981：38.

要依据。

戊戌维新变法时期，梁启超在康有为的"三世说"和严复进化论的基础上，提出了自己独特的"三世六别说"。所谓"三世六别说"，即梁启超在1897年所写的《论君政民政相嬗之理》中所说：

> 治天下者有三世：一曰多君为政之世，二曰一君为政之世，三曰民为政之世。多君世之别又有二：一曰酋长之世，二曰封建及世卿之世。一君世之别又有二：一曰君主之世，二曰君民共主之世。民政世之别亦有二：一曰有总统之世，二曰无总统之世。多君者据乱世之政也，一君者升平世之政也，民者太平世之政也。此三世六别者，与地球有人类以来之年限有关之理，未及其世，不能跃之，既及其世，不能阙之。①

在"三世六别说"的基础上，梁启超提出他的变法思想，如同康有为一样，他认为全人类进入大同社会是社会发展的必然。但小康社会作为过渡阶段是不可逾越的。梁启超说："凡由多君之政，而入民政者，其间必经一君之政，乃始克达。所异者西人则多君之运长，一君之运短；中国则多君之运短，一君之运长。至其自今以往，同归民政。所谓及其成功一也。"② 从以上言论可以看出，亡命日本之前梁启超在国家政体上的观念基本是继承了康有为的。

1898年10月梁启超逃亡到日本。赴日不久，梁启超就通过阅读日文接触到许多西方文化。由于深受西学的影响，梁启超对于国家、朝廷、国民等的区别开始有了明确的认知，他开始对以往的变法维新之路进行反省。③ 梁启超开始认识到，处于今日竞争的世界只有依靠全体国民的力量，才能实现民族的独立和富强。他说：

---

① 梁启超．论君政民政相嬗之理（1897年）［M］//饮冰室合集．北京：中华书局，1989：7.

② 梁启超．论君政民政相嬗之理（1897年）［M］//饮冰室合集．北京：中华书局，1989：11.

③ 梁启超初到日本时对国家、国民这些概念还比较模糊。（参见郑匡民．梁启超启蒙思想的东学背景［M］．上海：上海书店出版社，2003：27.）

至民主、排满、保教等义真有难言者。弟子今日若面从先生之诫，他日亦必不能实行也，故不如披心沥胆一论之。今日民族主义最发达之时代，非有此精神，决不能立国，弟子誓焦舌秃笔以倡之，决不能弃去者也。而所以唤起民族精神者，势不得不攻满洲。日本以讨幕为最适宜之主义，中国以讨满为最适宜之主义。①

在此认识基础上，梁启超开始其建立民族国家的努力，并转向赞成和向往民主共和。这一时期也是梁启超一生中最激进的时期，并一度与孙中山联合实行排满革命。但 1903 年年底，自美国返日后梁启超的思想又发生了很大的变化，梁启超写出《政治学大家伯伦知理之学说》表示他已经放弃了曾极为推崇的卢梭的社会契约论、主权在民说，转而服膺伯伦知理、波伦哈克的有限君主立宪制学说，提倡"开明专制"，认为它能调和各种主义，集中政治上的各种优势。他希望在君主立宪制下有二十年、三十年，甚至更长的时间陶冶、锻炼国民，"夫然后与之读卢梭之书，夫然后与之谈华盛顿之事"。他还在《新民丛报》上载文公开宣告自己与革命派分道扬镳，并做好准备与之展开论战。

梁启超带着对美国民主共和的向往去美国旅行参观，但旅行归来梁启超开始感叹，"吾游美国而深叹共和政体实不如君主立宪者之流弊少而运用灵也"②。同时他还发现，美国的民主共和建基于各州的地方自治传统，中间还经过数代伟人的奋斗才得以建立并发展。这样的一种政治制度，不是一般国家可以轻易仿效的。中美、南美诸国的选举，就往往与杀人流血相伴。在考察美国华人团体，尤其是旧金山的华人社会之时，梁启超惊讶地发现，这些团体大多徒有民主的外观，内部家族主义盛行，自私专制，不仅缺乏公益心，而且相互争斗，甚至连以倾覆清政府为目标的致公堂，其内部的腐败倾轧也远远超过清政府。生活于民主国家的美国华人尚且如此，更遑论专制制度统

① 梁启超. 1902 年 4 月致康有为［M］//张品兴. 梁启超全集. 北京：北京出版社，1999：5937.

② 梁启超. 新大陆游记节录［M］//张品兴. 梁启超全集. 北京：北京出版社，1999：1158.

治下的中国国民。梁启超由此认定，中国人有族民资格而无市民资格，有村落思想而无国家思想，只能受专制不能享自由。他说：

> 夫自由云，立宪云，共和云，是多数政体之总称也。而中国之多数大多数最大多数，如是如是，故吾今若采多数政体，是无异于自杀其国也。自由云，立宪云，共和云，如冬之葛，如夏之裘，美非不美，其如于我不适何？吾今其毋眩空华，吾今其勿圆好梦，一言以蔽之，则今日中国国民只可以受专制，不可以享自由。吾祝吾祷，吾讴吾思，吾惟祝祷讴思我国得如管子、商君、来喀瓦士、克林威尔其人者生于今日，雷厉风行，以铁以火，陶冶锻炼吾国民二十年、三十年乃至五十年，夫然后与之读卢梭之书，夫然后与之谈华盛顿之事。①

在此认识基础上，旅美归来的梁启超开始秉持渐进改革的立场，把"开明专制"视为救国的最好政治手段，并基于满汉已经一体的事实提出了"大民族主义"的观念。随后，在清政府提出预备立宪的政策之时，立即响应立宪，大力主张实施君主立宪制度。

对于国家政体的选择，早在1894年的《兴中会章程》中，孙中山就指出："是会之设，专为振兴中华、维持国体起见。"② 他认为，"其党有见于中国之政体不合于时势之所需，故欲以和平之手段、渐进之方法请愿于朝廷，俾倡行新政。其最要者，则在改行立宪政体，以为专制及腐败政治之代"③。在1906年的《军政府宣言》中，孙中山提出了"驱除鞑虏，恢复中华，建立民国，平均地权"。在建立民国中，明确指出："今者由平民革命以建国民政府，凡为国民皆平等以有参政权。大总统由国民公举。议会以国民公举之议员构成之，制定中华民国宪法，人人共守。敢有帝制自为者，天下共击之！"④ 自此，孙中山明确提出反对君主专制、建立民主共和的政治主张。

---

① 梁启超. 新大陆游记节录［M］//张品兴. 梁启超全集. 北京：北京出版社，1999：1189.

② 孙中山. 孙中山选集［M］. 北京：人民出版社，1956：14.

③ 孙中山. 孙中山选集［M］. 北京：人民出版社，1956：17.

④ 孙中山. 孙中山选集［M］. 北京：人民出版社，1956：78.

在如何建设新国家的问题上，孙中山以主权在民为建国的基本原则，以民主共和为政体选择，提出了他独创的三民主义，即民族主义、民权主义和民生主义，从而建设他理想的民族国家、国民国家和社会国家。其中最能体现孙中山国家作为人民之公产的观念的是民权政府的建设。关于民权政府的建设，孙中山提出：

> 想造成的新国家，是要把国家的政治大权，分开成两个，一个是政权，要把这个大权，完全交到人民的手内，要人民有充分的政权，可以直接去管理国事，这个政权，便是民权。一个是治权，要把这个大权，完全交到政府的机关之内，要政府有很大的力量，治理全国事物，这个治权，便是政府权。人民有了很充分的政权，管理政府的方法很完全，便不怕政府的力量太大，不能够管理。①

在上述认识的基础上，孙中山认为，把政治的大权分成政府权和人民权，就如同把政府比作机器，把人民比作工程师，人民对政府的态度，如同工程师对待机器一样，可以进行必要的管理和驾驭。在孙中山的设计中，"人民是工程师，政府是机器，在一方面要政府的机器是万能，无论什么事都可以做。又在他一方面要人民的工程师，也有大力量，可以管理万能的机器"②。为了达到和实现这一目标，孙中山在借鉴欧美国家政体设计的基础上，又汲取中国传统政体的精华，设计出他独特的"四政权五治权"的民权政治体制架构。孙中山指出：

> 在人民一方面的大权，是要有四个政权，这四个政权，是选举权、罢免权、创制权、复决权。在政府一方面的，是要有五个治权，这五个治权，就是行政权、立法权、司法权、考试权、检察权。用人民的四个政权，来管理政府的五个治权，那才算是一个完全的民权政治机关，有了这样的政治机关，人民和政府的力量，才可以彼此平衡相互调剂，不

---

① 孙文. 三民主义 [M]. 台北：三民书局，2007：167.
② 孙文. 三民主义 [M]. 台北：三民书局，2007：172.

相冲突。①

孙中山希望通过这样一个政权的设计保障民权的真正实现，造成一个五权分立的贤良政府，从而达到他"天下为公"的理想国家，或实现民有、民治、民享的目的。从中也可以看出，主权在民的原则，加上"权能区分"的政治运作，以人民拥有的四个政权来管理政府的五个治权，建立一个"万能政府"，乃是构成孙中山建设国民国家的主线。

综上所述，甲午中日战争失败以后，举国上下在屈辱、震惊之余，纷纷举起了改革的大旗，希望如同日本一样通过改革达到富强的目的。正如有的学者所说，"戊戌变法是近代中国唯一最有可能成功的改革"，因为戊戌变法具备了成功的基本条件，特别重要的一点是甲午一战，它使"中国社会上下出现了一次空前一致的局面"，即"变法维新成为时代的最强音"。② 但戊戌维新变法最终以失败而告终，改革的失败，逼使康有为、梁启超等主要思想家流亡海外，得以接触和吸收更多的西方文化，并将其不遗余力地向国内传播；中日的亲密接触和合作、中国大量学生留学日本等，导致中国在戊戌维新之后无论从社会组织、国家机构还是思想观念都发生了翻天覆地的变化。近代中国先进的知识分子在批判传统君主专制并力求保留传统文化精华的同时，积极汲取、学习西方先进的文化并借鉴日本的经验，探讨和形成了自己独特的寻求国家富强和确立人民平等、自由的国家建设的政治思维理路。在国家观念上，先进思想家从国家起源上批判中国传统的君主专制制度，主张君民平等，上下相通；在国家的正当性上，否定传统的"君权神授"，提倡民权，倡导"主权在民"，并将其与中国传统的"公私"观念相结合，认为"主权在民"体现了"公天下"的价值，从而形成了国家是人民之公产，人民是国家的主人的近代国家观念；在国家政体选择上，不同思想家的选择虽有分歧，但是他们选择的不同政体的目的是一致的，即实现民权，体现人民是国家的主人，实现国家是人民之公产的理念。最终，经过辛亥革命，中华

---

① 孙文. 三民主义 [M]. 台北：三民书局，2007：172.
② 王也扬. 戊戌变法：近代中国唯一可能成功的改革 [J]. 浙江社会科学，2000（3）：124-127.

民国的建立，尽管并非自始就意味着名至而实归，却标志着中国近代完成了从传统的天下观向近代国家观的根本转变，而且中国历史从此进入了一个在实际制度操作层面进行近现代国家构建的曲折而艰辛的历程。

第五节　传统民本思想向近代民论转换的轨迹

在中国传统天下观念的文化语境中，以儒家为代表的主流思想关于民的认识主要体现为传统的民本思想，在传统天下观念受到外来冲击并逐渐发生演变的过程中，思想界关于民的认识也随着西方思想的渗透和影响而发生变化，这种变化既带有传统民本思想的印记，又受到当时时势环境和西方思想的影响。本节在阐述传统民本思想核心观念的基础上，以王韬为例论述鸦片战争到甲午战争这一时段思想界民论的演变历程。

一、传统民本思想的核心观念

中国传统的民本思想源远流长，由来已久。重民，是中国古代政治思维的主要特征。民本思想是传统重民思想的概括，民本思想起源于《尚书》中的"民惟邦本"一语，"民本"一词的使用开始于近代，是由梁启超首先提出来的。梁启超在他的《先秦政治思想史》中首次提出民本思想，梁启超提出民本是在与林肯的 of the people，by the people，for the people 的对比中产生的，梁启超译为政为民政、政以为民、政由民出，他认为政为民政、政以为民，"我先民见之甚明，信之甚笃，惟一切政治当由人民施行，则我先民非惟未尝研究其方法，抑似并未承认此理论"①。他认为吾先民徒言"民为邦本，政在养民，而政之所从出，其权力乃在人民之外，此种无参政权的民本主义，……是我国政治论之最大缺点"②。梁启超认为民本与林肯所说的西方民主是不同的，我先民的民本是不包含民治的民本，我先民既没有民治的研究和方法，又没有民治的思想和理论，也就是说我先民就没曾想过政治要由民

①　梁启超. 先秦政治思想史［M］. 天津：天津古籍出版社，2003：6.
②　梁启超. 先秦政治思想史［M］. 天津：天津古籍出版社，2003：6.

来施行。可见梁启超采用"民本"一词来描述中国传统的重民思想是受到来
自西方"民主"一词的启发并与之比较的结果，近代自从西方民主思想传到
中国，许多学者对民本和民主的关系问题展开论述。①

　　孙晓春认为传统民本思想中的"民"是与"愚氓"同义的，即认为民众
是愚昧无知的。传统思想认为民众愚昧无知，是因为民众缺乏道德，民众没
有获得知识的能力。② 这一看法可以说指出了传统民本思想中对现实之民的认
识。而根据其他学者的考察，民本思想包含众多丰富的内容。如金耀基认为
民本思想有六个方面的内容：一是"以人民为政治之主体"；二是"君之居
位，必须得到人民之同意"；三是"保民""养民"成为人君的最大职务；四
是"义利之辨"；五是"王霸之辨"；六是"君臣之际"。③ 张分田、张鸿认
为民本思想可以概括为一个核心和三个基本思路，核心理念是"以民为本"，
基本思路是"立君为民""民为国本""政在养民"。他们认为由这三个思路
可以推导出民本思想的全部内容。④ 林存光从儒家人本主义政治观出发，认为
如果从政治统治治理对象的意义上来说就是民本主义，即"关注民生，重视
民利，敬畏民力，以化民（新民德、化民俗）为务，以养教为本，是儒家人
本主义政治观的一贯理念"⑤。韦政通认为中国古代的民本思想有以下几种含
义："民惟邦本""民意即天意""安民、爱民""重视民意""民贵君轻"
"革命思想"⑥。根据以上学者的研究，笔者认为传统的民本思想至少需要我
们注意以下几点：思想家认为现实之民是愚昧的，这源于他们道德水平和能
力的低下；理念上民意代表天意，具有至高无上的权威，这源于他们在国家
强弱和君主更替中的强大作用；由于以上两种认识，他们认为在具体的政策
制定中应坚持保民、养民和教民的原则。以下从三方面论述传统民本思想的

① 卢向国．温情政治的乌托邦：中国古代民本思想的机理研究［M］．天津：天津人民出
　版社，2008：14-15.
② 孙晓春．儒家民本思想发微［J］．吉林大学社会科学学报，1995（5）：1-7.
③ 金耀基．中国民本思想史［M］．北京：法律出版社，2008：11-15.
④ 张分田，张鸿．中国古代"民本思想"内涵与外延刍议［J］．西北大学学报（哲学社
　会科学版），2005（1）：113-118.
⑤ 林存光．人治主义抑或人本主义：为儒家政治哲学一辩［M］//林存光．先秦诸子政治
　哲学研究．沈阳：辽海出版社，2006：31.
⑥ 韦政通．中国的智慧［M］．长沙：岳麓书社，2003：39-41.

核心理念。

第一，民意代表天意，政治思想中重视民意的观念。民本思想是与天的观念和家族观念密切相关的，春秋中叶以前我先民关于天的观念是有变化的，正如梁启超所指出的，古代之天，纯为"有意识的人格神"，即有感觉有情绪有意志，与人无殊，天直接监督一切政治。后来，这种"人格神"的天的观念转变为抽象的天的观念，吾先民认为宇宙间有自然之大理法，为凡人类所当率循者。而此理法实天之所命。① 如《烝民》之诗曰："天生烝民，有物有则。民之秉彝，好是懿德。"② 也即世间一切现象，都有其当然的法则，而人类以为是常态，故人类社会的目的在于"顺帝之则"，而"帝之则"假手于人以实现。"周人的至上天是一个比较理性化了的绝对存在，具有'伦理位格'，是调控世界的'理性实在'"③。从中可以看出，春秋中叶的天的观念已经是代表人类社会和自然法则的抽象的天了。"日天子作民父母，以为天下王。"④，"岂弟君子，无信谗言"⑤。理想的天子，一面为天之子，一面为民之父母，代天执行天意，有此天子以"格于上下"⑥ 而为天人的媒介，遂以形成"天人相与"的大家族，这是古代政治上的最高理想。"皇天上帝，改厥元子兹大国殷之命"⑦，元子常常可以改，则元子与众子的地位不是绝对的，即人人皆可以为天子也。梁启超认为"此种人类平等的大精神，遂为后世民本主义之总根芽"⑧。那么，元子由谁改换呢？当然由天来改换。天既然要采取行动，必定会有所表达，天的表达怎样才能显现出来呢？通过民意来显现天的意愿。这就是天的意愿与民众意愿的结合。《尚书》中此种理想，已表示得十分圆满。"天聪明，自我民聪明。天明畏，自我民明威，达于上下，敬哉

---

① 梁启超．先秦政治思想史［M］．天津：天津古籍出版社，2003：27-28.
② 程俊英．诗经译注［M］．上海：上海古籍出版社，2012：309.
③ 陈来．古代宗教与伦理［M］．北京：生活·读书·新知三联书店，2009：11.
④ 李民，王健．尚书译注［M］．上海：上海古籍出版社，2016：237.
⑤ 程俊英．诗经译注［M］．上海：上海古籍出版社，2012：244.
⑥ 李民，王健．尚书译注［M］．上海：上海古籍出版社，2016：1.
⑦ 李民，王健．尚书译注［M］．上海：上海古籍出版社，2016：310.
⑧ 梁启超．先秦政治思想史［M］．天津：天津古籍出版社，2003：38.

有土。"① "天视自我民视，天听自我民听。"② "民之所欲，天必从之。"③ 天子为天的代理人，在天的监督下执行政治，则本来最高主权在天，而天皆假借人民以体现之，于是天子对天负责任，而实际上可以负责任的是人民。晋师旷之言曰："天生民而立之君，使司牧之，勿使失性……天之爱民甚矣，岂其使一人肆于民上……"④，此言君主应该负责任之义，最为痛切明白。君主当得以对民负责任从而体现其对天负责任。君主不能践其责任则如之何？人民例得起而易例得之。然而革命不可常，平时民意如何体现呢？梁启超认为"我先民则以采纳舆论为不二法门，所谓'史载书，瞽陈诗，工诵箴谏，士传言，庶人谤'等等，皆舆论机关也。古代贤士大夫，盖绝对主张言论自由"⑤。儒家的代表孟子可谓古代重视民意的最重要的思想家，如他说："所欲与之聚之，所恶勿施尔也。"⑥ "左右皆曰贤，未可也；诸大夫皆曰贤，未可也；国人皆曰贤，然后察之；见贤焉，然后用之。左右皆曰不可，勿听；诸大夫皆曰不可，勿听；国人皆曰不可，然后察之；见不可焉，然后去之。"⑦ 从而体现出政府的施政应该以顺从民意为标准的观念。虽然中国古代思想家非常重视民意的作用，但是没有具体的制度体现民意，正如梁启超所指出的，"我先民极知民意之当尊重，惟民意如何而始能实现，则始终未尝当作一问题以从事研究。故执政若违反民意，除却到恶贯满盈群起革命外，在平时更无相当的制裁之法"⑧。

第二，坚持"立君为民"的理念。张分田先生经过考察曾经说过："没有任何学派、任何思想家提出过设立君主旨在为一家、一姓、一人的观点。立君为民、为公、为天下不是一家一派的主张而是一种具有普遍性的政治理

---

① 李民，王健. 尚书译注 [M]. 上海：上海古籍出版社，2016：39.
② 李民，王健. 尚书译注 [M]. 上海：上海古籍出版社，2016：212.
③ 李梦生. 左传译注 [M]. 上海：上海古籍出版社，2016：1078.
④ 李梦生. 左传译注 [M]. 上海：上海古籍出版社，2016：878-879.
⑤ 梁启超. 先秦政治思想史 [M]. 天津：天津古籍出版社，2003：39.
⑥ 朱熹. 新刊四书五经：四书集注 [M]. 北京：中国书店，1994：259.
⑦ 朱熹. 新刊四书五经：四书集注 [M]. 北京：中国书店，1994：200.
⑧ 梁启超. 先秦政治思想史 [M]. 天津：天津古籍出版社，2003：40-41.

念。"① 可见"立君为民"的理念乃是中国古代思想家的共识。《泰誓》中的
"天作君师"一直是这类观点经常引用的论据，有关"天作君师"的注疏也
成为立君为民说的常见表述方式，《尚书正义·泰誓》孔安国传："天佑助下
民，为立君以政之，为立师以教之。当能助天，宠安天下。"孔颖达疏：

> 此言伐纣之意：上天佑助下民，不欲使之遭害，故命我为之君上，
> 使临政之，为之师保，使教诲之。为人君、为人师者，天意如此，不可
> 违天。我今惟其当能佑助上天，宠安四方之民，使民免于患难。……众
> 民不能自治，立君以治之。立君治民乃是天意。言天佑助下民，为立君
> 也。治民之谓君，教民之谓师，君既治之，师又教之，故言作之君、作
> 之师。师谓君与民为师，非谓别置师也。②

这个注疏表达了上天立君的目的，在于统治民众，教化民众，使民众生
活安定，避免患难，是上天保佑民众的重要体现。

荀子也在论证人性恶的基础上提出，"天之生民，非为君也；天之立君，
以为民也"③。君主的设立是为了人民的生活。先秦法家也持立君为民的观
点，如"古者，立天子而贵之者，非以利一人也。曰：天下无一贵，则理无
由通，通理以为天下也。故立天子以为天下，非立天下以为天子也。立国君
以为国，非立国以为君也；立官长以为官，非立官以为官长也"④ "故尧舜之
位天下也，非私天下之利也，为天下位天下也"⑤ 都表达了在君主起源问题
上坚持立君为民的观点。

第三，"政在养民"是中国传统民本思想的归宿所在。正如金耀基所说，
"儒家的民本思想既然以人民为最高价值性的存在，则保障人民之生存，自为

① 张分田. 论"立君为民"在民本思想体系中的理论地位 [J]. 天津师范大学学报（社
会科学版），2005（2）：1-7.
② 张分田. 民本思想与中国古代统治思想：下 [M]. 天津：南开大学出版社，2009：386.
③ 张觉. 荀子译注 [M]. 上海：上海古籍出版社，1995：614.
④ 许富宏. 慎子集校集注 [M]. 北京：中华书局，2013：16.
⑤ 周晓霞. 商君书译注 [M]. 上海：上海三联书店，2014：130-131.

逻辑上必有之归结"①。萧公权曾说过："孟子于养民之要不厌反复申详，而教民一端则多附带及之，仅举梗概"，"孔子教民重于养民，孟子养民重于教民"。② 徐复观则举孔子"道千乘之国，敬事而信，节用而爱人，使民以时"，"子适卫，冉有仆，子曰：庶矣哉！冉有曰：既庶矣，又何加焉？曰：富之"。然后又说"教之"之语评论道："养先教后，孔孟同揆"，更指出"老者安之；少者怀之"之语，并无丝毫轻养之意。③ 不管怎样，关于养民的途径，孔子主要是"裕民生、轻赋税、惜力役、节财用之数事。……以民生裕足为目的"④。关于裕足的标准，从孔子的言论可知似乎不在生产的绝对数量，而在分配的相对平均。如孔子曾说："丘也闻有国有家者，不患寡而患不均，不患贫而患不安。盖均无贫，和无寡，安无倾。"⑤ 孔子的养民只不过是国家的必要政策，而不是最高的政策，最高的目的在于"既富而教"，养成人民"美善之品性与行为"。⑥ 孔子教化的方法是以身作则和以道诲人。孔子曾说："上好礼，则民莫敢不敬；上好义，则民莫敢不服；上好信，则民莫敢不用情。"⑦ "君子之德风，小人之德草。草上之风必偃。"⑧ 孔子教化的内容主要是"孝弟忠信之教"，正如萧公权先生所指出的"孔子之教化政策，以培养个人之品格为目的，而不注重智识与技能。乃至射御诸术，亦所以陶融人格，而非健全身体或图谋生计之训练"⑨。

孟子也非常关注"政在养民"，他认为政治即"民事"，"滕文公问为国。孟子曰：'民事不可缓也'"。⑩ 孟子所认为的"民事"到底是什么呢？从消极的方面说，民事就是不扰民，即：

---

① 金耀基．中国民本思想史［M］．北京：法律出版社，2008：13.
② 萧公权．中国政治思想史（一）［M］．沈阳：辽宁教育出版社，1998：83.
③ 徐复观．学术与政治之间：甲集［M］．上海：华东师范大学出版社，2009：156.
④ 萧公权．中国政治思想史（一）［M］．沈阳：辽宁教育出版社，1998：60-61.
⑤ 朱熹．新刊四书五经：四书集注［M］．北京：中国书店，1994：153.
⑥ 萧公权．中国政治思想史（一）［M］．沈阳：辽宁教育出版社，1998：83.
⑦ 朱熹．新刊四书五经：四书集注［M］．北京：中国书店，1994：128.
⑧ 朱熹．新刊四书五经：四书集注［M］．北京：中国书店，1994：124.
⑨ 萧公权．中国政治思想史（一）［M］．沈阳：辽宁教育出版社，1998：62.
⑩ 朱熹．新刊四书五经：四书集注［M］．北京：中国书店，1994：232.

不违农时，谷不可胜食也；数罟不入洿池，鱼鳖不可胜食也；斧斤以时入山林，材木不可胜用也。谷与鱼鳖不可胜食，材木不可胜用，是使民养生丧死无憾也。养生丧死无憾，王道之始也。①

从积极的方面讲，民事就是保民。如何保民呢？孟子认为：

无恒产而有恒心者，惟士为能。若民，则无恒产，因无恒心。苟无恒心，放辟邪侈，无不为已。及陷于罪，然后从而刑之，是罔民也。焉有仁人在位，罔民而可为也？是故明君制民之产，必使仰足以事父母，俯足以畜妻子，乐岁终身饱，凶年免于死亡。然后驱而之善，故民之从之也轻。②

儒家认为政治的目的在于提高民众的素质，而孟子更加强调物质条件对于民众道德的基础作用。因此孟子提出土地公有的主张，即井田制度。其说曰："方里而井，井九百亩，其中为公田。八家皆私百亩，同养公田。"③ 孟子认为如此则可以实现人人有田耕，然后"五亩之宅，树之以桑，五十者可以衣帛矣；鸡豚狗彘之畜，无失其时，七十者可以食肉矣；百亩之田，勿夺其时，数口之家可以无饥矣；谨庠序之教，申之以孝悌之养，颁白者不负戴于道路矣。"④ 如此则可以实现人人有宅住，人人无忧愁无饥寒的社会。民众达到了饱食暖衣之后，就可以对他们进行教化，即"饱食、暖衣、逸居而无教，则近于禽兽。圣人有忧之，使契为司徒，教以人伦"⑤，让他们"壮者以暇日，修其孝弟忠信"，从而懂得处理人与人之间的道德关系。孟子最终的目标是达到民众"死徙无出乡，乡田同井，出入相友，守望相助，疾病相扶持，则百姓亲睦"⑥，从而达成互助完善的社会组织。从以上孟子的言论可以看

---

① 朱熹. 新刊四书五经：四书集注 [M]. 北京：中国书店，1994：183.
② 朱熹. 新刊四书五经：四书集注 [M]. 北京：中国书店，1994：191.
③ 朱熹. 新刊四书五经：四书集注 [M]. 北京：中国书店，1994：235.
④ 朱熹. 新刊四书五经：四书集注 [M]. 北京：中国书店，1994：184.
⑤ 朱熹. 新刊四书五经：四书集注 [M]. 北京：中国书店，1994：238.
⑥ 朱熹. 新刊四书五经：四书集注 [M]. 北京：中国书店，1994：235.

出，孟子非常重视民众的生计和教育，他认为舍民事就没有国事和政事了，因此他认为"民为贵，社稷次之，君为轻"①，表达了他对民事的重视。

荀子虽然尊君重礼，但也非常重视养民。他说："故礼者，养也。"② 把礼的目的看作养人，"君者，何也？曰：能群也。能群也者，何也？曰：善生养人者也"③。把君主的主要任务看作养民。荀子提出养民的具体方法和政策，他说："轻四野之税，平关市之征，省商贾之数，罕兴力役，无夺农时，如是，则国富矣。"④ "故泽人足乎木，山人足乎鱼；农夫不斫削、不陶冶而足械用，工贾不耕田而足菽粟。"⑤ 从而表达了他关心经济的供给和交换的思想。

中国传统民本思想在重视"养民"的同时，还非常重视土地问题。随着秦汉以后土地的私有化和土地兼并的日益严重，民众贫富差距越来越大，孟子所提出的井田制度无法实现，思想家提出了"均平"的养民主张。董仲舒提出了限田的主张，他说："古井法虽难卒行，宜少近古，限民名田以赡不足。"⑥ 古代的井田制度虽然无法实行，但要限制田地的拥有数量，从而阻止土地的过度兼并。宋代的张载也提出了"井地治天下"的均平主张，"治天下不由井地，终无由得平。周道止是均平"，"井地亦无他术，但先以天下之地棋布画定，使人受一方，则自是均"⑦，从而主张将土地收归国有，实行古代的井田之制。可见传统民本思想对土地问题非常重视，具有土地国有和均平的思想观念。

综上所述，中国传统民本思想的核心理念就是在理论观念上以"民意代表天意""立君为民"为宗旨，在实际的政治措施上体现"政在养民"的目标。正如林存光先生所认为的，孔孟儒家以"民生为重""民贵君轻""与民同乐""立君为民"为处理君与民关系的主要准则，从而体现了"孔孟儒家

---

① 朱熹．新刊四书五经：四书集注［M］．北京：中国书店，1994：340.
② 张觉．荀子译注［M］．上海：上海古籍出版社，1995：394.
③ 张觉．荀子译注［M］．上海：上海古籍出版社，1995：256.
④ 张觉．荀子译注［M］．上海：上海古籍出版社，1995：184.
⑤ 张觉．荀子译注［M］．上海：上海古籍出版社，1995：159.
⑥ （宋）司马光编著，（元）胡渻音注．资治通鉴［M］．北京：中华书局，1956：1060.
⑦ （宋）张载著，辛锡琛点校．张载集［M］．北京：中华书局，1978：248-250.

从人民性的维度来理解政治问题，将人民的重要性提升到了一个异乎寻常的理论高度"。① 中国传统的民本思想对中国历史具有重要的贡献，中国的君主专制很少流于独裁政治，"正因为中国传统政理上有民本思想的丰富内容，才使中国传统的实际政治减少可能出现的弊端"。同时中国传统的民本思想对近代思想界民论的产生也具有重要的桥梁作用，正如韦政通先生所说："不论民本思想在学理上与民权思想有多少差别，在清代思想家们的心目中，大多数的确是把二者看成一体。经由他们的大力宣传，终于使传统民本思想的巨流汇为现代中国的民主新潮。"②

二、近代思想界民论的演变过程

正如第二节中所论述的，经过 1840 年的鸦片战争，西方国家用武力打开了中国的大门，在西方国家的经济、政治和思想观念的渗透和影响下，中国传统的天下观开始发生转化，随着渗透和影响逐渐加深，先进的思想家逐渐放弃"天朝上国"的心态，开始观察和研究西方的状况，对传统民本思想中的某些观念进行修正，并根据现实需要借鉴西方的观念提出某些关于民的新观念，从而使传统的民本思想也逐渐向近代民论发生转换。本部分主要介绍第一次鸦片战争到中日甲午战争时期主要思想家关于民的认识转换的轨迹。

第一次鸦片战争的失败，促使首先与西方接触的官僚士绅开始注意观察和研究西方的状况。其中魏源的《海国图志》具有代表性，在《海国图志》中他介绍了西方国家的状况，特别对美国的民主共和制度进行了系统的介绍；徐继畬在《瀛寰志略》中不仅系统介绍了世界的史地知识，还介绍了欧美国家的民主制度，比较系统地记述了欧美民主议会制度的形式、职能和议事程序。③ 第二次鸦片战争之后西方的渗透和影响进一步加深，外国传教士开始源源不断来到中国，他们把西方的一些著作翻译成中文，如《万国史记》《万国通鉴》《泰西新史概要》《联邦志略》和《万国公法》等书籍，便于中国人了

---

① 林存光，侯长安. 与权力对话：儒家政治文化 [M]. 济南：山东教育出版社，2011：60.

② 韦政通. 中国的智慧 [M]. 长沙：岳麓书社，2003：45.

③ 熊月之. 中国近代民主思想史 [M]. 上海：上海人民出版社，1986：77.

解西方知识。洋务运动开始引进西方先进的机器并设立工厂，中西交流更加频繁，19 世纪 70 年代清政府开始向国外派遣驻外使臣，驻外使臣的日记开始出现，其中薛福成的《出使四国日记》、张德彝的《使英杂记》《使法杂记》和郭嵩焘的《郭嵩焘日记》最具代表性，增加了国人对西方国家的了解。19 世纪七八十年代中国沿海生活着一些与外国人紧密联系的知识分子，他们在与外国人联系的过程中对西方的了解逐渐加深，并因工作需要能够到国外亲身经历西方国家的异域文化。他们不仅与沿海联系极强，还"具有牢固的中国学术、文化基础"①。这一类人以王韬、郑观应和马建忠为代表。本部分以王韬为例阐述中国传统民本思想向近代民论转换的轨迹，在具体的论述中也兼及其他思想家的民论。

正如胡波在考察中所说的，"如果说在冯桂芬那里，我们还难以明显地看到民本思想转变的迹象，那么，到了（19 世纪——笔者注）七八十年代的王韬这里，民本思想与民主思想相互撞击迸发出来的火花，以及由此带来的民本思想之变动，就有据可查"②。王韬特殊的人生经历使他成为连接中国传统与西方文明的早期重要人物。王韬 1828 年出生在沿海的江苏省甫里镇，少年时期接受过严格的传统儒家教育，1845 年他以优异的成绩通过了乡试，当上了"秀才"，1846 年参加举人考试时未获通过。1849 年王韬父亲的去世，使他不得不承担起供养母亲、兄弟和妻女的责任，当年的秋天，王韬到新教伦敦会办的"墨海书馆"当中文编辑。③ 在上海王韬结交了几个与他有着相似境遇的朋友，"他们代表了中国大地上一种新的社会现象——条约口岸知识分子，他们的重要性将与日俱增。他们在中华世界的边缘活动"④。1862 年由于王韬被卷入与太平军通信的牵连之中，被迫离开上海，于 10 月 11 日到达香港，并充当了传教士汉学家理雅各的翻译工作的助手。他为理雅各工作了将

---

① 柯文. 在传统与现代性之间：王韬与晚清改革［M］. 雷颐，罗检秋，译. 南京：江苏人民出版社，2006：245.
② 胡波. 民本思想在近代中国的命运（1840—1912）［D］. 广州：中山大学，2002.
③ 柯文. 在传统与现代性之间：王韬与晚清改革［M］. 雷颐，罗检秋，译. 南京：江苏人民出版社，2006：8.
④ 柯文. 在传统与现代性之间：王韬与晚清改革［M］. 雷颐，罗检秋，译. 南京：江苏人民出版社，2006：10.

近十年，在翻译工作中贡献越来越大。1867—1870 年受理雅各的邀请，曾到苏格兰游览，并在英国引起了小小的轰动。"王韬可能是现代第一个既受过中国经典训练、又在西方度过一段有意义时光的中国学者。"① 回到香港的王韬，改变了"依靠西方人为生"的状况，开始以新闻为业，并于 1874 年创办了《循环日报》。"《循环日报》是第一份完全由中国人管理而取得成功的报纸。作为该报的合办者和主编，王韬从一开始就是其灵魂核心。"② 1879 年王韬曾到日本访问了四个月，1884 年他到上海时曾担任《申报》的编纂部主任。王韬对中国报纸的贡献恰如后来梁启超对杂志的贡献。他对中国知识分子新的事业模式产生了重要的推动作用。王韬独特的人生境遇使他的思想具有"在传统与现代之间"过渡的重要特征，通过他关于民的认识可以充分彰显传统民本思想向近代民论转换的轨迹。

1. 重民思想的彰显

重视民意、重视民生是民本思想的重要内容。王韬在"变法下"中提出："故今日我国之急务，其先在治民，其次在治兵，而总其纲领，则在储才。诚以有形之仿效，固不如无形之鼓舞也；局厂之炉锤，固不如人心之机器也。"③ 指出治民和民心的重要性。在"重民上"进一步指出："天下之治，以民为先，所谓民为邦本，本固邦宁也。今中国之民，生齿日繁，几不下三千余兆，诚使善为维持而联络之，实可无敌于天下。"④ 指出民心齐是国家强大的保证，正如西方国家强在于"国小而民聚，其民心齐而志固，同仇敌忾，素蓄于中"⑤。西方国家兵民不分，因此虽然民众数量少但能够众志成城，国家就强大，而中国虽然民众数量多，但不能善用民，则国家衰弱，"善用其民者，首有以作民之气，次有以结民之心"⑥。关于如何才能"作民气，结民心"，王韬认为重要的是上下君民之心相结，即"上有以信夫民，民有以爱夫

① 柯文. 在传统与现代性之间：王韬与晚清改革 [M]. 雷颐，罗检秋，译. 南京：江苏人民出版社，2006：44.

② 柯文. 在传统与现代性之间：王韬与晚清改革 [M]. 雷颐，罗检秋，译. 南京：江苏人民出版社，2006：51.

③ 王韬. 弢园文录外编 [M]. 郑州：中州古籍出版社，1998：56.

④ 王韬. 弢园文录外编 [M]. 郑州：中州古籍出版社，1998：59.

⑤ 王韬. 弢园文录外编 [M]. 郑州：中州古籍出版社，1998：58.

⑥ 王韬. 弢园文录外编 [M]. 郑州：中州古籍出版社，1998：60.

上，上下之交既无隔阂，则君民之情自相浃洽"①。君民之心相结后，王韬又提出维持和联络民众的具体方法：

> 今夫富国强兵之本，系于民而已矣。驱天下之游民、废民、惰民、莠民而尽归于农，则天下自无旷土，而安有不富者哉！此外，商出于远，工勤于市，各操其业，各尽其分，开矿筑路，行轮车，设机器，均与民共其利而代为之经营，是则上既有余，而下无不足。使天下各邑各镇各乡，均为民兵而行团练，守望相助。春秋无事，教之以坐作进退，步伐止齐，猝有变故，入而保卫，子弟之卫父兄，犹手足之捍头目。又使平日间与兵相习，则兵自卫民而不敢欺。如是兵民皆有实效，而安有不强！此所谓维持而联络之也。②

联络民众的方法在于养民、富民，为民提供便利，与民共利，政策上实行助民自助，兵民一体，如此则国家能够富国强兵。"治民之要，在乎因民之利而导之，顺民之志而通之。"③ 简要地说，治民在于因时而利导，即治民"首有以厚其生，次有以恒其业。……朝廷有大兴作，大政治，亦必先期告民，是则古者与民共治天下之意也。呜呼！勿以民为弱，民盖至弱而不可犯也；勿以民为贱，民盖至贱而不可虐也；勿以民为愚，民盖至愚而不可欺也。夫能与民同其利者，民必与上同其害；与民共其乐者，民必与上共其忧。"④ 从而指出固结民心，重视民意的重要性，其具体的方法是保民、养民、富民，对待民众厚其生，恒其业，使士农工商，各执其业，各食其食。人民安居乐业，君民同利害，同忧乐，从而达到上下一心、君民一体的局面。

2. 重视教民，重视人才的培养

王韬指出国家用人选才存在着弊端，他说："今国家取士，三年而登之贤书，升之大廷，称之曰进士，重之曰翰林，以为天下人才在是矣。不知所试

① 王韬. 弢园文录外编 [M]. 郑州：中州古籍出版社，1998：60.
② 王韬. 弢园文录外编 [M]. 郑州：中州古籍出版社，1998：60-61.
③ 王韬. 弢园文录外编 [M]. 郑州：中州古籍出版社，1998：366.
④ 王韬. 弢园文录外编 [M]. 郑州：中州古籍出版社，1998：63.

者时文耳，非内圣外王之学也，非治国经野之道也，非强兵富民之略也，率天下之人才而出于无用者，正坐此耳，乃累数百年而不悟。"① 因此王韬认为中国取士的方法必须改变，取士之法不变，则真正的人才无法产生。取士之法要改变，学校制度必须进行改变，当今的储才之法在于：

> 储材之道，宜于制科之外，别设专科，以通达政体者为先，晓畅机务者为次。即以制科言之，二场之经题宜为实学，二场之策题宜以时务，与首场并重，庶几明体达用，本末兼赅，此寓变通于转移之中，实以渐挽其风气而裁成鼓励之。四五科之后，乃并时文而废之，则论者不议其骤革矣。肄习水师武备，国家宜另设学校，教之以司炮驾舟，布阵制器，俾其各有专长。②

王韬教民的内容与传统民本思想有所变化，他首先认识到八股取士的弊端，认为八股取士不能选拔出真正的人才，从他对学校制度的改革可知，他重视实学和政学，这与他所受到的西方的影响是分不开的。

3. 王韬提出了君民上下相通的制度保障——君民共治的政治制度

王韬认识到当时君主专制造成的君民阻隔是国家贫弱的重要原因，他说："三代以上，君与民近而世治；三代以下，君与民日远而治道遂不古若。至于尊君卑臣，则自秦制始。于是堂廉高深，舆情隔阂，民之视君如仰天然，九阍之远，谁得而叩之！虽疾痛惨怛，不得而知也；虽哀号呼吁，不得而闻也。"③ 由于君民上下阻隔，官吏鱼肉民众，形成层层专制，官吏"惟知耗民财，殚民力，敲'骨'吸髓，无所不至，……夫设官本以治民，今则徒以殃民；不知立官以卫民，徒知剥民以奉官。……呜呼！彼不知民虽至卑而不可犯也，民虽至愚而不可诳也！"④。中国君主专制造成君民阻隔、官民关系紧张，王韬认为这是中国贫弱的原因，相反英国富强之所恃在于"上下之情通，

---

① 王韬. 弢园文录外编 [M]. 郑州：中州古籍出版社，1998：44-45.
② 王韬. 弢园文录外编 [M]. 郑州：中州古籍出版社，1998：57.
③ 王韬. 弢园文录外编 [M]. 郑州：中州古籍出版社，1998：65.
④ 王韬. 弢园文录外编 [M]. 郑州：中州古籍出版社，1998：66.

君民之分亲，本固邦宁，虽久不变。观其国中平日间政治，实有三代以上之遗意焉。官吏则行荐举之法，必平日之有声望品诣者，方得擢为民上"①。熊月之曾说"从君民关系、官民关系和国家强弱的角度来批评君主专制，王韬是近代史上第一人"②。以此可知王韬开启了结合政治制度来审视、反省国家强弱的认识先河，对引领近代政治思想的走向具有重要的先导作用。

王韬在指出君主专制的弊端之后，又介绍了西方国家政治制度的不同类型和各自的优劣，他说：

泰西之立国有三：一曰君主之国，一曰民主之国，一曰君民共主之国。……一人主治于上而百执事万姓奔走于下，令出而必行，言出而莫违，此君主也。国家有事，下之议院，众以为可行则行，不可则止，统领但总其大成而已，此民主也。朝廷有兵刑礼乐赏罚诸大政，必集众于上下议院，君可而民否，不能行，民可而君否，亦不可行也，必君民意见相同，而后可颁之与远近，此君民共主也。论者谓：君为主，则尧、舜之君在上，而后可久安长治；民为主，则法制多纷更，心志难专一，究其极，不无流弊。惟君民共治，上下相通，民隐得以上达，君惠亦得以下逮，都俞吁咈，犹有中国三代以上之遗意焉。③

善为治者，贵在求民之隐，达民之情，民以为不便者不必行，民以为不可者不必强，察其疴瘴而煦其疾痛，民之与官有如子弟之于父兄，则境无不治矣。古者里有塾，党有庠，乡有校，读法悬书，月必一举。苟有不洽于民情者，民皆得而言之。上无私政，则下无私议。以是亲民之官，其为政不敢大拂乎民心，诚恐一为众人所不许，即不能保其身家，是虽三代以下而犹有古风焉。④

王韬把西方的君民共治看作中国三代遗意的实现，把西方的君民共治看

---

① 王韬. 弢园文录外编［M］. 郑州：中州古籍出版社，1998：177.
② 熊月之. 中国近代民主思想史［M］. 上海：上海人民出版社，1986：154.
③ 王韬. 弢园文录外编［M］. 郑州：中州古籍出版社，1998：65.
④ 王韬. 弢园文录外编［M］. 郑州：中州古籍出版社，1998：66.

作国家富强的根本原因，因此他提出中国要富强、要救贫就必须开议院以通下情的主张。这成为甲午战争以后维新派提出立宪改革思想的重要先导。

从以上关于传统民本思想核心观念和近代民论的演变的阐述上可以看出，在甲午战争之前，思想家关于民的认识在现实层面并没有发生变化，他们认为民是愚弱的，在地位上是卑微的，并认为虽然民愚、民卑但不可欺、不可侮，在国家的治理上必须重视民意、民生。但是在具体如何达到重视民意、民生的方法上，近代思想家开始借鉴和采纳西方国家的一些措施和方法，他们认为西方国家采用的"君民共治"的制度更加有利于君民上下一心，有利于君民的相通，西方的选举更有利于民意的体现，更加具有"中国三代之古风"。在民生方面，他们依然重视保民、养民、富民和教民，在具体的养民和教民方法选择上更体现时代的特色和受到了西方观念的影响，在养民方面开始意识到商业的重要性，在教民方面开始意识到中国传统八股文的弊端并开始重视实学和政学。王韬开始认识到国家的富强与国家政治制度的重要关联，他的观念和思想对甲午战争之后的思想影响日益深远，正如柯文所说："王韬从未提倡'民权'，但拒绝民治并不意味着成为专制主义的朋友。在两极之间有一片重要的中立地带，王韬正是站在这里。"①

---

① 柯文. 在传统与现代性之间：王韬与晚清改革 [M]. 雷颐，罗检秋，译. 南京：江苏人民出版社，2006：138.

第二章

国家富强情怀下开民智与兴民权思想
（1895—1898）

　　甲午中日战争的失败深深地刺痛了中国精英人士，激发了他们"保国保种"的国家观念和责任心，面对时局的变化，他们从不同的角度分析中国战败和变弱的原因，并纷纷采取不同的方式和行动呼吁变法自强。戊戌维新有广义和狭义两义：狭义是指1898年夏，晚清光绪皇帝以一连串的敕令推动大幅度的政治改革，这就是所谓"百日维新"；广义是指1895—1898年间的改革运动，这个运动始于甲午战败之后康有为发动公车上书呼吁改革，而以戊戌年百日维新后发生的宫廷政变结束。① 本章主要从广义上理解戊戌维新，考察这一时期主要思想家对时势环境所做反应和反思基础上的民论思考。

第一节　战败反思与东洋留学

　　1894年的中日甲午战争，中国竟然败给了后来居上的东邻小国，引起朝野震惊。空前的耻辱感和深重的危机感深深刺痛了那根麻木而自豪的神经，使中华民族具有群体意义的"觉醒"② 也因此而开始了。首先开始觉醒的是知识群体，当甲午战败的消息传到湖南，谭嗣同发出了"四万万人齐下泪，

---

① 张灏．再认戊戌维新的历史意义［J］．二十一世纪，1998（45）：15-23.
② 在社会历史现象中，"觉醒"一词并不归结于愤激，其确定含义应在于主体对自身历史使命的自觉意识。一个阶级是这样，一个民族也是这样。（参见陈旭麓．近代中国社会的新陈代谢［M］．上海：上海人民出版社，1992：155.）

天涯何处是神州"的忧思和呐喊;梁启超则血泪交横:"满腔都是血泪,无处著悲歌";严复在给吴汝纶的信中写道:"大抵东方变不出数年之中","尝中夜起而大哭,嗟乎!谁其知之?";① 辛亥革命老人吴玉章在他的回忆录中描述过他们当时的心情:"我还记得甲午战败的消息传到我家乡的时候,我和我的二哥曾经痛哭不止。""这真是空前未有的亡国条约!它使全中国都为之震动。以前我国还只是被西方大国打败过,现在竟被东方的小国打败了,而且失败得那么惨,条约又订得那么苛,这是多么大的耻辱啊!"② 这场战争也改变了许多中国人的生活态度和生活方式,迫使中国士大夫开始了向近代知识分子的痛苦蜕变过程,如当时 28 岁专心治经学的章太炎就是在这个时候走向政治的。同时在甲午战争的刺激下下一代知识分子的生活道路也发生了变化③。在这之后以戊戌维新为代表的救亡图存和变法运动开始成为时代的主题。

1895 年中日甲午战争,被看作"中国和日本整整一代人军事现代化努力结果的首次真正较量"④。而中国在这次战争中的失败,宣告了洋务运动的破产。社会的士绅知识分子开始反思甲午战争失败、洋务运动破产的原因,并从中总结国家富国自强的途径和方法。在总结洋务运动失败的教训时,他们认为洋务运动政治改革滞后,同时洋务运动"新其政不新其民,新其法不新其学"⑤。总之,洋务运动失败的原因之一在于国民教育的落后,而国民教育落后的主要表现在于教育内容的落后。这是在与西方的对比中发现的,他们

---

① 王人博. 宪政文化与近代中国 [M]. 北京:法律出版社,1997:50.

② 吴玉章. 辛亥革命 [M]. 北京:人民出版社,1961:34.

③ 后来以写小说而出名的包天笑,当时只是苏州城里一名 19 岁的秀才,他在晚年追叙说:"那个时候,中国和日本打起仗来,而中国却打败了,这便是中日甲午之战了。割去了台湾之后,还要求各口通商,苏州也开了日本租界。这时候,潜藏在中国人心底里的民族思想,便发动起来。一般读书人,向来是莫谈国事的,也要与闻时事,为什么人家比我强,而我们比人弱?为什么被挫于一个小小的日本国呢?读书人除了八股八韵之外,还有它应该研究的学问呢!"(参见包天笑. 钏影楼回忆录 [M]. 香港:香港大华出版社,1971:145. 转引自陈旭麓. 近代史两种 [M]. 上海:华东师范大学出版社,1996:306.)

④ 费正清. 中国:传统与变迁 [M]. 张沛,张源,顾思兼,译. 长春:吉林出版集团有限责任公司,2008:273.

⑤ 湖南省哲学社会科学研究所. 唐才常集 [M]. 北京:中华书局,1980:32.

发现西方的教育是农工商各有所学，各有所教，而中国的教育以八股文和科举为导向，教育内容与洋务运动的实行严重脱节，正如严复所说："夫自海禁既开以还，中国之仿行西法也，亦不少矣：总署，一也；船政，二也；招商局，三也；制造局，四也；海军，五也；海军衙门，六也；矿务，七也；学堂，八也；铁道，九也；纺织，十也；电报，十一也；出使，十二也。凡此皆西洋至美之制，以富以强之机，而迁地弗良，若亡若存，辄有淮橘为枳之叹。公司者，西洋之大力也。而中国二人联财则相为欺而已矣。是何以故？民智既不足以与之，而民力民德又弗足以举其事故也。"[1] "盖政如草木焉，置之其地而发生滋大者，必其地之肥硗燥湿寒暑与其种性最宜者而后可。否则，萎焯而已，再甚则僵槁而已。"[2] 因此他们认为通过办学校开民智是最紧迫的事情。而要开民智必须废除八股文，废除科举制度，引进西学。这显示了中国传统思想观念受到了空前的挑战，正如金观涛和刘青峰所指出的：1895 年在中国近代思想史上是一个极为奇特和重要的转折点。在此之前，无论思想多么动荡、思想家多么解放，都没有摆脱儒学基本价值的轨道。但1894 年的甲午战争犹如惊天巨雷，一下子击中了儒家体系，引发了人们对儒学基本价值的全盘怀疑，一些与儒学相反的价值追求大量涌现。[3] 由此可见，在论述戊戌维新时期思想家民论时，既要关注到传统儒学体系的影响和受到的冲击，同时又要关注到新的西方民主传统对思想家的影响及思想家的反应和反思。

正如在第一章中所论述的，鸦片战争以来，中国传统的天下观开始发生演变，经过万国观的过渡并在甲午战败的刺激下，天下观逐渐演变为近代民族国家观念，世界观的转变也反映到思想家民论上，同时戊戌时期思想界民

① 严复．原强［M］//王栻．严复集：第一册．北京：中华书局，1986：15.
② 严复．原强［M］//王栻．严复集：第一册．北京：中华书局，1981：26.
③ 金观涛，刘青峰．中国现代思想的起源：超稳定结构与中国政治文化的演变：第一卷［M］．香港：香港中文大学出版社，2000：269.

论也建立在甲午之前形成的西方民主传统的"知识仓库"① 上，在这里有必要介绍"知识仓库"中有关的思想资源。正如潘光哲在论文中所说的"没有像'西方民主传统'这样的'思想资源'导入，'本土思想资源'则无用武之地"②。在"西方民主传统"的"知识仓库"中，有对西方政治体制分类概念的记录，有出使官员对西方国家民主经验的描述和体验，也有对西方"党"的形象的记录和想象，特别是西方议院制更是引起中国先进人士的极大关注。他们把西方的议院看作实现"三代影像"的媒介，作者通过这一时期不同人对"议院"的描述和评论，最后得出他们清楚透露出的思想观点：他们把议院首先看作富强之本；议院得通上下之情，有助内政改革；议院合于中国传统；他们对议院的实现设置了方案，他们以成员的资格作为分类的标准，把议院分为"官僚议院"和"民选议院"两种，从他们对议院掌握权力范围的论述来看，他们所设想的议院，可以说只是一种"咨询议院"。③ 从这些论述中可以看出中国本土的传统思想对他们接受外来事物的影响，同时在他们的思想里也会出现新的元素，如在他们拟构的议院论中，已经出现了候选人和选举人的资格限制的信息，他们思考候选人的资格限制，思考"民"是否拥有政治能力，并由此推出哪些民拥有参加政治活动的资格，这显示出他们的政治思维，已经突破了传统的范围。最后作者总结出，这些开展议院论说的论者，其讨论的核心问题是如何为中国建立起"富强之本"，并强调议院具有

① 潘光哲. 近代中国"民主想象"的兴起（1837—1895）［D］. 台北：台湾大学历史学研究所，2000. 在这篇论文中作者借用 Alfred Schutz 的"知识仓库"的概念，用以描述并解释"西方民主传统"在中国的"遭遇"这个课题，为它制作了一部思想地图，为思考"西方民主传统"在中国的政治、社会生活里的意义及其理论难局，提供历史角度的参考资源：自 1837 年开始，中国人有机会开始理解"西方民主传统"的形式，随着中西方交流过程的持续，"西方民主传统"的"知识仓库"持续扩建，中国人逐渐对外在世界局势的变动有了比较深刻的认识，对己身"国族"在整个世界里的地位与处境的认知，越发不同往昔，也越来越丰富，到 1895 年甲午战争之时，"西方民主传统"的"知识仓库"越来越被视为政治领域里解决这些危难的唯一选择，各种议论与行动陆续登上历史舞台。

② 潘光哲. 近代中国"民主想象"的兴起（1837—1895）［D］. 台北：台湾大学历史学研究所，2000.

③ 潘光哲. 近代中国"民主想象"的兴起（1837—1895）［D］. 台北：台湾大学历史学研究所，2000.

"得通上下之情"，有助于内政改革，这都显示了他们的原始意念，不在于弘扬某种"民主理念"，而是企望解决当时的现实困境。① 这再一次展示了正确把握当下的中国人是如何理解当时引入的西方观念是至为重要的，对新词汇，更要在考察时人使用基础上准确把握它们的含义。

每一个时代所凭借的思想资源都有或多或少的不同，人们靠着这些资源来思考、整理和构筑自己的生活世界，同时也用这些思想资源来诠释过去、设计现在、想象未来。人们受益于时代的思想资源，同时也受限于它们。但无论如何，人们是透过这些时代的思想资源在想事情。从"思想资源"来看，清末民初已经进入"世界在中国"（郭颖颐语）的情形，西方及日本的思想知识资源大量涌入中国，逐步填充和丰富了传统躯壳，或是处处与传统的思想资源相竞争，② 最后直至对传统思想产生重要影响。正如康有为所说，如果没有这些外来书籍的传入，他也不会有足够的思想资源建构他在戊戌以前的思想。③ 然而，又如梁启超 1897 年在《大同译书局条例》中所说：京师同文馆、天津水师学堂、上海制造局等机构，在三十年间译书不过百种。甲午战败后，来自日本的思想观念及书籍，其规模大于前者，尤其重要的是，大量西书透过日本的翻译再转译为中文，这等于经过日本的选择与咀嚼后才放入中国的口中。④ 甲午战争是中日两国三百年来的第一战，这场战争之后，日本的自我形象发生巨变，日本对中国的态度亦急剧变化。哥伦比亚大学日本文学专家多纳德·金有这样的观察：在战前，日本比较严肃的文学作品大都是用汉文出版的，这是为了向读者保证，该书不是写给无知识的妇女和小孩看的。⑤ 甲午之后，汉文在日本学校课程中的重要性

---

① 潘光哲. 近代中国"民主想象"的兴起（1837—1895）［D］. 台北：台湾大学历史学研究所，2000.

② 王汎森. 中国近代思想与学术的系谱［M］. 长春：吉林出版集团有限责任公司，2011：184.

③ 康有为. 康南海自编年谱［M］. 北京：中华书局，1992：9.

④ 王汎森. 戊戌前后思想资源的变化：以日本因素为例［J］. 二十一世纪，1998（45）：47-53.

⑤ KEENE D. The Survival of Chinese Literary Tradition in the Meiji Era［C］//谭如谦. 中日文化交流：第 2 册. 香港：香港中文大学出版社，1985：78.

大幅降低,① 而且有许多日本人认为，是日本而不是当时的中国才是中国传统光辉的继承者②。在当时日本的通俗读物中，"到北京去"成为相当流行的口号。③ 在日本态度发生急剧变化之时，中国方面也有剧烈的改变。从1896年起，大量中国学生开始涌入日本学习，而戊戌前后中国思想文化中的日本因素便与这一波留学运动分不开。④ 但是值得我们注意的是，大部分留日学生的终极目标并不是学习日本的学术文化，而是学习西洋文化。⑤ 所以清末许多通过日本转手得来的西洋知识已经经过日本的选择、改变，或者说沾染上日本的色彩了，这是我们需要注意的。1897年，康有为完成了《日本书目志》的撰述工作⑥，这部专门介绍日本在各个学科有些什么著作的书籍，意义非常深刻，预示着中国从日本方面汲取"思想资源"时代的来临。康有为自述道，透过日本的转手，"以泰西为牛，日本为农夫，而吾坐而食之，费不千万金，而要书毕集矣"⑦。在这种思路的指引下，于1897年秋冬，康门大将梁启超等人付诸实践，在上海成立了大同译书局，宣示了"以东文为主，而辅以西文；以政学为先，而次以艺学"⑧ 的原则。

戊戌维新时期的变法思想资源主要取资于日本。如康有为在1898年1月

---

① KEENE D. The Survival of Chinese Literary Tradition in the Meiji Era ［C］//谭如谦. 中日文化交流：第2册. 香港：香港中文大学出版社，1985：85.

② KEENE D. The Sino-Japanese War of 1894—1895 and Its Cultural Effects in Japan ［M］// SHIVELY D H ed. Tradition and Modernization in Japanese Culture. Princeton：Princeton University Press, 1971：121-74. 转引自王汎森. 戊戌前后思想资源的变化：以日本因素为例 ［J］. 二十一世纪，1998 (45)：47-53.

③ KEENE D. The Sino-Japanese War of 1894—1895 and Its Cultural Effects in Japan ［M］// SHIVELY D H ed. Tradition and Modernization in Japanese Culture. Princeton：Princeton University Press, 1971：137.

④ 关于这一波留学运动，日本学者实藤慧秀的《中国人日本留学史》是一部概括面相当广泛的著作，它的修订版参考了将近四千种文献。此外，还有黄福庆的《清末日本留学生》。

⑤ REYNOLDS D. The Golden Decade Forgotten：Japan-China Relations 1898—1907 ［J］. The Transactions of the Asiatic Society of Japan, 1987, 2 (4)：146. 转引自王汎森. 戊戌前后思想资源的变化：以日本因素为例 ［J］. 二十一世纪，1998 (45)：47-53.

⑥ 康有为. 康南海自编年谱 ［M］. 北京：中华书局，1992：33.

⑦ 康有为. 《日本书目志》序 ［M］//康有为全集：第三册. 上海：上海古籍出版社，1992：585.

⑧ 梁启超. 大同译书局叙例 ［J］. 时务报，1897 (42)：3-4.

的《上清帝第五书》中清楚地建议光绪"以日本明治之政为政法而已"，并指出"日本地势近我，政俗同我，成效最速，条理尤祥，取而用之，尤易措手"①。《康南海自编年谱》1898 年条记他与李鸿章、翁同龢、廖寿恒、张荫桓等讨论变法，李鸿章曰："然则六部尽撤，则例尽弃乎？"康氏答以"今为列国并立之时，非复一统之世，今之法律官制皆一统之法，弱亡中国，皆此物也，诚宜尽撤，即一时不能尽去，亦当斟酌改定，新政乃可推行"，然后"陈法律、度支、学校、农商、工矿政、铁路、邮信、会社、海军、陆军之法，并言日本维新，仿效西法，法制甚备，与我相近，最易仿摹，近来编辑有日本变政考，及俄大彼得变政记，可以采鉴焉"。② 黄彰健先生比较《日本变政考》与《明治政史》（1890）发现，《日本变政考》记明治元年（1868年）事大部分是据《明治政史》摘译再加以改窜③，而《日本变政考》中其他不少内容及带有主观见解的按语，则显然取材于黄遵宪的《日本国志》。而光绪在戊戌年（1898 年）颁布的改革诏令，涵盖官制、财政、宪法、海陆军、农工商矿等，不一而足，大部分是从《日本变政考》转手而来。④ 可见戊戌变法受日本思想资源的影响之深，甚至有人认为戊戌变法是一场"日本模式"的变法。因此在阐述戊戌时期思想家的思想时要特别关注日本思想的影响，甚至戊戌时期出现的新词汇的准确含义也需要通过考察日本该词汇的含义才能准确把握。

第二节　民弱民愚反思与开民智兴起

甲午战争的失败以及随后签订的《马关条约》中巨额的赔款，使清政府

---

① 汤志钧. 康有为政论集：上册［M］. 北京：中华书局，1981：208.
② 康有为. 康南海自编年谱［M］. 北京：中华书局，1992：36-37.
③ 黄彰健. 读康有为《日本变政考》［J］. 大陆杂志，1970，40（1）：1-11.
④ 郑超麟. 黄遵宪与近代中国［M］. 北京：生活·读书·新知三联书店，1988：276-277.

的财政陷入困境。① 为了支付《马关条约》中的赔款和"续辽费",清政府急于向帝国主义国家实行借款,于是分别于1895年签订了《俄法借款》、1896年签订了《英德借款》、1898年又签订了《英德续借款》,② 帝国主义国家以这三次政治性的大借款为契机,进一步加强对中国主权的控制,还通过铁路和开矿的贷款和投资,不断在中国霸占势力范围和租借地,帝国主义国家在中国展开了瓜分的狂潮,中国人民感受到了被瓜分的危机。清政府为了筹偿赔款,除了借外债,还对内增加税收或者克扣官员的饷银,并命户部"妥筹办法","通盘筹划"。③ 这造成了非常严重的后果,各省地方督抚有的消极应付,有的公开反对,同时国内沉重的税收造成民众沉重的负担,有奏折提到"天下之财,止有此数,取之过度,民力不足以供之,则乱端起矣"④。再加上各地官吏乘机贪污,加紧榨取,引起民众的反抗运动⑤,民与官的矛盾日益加深。

---

① 在甲午战争以前,清朝的财政,原已十分困难,据统计,这时每年收入为88 909 000两,每年支出也相差无几。根据《马关条约》二万万两的赔款,中国第一年即应付一万万两;又为省却利息,必须于三年内筹足全数。《马关条约》签字后六天,俄、德、法三国干涉日本割取我辽东半岛,迫之交还我国,但又须我国支付还辽的"酬报费"库平银3000万两给日本。要在国内自行筹划这笔庞大款项,是根本不可能的。(详见汤志钧. 戊戌变法史 [M]. 上海:上海社会科学院出版社,2003:4.)

② 这三笔大借款,总计三万万两,加上利息共计六万万多两。这三笔借款严重破坏了清政府的财政,是帝国主义的侵略性政治借款,如"俄法借款",以中国海关收入税项及存票为抵押,关税收入有首先担保归还之义务;"英德借款"以保证英国人担任中国海关总税务司的先行组织不变更,保持英国已经攫得的中国海关行政权。并借清政府借款之机,德国于1897年强占了胶州湾,俄国强占了旅顺和大连。(详见汤志钧. 戊戌变法史 [M]. 上海:上海社会科学院出版社,2003:4-8.)

③ 户部拟出"核扣中外俸廉,裁汰各营兵勇,加抽土药厘税、提扣放款减平"等办法。根据上述四项"筹款办法",清政府认为除其他剥削收入,每年可以增加3000余万两。此外,清政府又采取其他"筹款"办法:一、各地土产加厘税;二、当铺税银由每年5两增加至每年50两;三、折漕运;四、添设通商口岸;五、广开捐官例。(详见汤志钧. 戊戌变法史 [M]. 上海:上海社会科学院出版社,2003:14-16.)

④ 汤志钧. 戊戌变法史 [M]. 上海:上海社会科学院出版社,2003:24-25.

⑤ 这些反抗,就"奏闻于朝"的来说,有山西稷县姚步笼等百余人的抗粮斗争,有直隶永平、遵化破产农民的"结伙成群,专抢囤积,名曰分粮"等,各地秘密会党也乘机起事,如哥老会于广东起事,山东大刀会、四川余栋臣等的反帝斗争也已展开。此外,西北回民起义也日益扩大。(详见汤志钧. 戊戌变法史 [M]. 上海:上海社会科学院出版社,2003:25.)

思想家生活在内外交困的环境中，深深地感受到国家的衰弱和民生的痛苦。正如康有为在《公车上书》中所说："民日穷匮，乞丐遍地，群盗满山，即无外衅，精华已竭，将有他变。""伏莽遍于山泽，教民遍于腹省，各地会党，发作待时，加以贿赂昏行，暴行于上，胥吏官差，蠹乱于下，乱机遍伏，即无强敌之逼，揭竿斩木，已可忧危。"① 他还在《上清帝第一书》中描述："方今外夷交迫，自琉球灭、安南失、缅甸亡，羽翼尽翦，将及腹心。比者日谋高丽，而伺吉林于东；英启藏卫，而窥川滇于西；俄筑铁路于北，而迫盛京；法煽乱民于南，以取滇、粤；教民会党遍江楚河陇间，将乱于内。"② 作为生活在那个时代的思想家，他们深刻地体会到国家内外交困的境况，他们对民生的困窘和状况给予观察和思考，并提出改善民生和民智的方法和策略。

一、固结民心与完善政教

康有为（1858—1927），广东南海西樵山银塘乡人，又名祖诒，字广夏，号长素。广东南海位于广州的西部，风景优美，物产丰富，是一个历史悠久的广东名县。南宋时，康建元"自南雄珠玑里始迁"于银塘乡，为南海始祖，至康有为是二十一世，康有为自述其祖"凡为士人十三世矣"③。康有为的祖父康赞修，官至连州训导；父亲康达初，官至江西补用知县；叔祖康国器，官至护理广西巡抚。日后康有为"以著书讲学被议，游于桂林，居于风洞，过于桂山书院之堂"，追怀叔祖康国器筹建秀峰、宣成、格湖三书院往事，"思推先中丞公修学舍惠多士之意"而决定在桂林讲学。④ 康有为五岁"能诵唐诗数百首"；六岁开始读《大学》《中庸》《论语》和朱熹所注《孝经》；十一岁，父亲去世，跟随祖父康赞修接受严格的传统教育，攻读经史，"始览《纲鉴》而知古今，次观《大清会典》《东华录》而知掌故"⑤。广东南海离

① 汤志钧. 戊戌变法史［M］. 上海：上海社会科学院出版社，2003：26.
② 康有为. 上清帝第一书［M］//汤志钧. 康有为政论集：上册. 北京：中华书局，1981：52.
③ 康有为. 康南海自编年谱［M］. 北京：中华书局，1992：卷首.
④ 康有为. 桂学答问序［M］//汤志钧. 康有为政论集：上册. 北京：中华书局，1981：98-99.
⑤ 康有为. 康南海自编年谱：外二种［M］. 北京：中华书局，1992：4.

广州很近，而广州是遭受西方侵略和接触西方文化最早的地区，康有为稍微年长的时候，也受到了很深的影响。太平天国失败，康有为从报纸上了解到一些朝廷大事，这对他的成长和志向有很大的影响。由于深受家庭浓厚的儒学氛围熏陶和严格的传统教育影响，康有为掌握了扎实的儒学传统文化，① 同时家乡优美的自然环境和与西方文化较早遭遇的社会环境促使康有为有了较早的关于民生状况的认识和思考。

1879 年康有为与张鼎华相晤，使他开始"尽知京朝风气、近时人才及各种新书"，他在《康南海自编年谱》中说：

> 于是舍弃考据帖括之学，专意养心。既念民生艰难，天与我聪明才力拯救之，乃哀物悼世，以经营天下为志，则时时取《周礼》《王制》《太平经国书》《文献通考》《经世文编》《天下郡国利病全书》《读史方舆纪要》纬画之，俯读仰思，笔记皆经纬世宙之言。既而得《西国近事汇编》《环游地球新录》及西书数种览之。薄游香港，览西人宫室之环丽，道路之整洁，巡捕之严密，乃始知西人治国有法度，不得以古旧之夷狄视之，乃复阅《海国图志》《瀛寰志略》等书，购地球图，渐收西学之书，为讲西学之基矣。②

康有为"既念民生艰难，天与我聪明才力拯救之，乃哀物悼世，以经营天下为志"，此后开始了他游香港、经上海、购西书、讲西学，酝酿向西方学习的过程，康有为感念民生的艰难，以经营天下为志向的情怀始终不渝。康有为学习西方，阅读西方的书籍，他不仅关注西方的社会科学学说和国家制度，而且对西方的自然科学也非常关注，康有为自称在 1883 年时，"购《万国公报》，大攻西学书，声、光、化、电、重学及各国史志、诸人游记，皆涉焉"③。康有为学习西方的知识是有所选择的，他认为首先应该翻译西方有用

---

① 康有为幼承家学，宗程朱，有志为圣人。年十九学于同县朱次琦。朱氏人称九江先生，主融通汉宋，不守一家门户。引自萧公权. 中国政治思想史（三）[M]. 沈阳：辽宁教育出版社，1998：635.

② 汤志钧. 戊戌变法史 [M]. 上海：上海社会科学院出版社，2003：61.

③ 康有为. 康南海自编年谱：外二种 [M]. 北京：中华书局，1992：11.

之书，用西方的有用之才，其次他认为应该引进西方最新之书。康有为对待西学的态度是既审慎地学习西方，又使其适用于中国的现状。他驳斥当时流行的两种对待西学的态度，他说"窃见近人言洋学者，尊之如帝天；鄙洋事者，斥之为夷狄。仆以为皆未尝深求其故者也"①。康有为认为中西本末不同在于"势与俗"。所谓"势"，是指中国是"一统之国，地既广邈，君亦日尊"；而西方"君虚己而下士，士尚气而竞功，下情近而易达，法变而日新"。②所谓"俗"，是指中国"义理，先立三纲"，而西方则"君民有平等之俗"。由于"势与俗"的不同，中国"以一君而统万里，虑难统之也，于是繁其文法以制之，极其卑抑以习之"，泰西"政事皆出于议院，选民之秀者与议，以为不可则变之，一切与民共之"。③康有为对待西学虽然多有赞誉，但是正如萧公权先生评价的："盖康氏自幼深受孔学熏陶，先入为主。朱九江汉宋兼融之家法，遂成为其全部的思想之主干。其后旁览西书，不过资以补充印证其所建造之孔学系统。非果舍己从人，欲逃儒以归于西学。"④康有为的"孔学系统"或者其政治哲学主要有五大要点："一曰孔子为天下万世制宪法。二曰政治社会为一由乱至治之进化程序。三曰社会进化之次第为由据乱世以达小康升平世，由小康升平世以跻于大同太平世。四曰中国自秦汉至明清为由据乱达于升平之世。故当以小康之法治之。五曰大同为人类最后之归宿。其条件在废除家国人己之界，而一切博爱平等。"⑤康有为的政治哲学和对西学的态度直接影响到他在戊戌维新中的变法主张，他关于民生、民智的认识也基本显现在这一框架之中。

第一，固结民心与养民富民法。康有为认为，民为国之本，政府具有养民、保民和富民的责任。戊戌之后民生困穷是政府的责任，政府必须通过政策的调整实现养民。甲午战争后期，在战与和的问题上，康有为认为，"夫言

①　康有为．与洪给事右臣论中西异学书［M］//汤志钧．康有为政论集：上册．北京：中华书局，1981：47.
②　康有为．与洪给事右臣论中西异学书［M］//汤志钧．康有为政论集：上册．北京：中华书局，1981：47.
③　康有为．与洪给事右臣论中西异学书［M］//汤志钧．康有为政论集：上册．北京：中华书局，1981：47-48.
④　萧公权．中国政治思想史（三）［M］.沈阳：辽宁教育出版社，1998：636.
⑤　萧公权．中国政治思想史（三）［M］.沈阳：辽宁教育出版社，1998：641.

战者，固结民心，力筹大局，可以图存；言和者，解散民体，鼓舞夷心，更速其亡。……近之为可战可和，而必不致割地弃民之策，远之为可富可强，而必无敌国外患之来"①。对于割地，康有为是持反对意见的，但是他反对的角度是从聚民、从民为国本来说的，他认为"弃台民之事小，散天下民之事大，割地之事小，亡国之事大，社稷安危，在此一举"②。因此康有为从国家安危和富强出发，认为割地是放弃民众，言和是解散民体，而民心离散是国之大忌，固结民心是国之图存的根本。康有为提出"富国六法"③，然后指出"然百姓匮乏，国无以为富也"，中国人口自道光时期已经四万万，现在经过数十年的休养生息已经超过了此数，然而因为工商业不发达，因而民众"生计困蹙，或散之他国为人奴隶，或啸聚草泽蠹害乡邑，虽无外患，内忧已亟"。民众困穷，国家必须制定政策改善这种状况，因为"国以民为本，不思养之，是自拔其本也"④。在此基础上，康有为提出他的务农、劝工、惠商、恤穷等养民的方法。关于务农和劝工，传统的方法非常齐全。至于商，康氏认为在当今竞争的世界需要"以商立国"，并且指出"以兵灭人，国亡而民犹存；以商灭人，民亡而国随之"，从而提出"各省设立商会、商学、比较厂"，"以商务大臣统之，上下通气，通同商办，庶几振兴"。⑤ 由于中国人口众多，即使运用务农、劝工、惠商的方法，仍然有一些民众"穷困无业，游散无赖"，这就需要国家能够抚恤民众，而抚恤的方法主要是移民垦荒、教工、养穷。对于"教工"，康氏建议设立"警惰院"，凡无业游民都收容其中，并且"择其所能，教以艺业"，从而使"穷民得食，而良民赖安"，社会秩序自然好转。对于社会中的鳏寡孤独、盲聋残疾者，政府宜设立诸院，咸为收养。

① 康有为.上清帝第二书［M］//汤志钧.康有为政论集：上册.北京：中华书局，1981：115.

② 康有为.上清帝第二书［M］//汤志钧.康有为政论集：上册.北京：中华书局，1981：114.

③ 康有为提出的富国之法有六：曰钞法，曰铁路，曰机器轮舟，曰开矿，曰铸银，曰邮政。(参见汤志钧.康有为政论集：上册［M］.北京：中华书局，1981：123.)

④ 康有为.上清帝第二书［M］//汤志钧.康有为政论集：上册.北京：中华书局，1981：126.

⑤ 康有为.上清帝第二书［M］//汤志钧.康有为政论集：上册.北京：中华书局，1981：127-128.

康有为对民众的困顿，民生的艰难有很深的体察，并且深明民对于国家富强的重要性，从而在国富的基础上提出富民、养民的策略，也反映出社会士绅阶层思想中对民生的重视。

第二，民智不开在于政教缺失。在关注民生的同时，作为知识分子的康有为对民智尤其关注，并认为开民智不仅是国家的责任，也是知识阶层的责任。康有为认为教民是养民的基础，如果不实行教育，民众就不会具备农工商贾的知识，而不具备农工商贾的知识，则不利于民众的富裕，也不利于化民成俗，因此需要政府"教有及于士，有逮于民，有明其理，有广其智，能教民则士愈美，能广智则理愈明"①。关于民智，康有为认为当时民智不开的原因在于政教的缺失，而不是中国人品性的问题，康氏认为中国人品行聪敏，但是西方人在技艺上远远超过中国人，其原因在于中西国家政治教育的不同。泰西"其君、大夫相与鼓励之，其士相与聚谋之，器备资足，安得而不精"，而中国"聪明之士，则为诗文无用之学，以其愚者为之，而有精巧者，又未尝鼓励也，则安能致巧，是盖政教之异，不得归咎于中人之涣且钝也"②。康有为在其他文章中也表达过中国人聪敏的看法，如在《上清帝第三书》中，康氏说"中国民心思灵敏，树之高标，必有精器利械，日出不穷，足与西人争胜者"③。在《京师强学会序》中说"夫中国之在大地也，神圣绳绳，国最有名，义理制度文物，驾于四溟，其地之广于万国等在三，其人之众等在一，其纬度处温带，其民聪而秀，其土腴而厚，盖大地万国未有能比者也；徒以风气未开，人才乏绝，坐受凌侮"④。总之康有为认为，中国民智不开的根源在于政教的缺失，他还通过中西的对比有过如下论述：

　　尝考泰西之所以富强，不在炮械军兵，而在穷理劝学。彼自七八岁

① 康有为．上清帝第二书［M］//汤志钧．康有为政论集：上册．北京：中华书局，1981：130．

② 康有为．与洪给事右臣论中西异学书［M］//汤志钧．康有为政论集：上册．北京：中华书局，1981：49．

③ 康有为．上清帝第三书［M］//汤志钧．康有为政论集：上册．北京：中华书局，1981：143．

④ 康有为．京师强学会序［M］//汤志钧．康有为政论集：上册．北京：中华书局，1981：166．

皆入学，有不学者责其父母，故乡塾甚多。其各国读书识字者，百人中率有七十人。其学塾经费，美国乃至八千万，其大学生徒，英国乃至一万余。其每岁著书，美国乃至万余种。其属郡县，各有书藏，英国乃至百余万册。所以开民之智者亦广矣。而我中国文物之邦，读书识字仅百之二十，学塾经费少于兵饷数十倍，士人能通古今达中外者，郡县乃或无人焉。①

夫才智之民多则国强，才智之士少则国弱。土耳其天下陆师第一而见削，印度崇道无为而见亡，此其明效也。故今日之教，宜先开其智。

夫教养之事，皆由国政。而今官制太冗，俸禄太薄，外之则使才未养，内之则民情不达，若不变通，无以为教养之本也。②

康有为认识到西方英美国家富强的根源在于国内具有才智的民众很多，而西方国家民众多有才智的原因在于国家投入教育的经费多，由于经费多，因此所办的学校充足，能够保障适龄儿童都有学上，并从法律上规定儿童必须入学。并且西方国家著书、藏书丰富，从而保证读书之人能有书可读。从教育经费的投入上说明民众的培养问题，可以说是康有为的睿智之见。

第三，通过设学校和办学会以期开民智。康有为认为中国民众衰弱的原因在于国家政治的缺失，他又进一步分析中国政治缺失的原因，他说："吾岁入七千万，偿款乃二万万，则财弱；练兵铁舰无一，则兵弱；无新艺新器之出，则艺弱；兵不识字，士不知兵，商无学，农无术，则民智弱；人相偷安，士无侠气，则民心弱，以当东西十余新造之强邻，其必不能禁其兼者，势也。"③ 认清中国之弱的根源，故而康有为请求清帝变法，并向清帝一再说明变法的必要性。在关于开民智的具体途径和方法上，康有为提出两个方面的主张。其一通过政府制定政策设立学校、废除八股取士、废除科举等方式以

---

① 康有为．上清帝第二书［M］//汤志钧．康有为政论集：上册．北京：中华书局，1981：130.

② 康有为．上清帝第二书［M］//汤志钧．康有为政论集：上册．北京：中华书局，1981：131-133.

③ 康有为．上清帝第五书［M］//汤志钧．康有为政论集：上册．北京：中华书局，1981：203.

达到开民智；其二通过士绅阶层的办学会、办报纸等方式开民智。可以说一种是自上而下，一种是自下而上，两种方法双管齐下。康有为在积极争取清帝进行变法的同时，就开始着手通过建学会、办报纸、翻译西学书籍等方式积极宣传，以开启民智为己任。1895 年 9 月在北京成立强学会，在强学会的序言中，康氏指出"举地球守旧之国，盖已无一瓦全者矣"，"我中国屡弱于群雄之间，鼾寝于火薪之上，政务防弊而不务兴利，吏知奉法而不知审时，士主考古而不主通今，民能守近而不能行远"①。在国家危亡时刻，康氏呼吁士绅阶层以开民智为己任，成立学会，合众人之力而挽救国家危亡。康氏指出"盖学业以讲求而成，人才以摩厉而出，合众人之才力，则图书易庀，合众人之心思，则闻见易通"②。1895 年 11 月在上海成立强学会的序言中，康有为又强调："夫挽世变在人才，成人才在学术，讲学术在合群，累合什百之群，不如累合千万之群，其成就尤速，转移尤巨也。"③中日战争的失败，中国以庞大的领土、众多的民众"而吞割于日本，盖散而不群、愚而不学之过也。今者思自保，在学之群之"④。在上海强学会的章程中，康有为又强调该学会专为中国自强而设，而"中国之弱，由于学之不讲、学之未修，故政法不举"⑤。1897 年在两粤地区成立学会，康有为指出是为了仿效古代学校的规模，以增进民众的见闻和开启社会的风气，从而达到广泛开启民智的目的。康有为强调"泰西之富，不在治炮械军兵，而在务士农工商，农工商之业，皆有专书千百种，……今翻译其书，立学讲求，以开民智"⑥。以此可见康有为对开民智的重视，而他实行的以组织学会等方式开启民智的措施和方法在

---

① 康有为. 京师强学会序［M］//汤志钧. 康有为政论集：上册. 北京：中华书局，1981：165.
② 康有为. 京师强学会序［M］//汤志钧. 康有为政论集：上册. 北京：中华书局，1981：165-166.
③ 康有为. 上海强学会序［M］//汤志钧. 康有为政论集：上册. 北京：中华书局，1981：169.
④ 康有为. 上海强学会后序［M］//汤志钧. 康有为政论集：上册. 北京：中华书局，1981：172.
⑤ 康有为. 上海强学会章程［M］//汤志钧. 康有为政论集：上册. 北京：中华书局，1981：173.
⑥ 康有为. 两粤广仁善堂圣学会缘起［M］//汤志钧. 康有为政论集：上册. 北京：中华书局，1981：187-190.

中国是具有开创性的,这些措施和方法是对传统教民方法的超越,它们必将对近代思想社会产生深远意义。

1898 年康有为逐渐得到光绪帝的接见,并帮助光绪帝着手进行变法。康有为积极策划变法,并适时地向光绪帝提出"开民智"的对策和方法。康有为首先向光绪帝提出废八股以育人才的建议,在上书中康有为指出八股文的害处:

> 臣窃思维中国人民四万万,倍于欧洲十六国,此地球未有之国势也,而愚暗无才,虽使区区小国,亦得凭凌而割削之。中国神皋奥区,地当温带,人民智慧,而愚暗无才至此者,推原其故,皆八股累之。
>
> 聪明天纵之外,使举天下无人不受不学侮圣之传,以成其至陋极愚之蔽,目不通古今,耳不知中外,故至理财无才,治兵无才,守令无才,将相无才,乃至市井无才商,田亩无才农,列肆无才工,晦盲迂谬,西人乃贱吾为无教,蔑吾为野蛮,纷纭胁割,予取予求,而莫敢谁何,皆八股之迷误人才有以致之也。①

康有为又向光绪皇帝提出广开学校,以培育人才的建议,他说西方各国都对民众普及国民学,中国也应该效法之。

> 夫西人之于民,皆思教之而得其用,故自童幼至冠,教之以算数图史,天文地理,化光电重,内政外交之学,惟恐其民之不智;而吾之教民,自卯角以至壮岁,束缚于八股帖括之中,若惟恐其民之不愚也者,是与自缚到戈,何以异哉?②
>
> 彼分途教成国民之才,如此其繁祥也,我乃鞭一国之民以从事于八股枯困搭截之题,斫人才而绝之,故以万里之大国,四万万之人民,而

---

① 康有为. 请废八股以育人才折 [M] //汤志钧. 康有为政论集:上册. 北京:中华书局,1981:285-286.
② 康有为. 请改八股为策论折 [M] //汤志钧. 康有为政论集:上册. 北京:中华书局,1981:264.

才不足立国也。①

康有为从中西对比中得出中国需要广开学校，废除八股，教授学生有用的西学，从而推动农工商学的发展，培育农工商学的专有之才，开启中国民众的民智。针对中国的现实国情，康有为还向清帝提出过向日本派遣留学生以及改各省的书院宗祠为学堂的建议。

从康有为在甲午至戊戌年间的有关民生和民智的言论可以看出，甲午战败，深深刺痛了国人，自强富国以雪国耻的呼声不断。而如何富国？康有为首先想到了民为国之本，要富国必须先养民、富民然后教民，这是传统民本思想的继承和延续。随后康有为提出的废除八股、开办学校、组织学会、教授国民西学、增加教育经费、民智多则国强等关于开民智的重要内容，是对传统民本思想的超越和对西方的广泛借鉴。

二、变科举兴学校开民智

梁启超（1873—1929），字卓如，一字任甫，号任公。出生于广东新会熊子乡，祖先十世为农，至祖始学为儒。梁启超幼年时期受祖父梁维清提携教诲的地方最多，梁启超在《三十自述》中说：“四五岁就王父及母膝下授《四子书》《诗经》，夜则就睡王父塌。日与言古豪杰哲人嘉言懿行，而尤喜举亡宋、亡明国难之事津津道之。”② 父亲梁宝瑛是一位受过儒家经典严格教育的乡绅，屡试不第，遂谢去，教授于乡。父亲家庭教育非常严格，梁启超在《三十自述》中说：“父慈而严，督课之外，使之劳作。言语举动稍不谨，辄呵斥不少假借。常训之曰：‘汝自视乃如常儿乎？’至今诵此语不敢忘。”③ 1884 年，梁启超进入一所乡村学校读书。第二年，他进入广州“学海堂”读书，主要研究语言学和文学。1889 年，刚满十六岁的梁启超考取了举人。1890 年，梁启超在北京会试中落第，从北京回南方途经上海时，他买了一本

① 康有为．请开学校折［M］//汤志钧．康有为政论集：上册．北京：中华书局，1981：306.

② 丁文江，赵丰田．梁任公先生年谱长编：初稿［M］．北京：中华书局，2010：3.

③ 丁文江，赵丰田．梁任公先生年谱长编：初稿［M］．北京：中华书局，2010：4.

《瀛寰志略》，并翻阅了江南制造总局翻译的其他书籍，后来他在一篇文章中指出，1890年是他人生的分界线，"启超自十七岁颇有怵于中外强弱之迹"①。8月，在广州得识康有为，自此之后，梁启超尽弃训诂、考据之学而成为维新变法中的一员。

梁启超在万木草堂师从康有为学习，受其影响很大。但就梁启超自述观之，似乎"所受最深刻之影响，不在康学之尊孔，而在其救民之宏愿。梁氏谓其师每谈国事扤隉，生民憔悴，或至欷歔流涕""梁氏之主张屡易，其爱国维新之心情则到底如一也"②。梁启超在万木草堂"系统地学习了今文经学，广泛涉猎了西方各种思想和学说，树立了匡时救弊、变法强国的坚定信念，为他一生的政治和学术活动打下了思想基础"③。关于梁启超在戊戌维新时期的政治运动，萧公权曾详述如下：

> 光绪二十一年乙未二月，复入京会试。三月，中日和议成。梁氏从康，奔走变法，联合广东公车百九十人陈时事。此为梁启超参加政治运动之始。六月，与麦孺博编纂《中外公报》。七月任强学会书记。翌年七月开办《时务报》于上海。《文集》中今为压卷之《变法通议》十余篇即当时报端所发表。在此时期中虽"亦时发民权论，但微引其绪，未敢昌言"。伍廷芳、张之洞慕其名，欲延揽之，皆谢不就。十月，乃应湖南巡抚陈宝箴聘，主讲时务学堂，兼与黄遵宪、谭嗣同开南学会，发行湘报，于是提倡民权，放论平等大同，鼓吹保国、保种诸义，大为旧派叶德辉、王先贤等所痛恶。二十三年二月，发行《知新报》于澳门。二十四年春，助康氏开保国会于京师。五月，以徐致靖荐，赏六品衔，办理大学堂译书事务。八月，政变，与康氏先后亡命日本。④

---

①　梁启超. 饮冰室文集：第3卷［M］. 北京：中华书局，1989：46.

②　萧公权. 中国政治思想史（三）［M］. 沈阳：辽宁教育出版社，1998：678.

③　梁启超. 饮冰室文集点校［M］. 吴淞，卢云昆，王文光，等点校. 昆明：云南教育出版社，2001：1.

④　萧公权. 中国政治思想史（三）［M］. 沈阳：辽宁教育出版社，1998：679-680.

从梁启超在戊戌维新时期的活动可以看出，这一时期的梁启超的主要活动是办报纸、组织学会和在学堂讲学。这些活动是协助康有为执行自下而上开启民智的活动，是士绅阶层进行宣传、教育和传播西学为变法做舆论宣传的重要支柱。而梁启超关于民生、民智的认识和思考也正是在这些宣传中得以凸显。

第一，政教缺失导致民愚，与民争利导致民贫。梁启超关于民生的直接言论并不太多，作为知识分子，他把民生寓于民智的开启上。梁启超认为国家为民修道路是民生的大利，国家通过政治制度的改革，可以达到有利于民生的目的，即"远法商、周之旧制，近采泰西之新政，内豁雍污之积弊，外免邻国之恶诮，民生以利，国体以尊，政治以修，富强以基，一举而数善备，固未有切近便易于此者也"①。在《波兰灭亡记》中，梁启超指出波兰的弊端在于国内政治的混乱，波兰民乱兴起之后，竟乞求俄国相救，并借惩罚兵乱之事，"下令凡士民聚会，讲论政学者皆禁之，民气益衰"②。波兰民气益衰之后，而不图自强，反而"欲庇大国之宇下"，借他人的保护，加速了国家的灭亡，梁启超由此认为波兰是自取灭亡，而不是俄国灭亡的。梁启超在此不仅指出民乱的根源在于内政不修，民气益衰的根源在于禁止士民聚会、讲学论政，而且以此警醒民众，中国在国家危亡时刻，需要民众的自强才能避免灭亡的危险。在《〈史记·货殖列传〉今义》中，梁启超一再指出："凡圣人之立教，哲王之立政，皆将以乐其民耳。"而"导民于苦，以塞地利，殆不率天下为野人不止也"③。梁启超强调了圣人使民众幸福快乐的宗旨，对《史记·货殖列传》中"故善者因之，其次利导之，其次教诲之，其次整齐之，最下者与之争"的说法，梁启超的解读：

何谓因之？西人言种植者，必考某种植物含某种质，宜于某土；某

---

① 梁启超.治始于道路说［M］//饮冰室文集点校：第一册.吴松，卢云昆，王文光，等点校.昆明：云南教育出版社，2001：100.

② 梁启超.波兰灭亡记［M］//饮冰室文集点校：第一册.吴松，卢云昆，王文光，等点校.昆明：云南教育出版社，2001：16.

③ 梁启超.《史记·货殖列传》今义［M］//饮冰室文集点校：第一册.吴松，卢云昆，王文光，等点校.昆明：云南教育出版社，2001：5.

地土性含某种质，宜于某物，然后各因而用之。苟不知而误用则败，知
之而强易则劳，此因之第一义也。又如热力、电力、水力，皆天地自然
之物，取不禁、用不竭，昔人惟不知因，乃弃之于无用耳。故因之之学，
今日地球上方始萌芽，他日此学大行，地力所能养人之界，将增至无量
数倍，故史公以为最善也。……何谓利导？如能自出新法制新器者，许
其专利，设博览会、比较场、通转运、便邮寄之类是也。何谓教诲？设
农学堂、矿学堂、工学堂、商学堂是也。何谓整齐？不能兴新利，惟取
世界上旧有之利益，从而整顿之，厘别其弊。……自善治财者视之，已
为中下策矣。与之争者，不思藏富于民之义，徒欲朘民之脂膏以自肥。
挽近之计臣，日日策画筹度者，大率皆与之争也。故西人于民生日用必
需之物，必豁免其税以便民，中国则乘民之急而重征之，如盐政之类
是也。①

另外对《史记·货殖列传》中"故待农而食之，虞而出之，工而成之，
商而通之。此四者，民所衣食之原也。原大则饶，原小则鲜。上则富国，下
则富家。贫富之道，莫之夺予，而巧者有余，拙者不足"的说法，梁启超的
解读：

> 西人言富国学者，以农、矿、工、商分为四门。农者地面之物也，
> 矿者地中之物也，工者取地面地中之物而制成致用也，商者以制成致用
> 之物流通于天下也。四者相需，缺一不可。
>
> 原之大小，不以地为界，不以人为界，不以日为界，当以力为界。
> 凡欲加力使大莫如机器。各种机器，农、矿、工之机器也。修通道路，
> 利便转运，商之机器也。是故一亩所出，能养百人，则谓之饶；百亩所
> 出，能养一人，则谓之鲜。一人耕能养百人，则谓之饶；百人耕能养一
> 人，则谓之鲜。一日所作工，能给百日食，则谓之饶；百日所作工，能
> 给一日食，则谓之鲜。是以用智愈多者，用力愈少，故曰："巧者有余，

---

① 梁启超.《史记·货殖列传》今义 [M] //饮冰室文集点校：第一册. 吴松，卢云昆，
王文光，等点校. 昆明：云南教育出版社，2001：5.

拙者不足。"①

由上可见，梁启超对《史记·货殖列传》这两段话的解读，加入了西学的内容，主要是运用西学解读经典中的内容。从中可以看出，梁启超认为西学中的农、工、矿、商等知识是民生的力量，民众拥有了这些知识就会生产出更多的物品，民众就会更富裕，相反如果缺少这些知识，生产的物品就会变少，民众就会贫穷，即所谓"巧者有余，拙者不足"。因此，国家应该"利导之、教诲之、整齐之"，从而使民众能够拥有这些知识，并能运用这些知识达到致富的目的。国家的政策是帮助民众致富，实现"藏富于民"，而不是向民众搜刮，与民争利。而中国政府的政策不仅没有提供让民众掌握这些知识的途径，导致民愚、民智低下，而且政府的政策恰恰是在"与民争利"，这也是中国民众贫穷、民力益衰的原因。梁启超深刻地指出，与民争利的国家政策导致了民众的贫穷，国家政策的不完善导致了民智的低下，这之中蕴含着梁启超对民生的深切关怀。

第二，改革国政和科举制度是开民智的第一要义。开民智是戊戌维新时期梁启超关注的重点。梁启超认识到民生的艰难，"滨海小民，无所得食，逃至南洋、美洲诸地，鬻身为奴，犹被驱迫，丧斧以归"②。此种悲惨情形是与我国资源的丰富不相符的，中国"矿产充溢，积数千年未经开采；土地沃衍，百植并宜；国处温带，其民材智；君权统一，欲有兴作，不患阻挠。此皆欧洲各国之所无也"③。其中的缘由，梁启超认为是"法"的差异，是国家政策的不同导致的。

今夫人之智愚贤不肖，不甚相远也。必谓西人皆智，而华人皆愚，西人皆贤，而华人皆不肖，虽五尺之童，犹知其非。然而，西官之能任

---

① 梁启超.《史记·货殖列传》今义［M］//饮冰室文集点校：第一册.吴松，卢云昆，王文光，等点校.昆明：云南教育出版社，2001：5-6.

② 梁启超.变法通议［M］//饮冰室文集点校：第一册.吴松，卢云昆，王文光，等点校.昆明：云南教育出版社，2001：19.

③ 梁启超.变法通议［M］//饮冰室文集点校：第一册.吴松，卢云昆，王文光，等点校.昆明：云南教育出版社，2001：20.

事也如彼，华官之不能任事也如此，故吾曰：不能尽为斯人咎也，法使然也。立法善者，中人之性可以贤，中人之才可以智。不善者反是。塞其耳目而使之愚，缚其手足而驱之为不肖，故一旦有事，而无一人可为用也。①

通过对比，梁启超指出中国之民有才智，但是不能担任具体事务，其原因在于官制和国政，因此梁启超总结道："吾今为一言以蔽之曰：变法之本，在育人才；人才之兴，在开学校；学校之立，在变科举；而一切要其大成，在变官制。""若乃科举、学校、官制、工艺、农事、商务等，斯乃立国之元气，而致强之本原也，使西人而利吾之智且强也，宜其披肝沥胆，日日言之。今夫彼之所以得操大权、沾大利于中国者，以吾之弱也愚也，而乌肯举彼之所以智所以强之道，而一以畀我也。"② 因此，中国要自强，必须开民智，必须通过变法、变科举而培育人才。况且当今"世界之运，由乱而进于平；胜败之原，由力而趋于智。故言自强于今日，以开民智为第一义"③。在阐述开民智的重要性时，梁启超还追古溯源地认为中国远古三代时期非常重视开民智，并且重视农工商学，他说："管子言农、工、商，群萃而州处，相语以事，相示以功，'故其父兄之教不肃而成，其子弟之学不劳而能'，是农学、工学、商学，皆有学堂也。孔子言以不教战，是谓弃民；晋文始入而教其民，三年而后用之，……故使一国之内，无一人不受教，无一人不知学。"④ 这是三代兴盛的缘由，但是今世的落后，在于学校的不兴，在于国政所致，"马贵与曰：古者户口少而才智之民多，今户口多而才智之民少。余悲其言，虽然，

---

① 梁启超.变法通议［M］//饮冰室文集点校：第一册.吴松，卢云昆，王文光，等点校.昆明：云南教育出版社，2001：24.
② 梁启超.变法通议［M］//饮冰室文集点校：第一册.吴松，卢云昆，王文光，等点校.昆明：云南教育出版社，2001：24-25.
③ 梁启超.变法通议［M］//饮冰室文集点校：第一册.吴松，卢云昆，王文光，等点校.昆明：云南教育出版社，2001：26.
④ 梁启超.变法通议［M］//饮冰室文集点校：第一册.吴松，卢云昆，王文光，等点校.昆明：云南教育出版社，2001：26.

盖有由也。先王欲其民智，后世欲其民愚"①。而后世民愚的原因在于以八股文取士的科举制度。在梁启超看来，科举制在古代是一种值得称赞的录用公职人员的制度，但是后来由于科举制与学校分离从而出现了弊端，即"古者科举，皆出学校；学校制废而科举始敝矣"②。科举与学校的分离，虽然使学校的功能有所降低，但危害最大的是以后出现的作为考试的八股文的格式，八股文的写作是一种完全机械的工作，梁启超认为八股文不仅不实用，而且还有消磨精神和抑制才能发展的严重后果。因此，梁启超认为要开民智就必须办学校，即"亡而存之，废而举之，愚而智之，弱而强之，条理万端，皆归本于学校"③。而要办学校又必须变科举，梁启超提供了三种办法："综而论之，有三策焉：何谓上策？远法三代，近采泰西，合科举于学校，自京师以讫州县，以次立大学小学，聚天下之才，教而后用之。""何谓中策？莫如用汉、唐之法，多设诸科，与今日帖括一科并行。""何谓下策？一仍今日取士之法，而略变其取士之具。""上策者，三代之制也；中策者，汉、唐之法也；下策者，宋、元之遗也。由上策者强，由中策者安，由下策者存。"④ 梁启超希望通过办学校、变科举、教授西学等方法，达到民能掌握一技之长，能够富家强国的目的，即"凡国之民，都为五等，曰士、曰农、曰工、曰商、曰兵。士者，学子之称，夫人而知也。然农有农之士，工有工之士，商有商之士，兵有兵之士"⑤。"中国之人，耐劳苦而工价贱，他日必以工立国者也。宜广集西人各种工艺之书，译成浅语，以教小民，使能知其法，通其用。若能使中国人人各习一业，则国立强矣。"⑥ 在强调要教授西学的同时，梁启超

---

① 梁启超．变法通议［M］//饮冰室文集点校：第一册．吴松，卢云昆，王文光，等点校．昆明：云南教育出版社，2001：27.

② 梁启超．变法通议［M］//饮冰室文集点校：第一册．吴松，卢云昆，王文光，等点校．昆明：云南教育出版社，2001：32.

③ 梁启超．变法通议［M］//饮冰室文集点校：第一册．吴松，卢云昆，王文光，等点校．昆明：云南教育出版社，2001：29.

④ 梁启超．变法通议［M］//饮冰室文集点校：第一册．吴松，卢云昆，王文光，等点校．昆明：云南教育出版社，2001：36-37.

⑤ 梁启超．变法通议［M］//饮冰室文集点校：第一册．吴松，卢云昆，王文光，等点校．昆明：云南教育出版社，2001：27.

⑥ 梁启超．变法通议［M］//饮冰室文集点校：第一册．吴松，卢云昆，王文光，等点校．昆明：云南教育出版社，2001：63-64.

并不偏废中学，他在《西学书目表》后序中说："要之舍西学而言中学者，其中学必为无用，舍中学而言西学者，其西学必为无本，皆不足以治天下。"①这也正体现了梁启超这一时期救时的政治主张和学术主张，其政治主张归结为变科举兴学校，学术主张归结为中学西学并重。②

梁启超对民生的贫困和艰难有深刻的体会，他通过对《史记·货殖列传》的解读表达了政府帮助民众获得大利的方法，并批判了政府与民争利的政策；梁启超在开启民智方面提出变科举兴学校的主张，并且主张中学和西学并重，突破了传统民本思想中教民的内容和范围，说明时势和与西方的接触对思想家的影响，这些超越是非常可贵的。随着梁启超所办的《时务报》的流传，这些思想观念开始在中国大地传播。③它将产生巨大而深远的影响。

三、鼓民力、开民智、新民德

严复（1854—1921），福建侯官（福州）人，字又陵、几道。严氏家族是受人尊敬的士绅门第，祖籍在唐朝时的河南。严复家乡的自然景观是丛林密布的深谷，湍急充沛的河流，古木参天的峻岭，它们把一个个小村庄隔离开来，因此严复幼年生活的场所没有受到多少西方的冲击。他的父亲严振先1866年去世，生前是当地的名医。父亲在世时为严复的教育煞费苦心，严复10岁时，父亲为他请了能找到的最好的老师黄少岩，黄少岩为严复规定了学习宋、元、明三代杰出思想家的处世态度和思想倾向的任务。黄少岩是一个"汉学与宋学并重"，并密切关注当代学术动向的有识之士。④可惜的是黄少岩只教了严复两年就不幸去世了，这对严复影响很大。到严复14岁时，他的正规的传统教育因为父亲的去世而被迫中断，但他"饥渴的求知心田，经老

---

① 梁启超.《西学书目表》后序 [M]//饮冰室文集点校：第一册.吴松，卢云昆，王文光，等点校.昆明：云南教育出版社，2001：145.

② 丁文江，赵丰田.梁任公先生年谱长编：初稿 [M].北京：中华书局，2010：31.

③ 梁启超在《清议报》上曾有一段描述《时务报》在当时风靡的情形："甲午战后，《时务报》起，一时风靡海内，数月之间销行至万余份，为中国有报以来所未有，举国趋之，如饮黄泉。"（引自丁文江，赵丰田.梁任公先生年谱长编：初稿 [M].北京：中华书局，2010：37.）

④ 史华兹.寻求富强：严复与西方 [M].叶凤美，译.南京：江苏人民出版社，1990：15-16.

师心血的滋润，已吮吸了大量知识。他所受到的训练虽然短暂，但扎实而深刻，而且在以后的岁月里，由于他自己的努力而进一步得以强化"①。

1867 年，严复进入福州船政学堂学习，在学堂他学习了英文、算术、几何、代数、解析几何、三角、物理、力学、化学、地质学、天文学和航海学，并且他并没有放弃中文的学习。从严复在福州学堂所学习过的课程中，史华兹认为严复对西方科学的热情是建立在真正的自然科学的方法和资料相关的基础之上的，并断言严复对科学产生的热情来自科学本身。1871 年，严复以优异的成绩毕业，并开始在海上实习，后来在实际操作中受到英籍教习的赏识，并帮助他获得了赴英深造的机会。1877 年，严复到英国深造，走上了一条与本国大多数人大相径庭的生活道路。严复是带着问题来到英国的，他所带的问题也是他那个时代的有识之人共同提出的问题，即西方富强的秘密到底是什么。而英国又是西方的代表，严复热切的探索精神使他与驻英公使郭嵩焘走到了一起，他们经常在一起"论析中西学术异同，穷日夕勿休"②。1879 年，严复回国开始在福州船政学堂教书，后来调任北洋水师学堂总教习，1890 年他被提升为该校总办，虽然他的地位似乎在平稳上升，但是由于意识到洋务运动政策的失当，而自己又没有参与决策的机会，严复感到灰心丧气，感到自己的才智未被尊重，并且更加感受到高官显宦的腐败无能、自满懒散和无所用心。同时在 1885 年严复准备并参加了三年一次的乡试，以便考取举人，但失败了，而且在以后的三次考试中，他也都名落孙山。正如史华兹所说："这样的失败既不能被看作严复才智欠佳的反映，也不能被当作他忽视中文学习的证据，而只表明他未完全遵守当时考试制度中古怪的形式主义框框。"③ 但是考试的失利对严复的打击还是巨大的，严复在 1894—1895 年之前的惨痛经历和经受的羞辱，使他在甲午战后成为中国知识界的出色代表，他终于可以说话了，他终于可以把全部压抑的思想公开表达出来了。

1894 年，中日战争爆发，目睹经营多年的中国海军一败再败，最后一败

---

① 史华兹. 寻求富强：严复与西方 [M]. 叶凤美，译. 南京：江苏人民出版社，1990：16.

② 王蘧常. 严几道年谱 [M]. 北京：商务印书馆，1936：7.

③ 史华兹. 寻求富强：严复与西方 [M]. 叶凤美，译. 南京：江苏人民出版社，1990：21.

涂地的局面，严复痛心疾首，感到"国祸益深"，而清政府及其各级官员只是"偷活草间，苟延残喘而已。事后振作，恐必难期。何则？中国吃亏，固不自今日而始有也。事后振作，皆安在耶?"①。

1895 年至 1898 年，严复发表了一系列论文，其中有《论世变之亟》《原强》《救亡决论》《辟韩》等，这些论文表达了严复对世界和中国的看法，表达了他的基本观点，而史华兹认为"这些观点正是他在以后几年里致力于翻译的基础"②。戊戌时期严复除了在《直报》发表上述论文，还创刊《国闻报》和翻译《天演论》。《国闻报》是戊戌时期影响很大的报刊，1897 年在天津创刊，它发行的宗旨在《国闻报缘起》中有如下说明：

> 阅兹报者，观于一国之事，则足以通上下之情；观于各国之事，则足以通中外之情。上下之情通而后人不自私其利，中外之情通而后国不专私其治。人不专私其利，则积一人之智力以为一群之智力，而吾之群强；国不专私其治，则取各国之政教以为一国之政教，而吾之国强。此则本馆设报区区之心所默为祷祝者也。③

由此可知，《国闻报》希望通过"通上下之情""通中外之情"达到"开民智"的目的，民智开了，就可以达到赞助维新、力求自强的目的。《国闻报》共发表了 42 篇社论，根据王栻的考证，可以肯定严复撰写的有六篇，即《拟上皇帝书》《西学门径功用》《有如三保》《保教余义》《保种余义》《论治学治事宜分二途》。④ 而严复戊戌时期关于民生、民智的认识和思考也正体

---

① 严复.致陈宝琛书（光绪二十年九月初五日）[M]//王栻.严复集：第三册.北京：中华书局，1986：500.

② 严复后来在翻译赫胥黎、亚当·斯密、孟德斯鸠、穆勒的著作时，增加了大量的按语。参照严复的论文阅读这些按语，就会发现两者差不多是一脉相承的。这几篇论文，不仅实际上构成了严复全部译著的绪论，而且洋溢着一种久所欲言一吐为快的强烈感情。（引自史华兹.寻求富强：严复与西方 [M].叶凤美，译.南京：江苏人民出版社，1990：28.）

③ 王栻.严复集：第二册 [M].北京：中华书局，1986：455.

④ 王栻.严复在《国闻报》上发表了哪些论文 [M]//王栻.严复集：第二册.北京：中华书局，1986：429.

现在他的这些文章之中。

严复是极力主张开民智的。在《论世变之亟》中，严复首先指出中国民智不开的缘由，他说：

> 盖我中国圣人之意，以为吾非不知宇宙之为无尽藏，而人心之灵，苟日开瀹焉，其机巧智能，可以驯致于不测也。而吾独置之而不以为务者，盖生民之道，期于相安相养而已。夫天地之物产有限，而生民之嗜欲无穷，孳乳寖多，镌镵日广，此终不足之势也。物不足则必争，而争者人道之大患也。故宁以止足为教，使各安于朴鄙颛蒙，耕凿焉以事其长上，是故春秋大一统。一统者，平争之大局也。秦之销兵焚书，其作用盖亦犹是。降而至于宋以来之制科，其防争尤为深且远。取人人尊信之书，使其反复沈潜，而其道常在若远若近、有用无用之际。悬格为招矣，而上智有不必得之忧，下愚有或可得之庆，于是举天下之圣智豪杰，至凡有思虑之伦，吾顿八纮之网以收之，即或漏吞舟之鱼，而已暴鰓断鳍，颓然老矣，尚何能为推波助澜之事也哉！嗟乎！此真圣人牢笼天下，平争泯乱之至术，而民智因之以日窳，民力因之以日衰。其究也，至不能与外国争一旦之命，则圣人计虑之所不及者也。①

严复认为，中国民智日窳，民力日衰的原因在于中国圣人的宗旨在于使民"相安相养"，防争成为治理民众的重要方法。在物质追求上，使民知足常乐，使民寡欲少争；在思想观念上，以圣人学说来一统天下，其圣人的学说也成为"牢笼天下，平争泯民乱之至术"。这虽然保持了国家的统一和安定，但同时也造成民智日窳，民力日衰的后果。如果没有泰西的进入，老死不与异族相往来，则也能保持相安相养的统一状态，但是当今的中国处在列强相争的危机中，保持那种"相安相养"的状态显然是不可能的，因此需要维新，需要变法。

严复认为中国衰弱的原因还在于中国官僚和士大夫的自私自利，他说：

---

① 王栻. 严复集：第一册［M］. 北京：中华书局，1986：1-2.

夫为中国之人民，谓其有自灭同种之为，所论毋乃太过？

盖谋国之方，莫善于转祸而为福，而人臣之罪，莫大于苟利而自私。夫士生今日，不睹西洋富强之效者，无目者也。谓不讲富强，而中国自可以安；谓不用西洋之术，而富强自可致；谓用西洋之术，无俟于通达时务之真人才，皆非狂易失心之人不为此。然则印累绶若之徒，其必矫尾厉角，而与天地之机为难者，其用心盖可见矣。善夫！姚郎中之言曰："世固有宁视其国之危亡，不以易其一身一瞬之富贵。"故推鄙夫之心，固若曰：危亡危亡，尚不可知；即或危亡，天下共之。吾奈何令若辈志得，而自退处无权势之地乎？孔子曰："苟患失之，无所不至。"故其端起于大夫士之怙私，而其祸可至于亡国灭种，四分五裂，而不可收拾。①

在此，严复主要指官僚及士大夫的自私自利，他们因为不愿失去自己的权势而宁愿国家衰弱也不愿维新变法，他们不是不知国家富强必须学习西方，但是他们害怕变法使自己失去权势和财富，为了保住个人的权势、个人的私利，竟然可以置国家危亡于不顾，这是中国民众缺乏"公德""公心"的表现。

中日甲午战争爆发，严复自觉"一时胸中有物，格格欲吐"②，于是写《原强》刊布于天津《直报》上。后来，梁启超在上海主持《时务报》拟转载此文，严复对此文进行了修改和丰富，形成《原强修订稿》。在《原强》和其修订稿中，严复提出了他著名的"鼓民力、开民智、新民德"的主张。严复首先运用斯宾塞的社会进化学说分析中国民众的状况，他说：

由是而观吾中国今日之民，其力、智、德三者，固何如乎？往者日本以寥寥数舰之舟师，区区数万人之众，一战而翦我最亲之藩属，再战而陪都动摇，三战而夺我最坚之海口，四战而威海之海军熸矣。使曩者款议不成，则畿辅戒严，亦意中事耳。当此之时，天子非不赫然震怒也。思改弦而更张之，乃内之则殿阁枢府以至六部九卿，外之则洎廿四行省

---

① 王栻.严复集：第一册 [M].北京：中华书局，1986：4.
② 严复.与梁启超书 [M] //王栻.严复集：第三册.北京：中华书局，1986：514.

之疆吏，旁皇咨求，卒无一人焉足以胜御侮折冲之任者。"猛虎深山"，徒虚论耳。兵连不及周年，公私扫地赤立，洋债而外，尚不能无扰闾阎，其财之匮也又如此。夫一国犹之一身也，脉络贯通，官体相救，故击其头则四支皆应，刺其腹则举体知亡。而南北虽属一君，彼是居然两戒；首善震矣，四海晏然，视邦国之颠危，犹秦越之肥瘠。合肥谓"以北洋一隅之力御倭人全国之师"，非过语也。此君臣势散而相爱相保之情薄也。将不素学，士不素练，器不素储。一旦有急，则蚁附蜂屯，授之以扞格不操之利器，曳兵而走，转以奉敌。其一时告奋将弁，半皆无赖小人，觊觎所支饷项而已。至于临事，且不知有哨探之用，遮革之方。甚且不识方员古陈大不宜于今日之火器，更无论部勒之精详，与夫开阖之要眇者矣。即当日之怪谬，苟记载其事而传之，将皆为千载笑端，而吾民腼然固未尝以之为愧也。①

严复从中日甲午战争的失败说明中国民众力弱、财乏，以及君民相爱相保的情义稀薄，兵民组织涣散，缺乏秩序和严明的纪律，而民众习以为常竟然不觉为耻。中国民众在对外战争中表现得如此衰弱、智愚、德乏，而对国家内部的事物其表现又如何呢？严复论述道："法弊之极，人各顾私，是以谋谟庙堂，佐上出令者，往往翘巧伪汗浊之行以为四方则效。"② 即使如此，严复认为以上验证民力、民智、民德所使用的是中层以上的民众，其他草野间巷的民众连这种程度也难以达到，因此严复指出中国最应该忧患的，不是一次战争的失败，而是"民力已苶，民智已卑，民德已薄故也"③。严复认为这是中国危亡的重要原因，因为民力、民智、民德并不是短时间内可以提高的，而中国所处的时势并没有给予中国更多自强的时间。他忧愤地说：

今虽有圣神用事，非数十百年薄海知亡，君臣同德，痛锄治而鼓舞之，将不足以自立。而岁月悠悠，四邻眈眈，恐未及有为，已先作印度、

① 严复.原强修订稿［M］//王栻.严复集.北京：中华书局，1986：19.
② 严复.原强修订稿［M］//王栻.严复集.北京：中华书局，1986：20.
③ 严复.原强修订稿［M］//王栻.严复集.北京：中华书局，1986：20.

波兰之续，将斯宾塞尔之术未施，而达尔文之理先信。矧自甲午迄今者几何时，天下所振兴者几何事，固诸君所共闻共见者耶！呜呼！吾辈一身无足惜，如吾子孙与四百兆之人种何！天地父母，山川神灵，尚相兹下土民以克诱其衷，咸俾知奋！①

在论证了中国民力、民智、民德的现状之后，严复急切地指出中国危亡在于此，然后严复通过与西方国家的对比指出："是故国之强弱贫富治乱者，其民力、民智、民德三者之征验也，必三者既立而后其政法从之。于是一政之举、一令之施，合于其智、德、力者存，违于其智、德、力者废。"② 并指出民众的状况与国家富强的关系，"是故贫民无富国，弱民无强国，乱民无法国"③。在指明这一理论之后，严复分析了中国自强运动的缺失，探寻中国实行西方富强的方法，却不能实现富强的原因，他探寻的结果是中国"苟民力已苶，民智已卑，民德已薄，虽有富强之政，莫之能行。盖政如草木焉，置之其地而发生滋大者，必其地之肥硗燥湿寒暑与其种性最宜者而后可"④。通过探寻，他推导出他的结论：

夫如是，则中国今日之所宜为，大可见矣。夫所谓富强云者，质而言之，不外利民云尔。然政欲利民，必自民各能自利始；民各能自利，又必自皆得自由始；欲听其皆得自由，尤必自其各能自治始；反是且乱。顾彼民之能自治而自由者，皆其力、其智、其德诚优者也。是以今日要政，统于三端：一曰鼓民力，二曰开民智，三曰新民德。夫为一弱于群强之间，政之所施，固常有标本缓急之可论。唯是使三者诚进，则其治标而标立；三者不进，则其标虽治，终亦无功；此舍本言标者之所以为无当也。虽然，其事至难言矣。夫中国今日之民，其力、智、德三者，苟通而言之，则经数千年之层递积累，本之乎山川风土之攸殊，导之乎

---

① 严复. 原强修订稿 [M] //王栻. 严复集. 北京：中华书局，1986：20.
② 严复. 原强修订稿 [M] //王栻. 严复集. 北京：中华书局，1986：25.
③ 严复. 原强修订稿 [M] //王栻. 严复集. 北京：中华书局，1986：25.
④ 严复. 原强修订稿 [M] //王栻. 严复集. 北京：中华书局，1986：26.

刑政教俗之屡变，陶钧炉锤而成此最后之一境。今日欲以旦暮之为，谓有能淘洗改革，求以合于当前之世变，以自存于佢烦扰之中，此其胜负通室之数，殆可不待再计而知矣。①

通过对比和推导，严复提出了他"鼓民力、开民智、新民德"的主张，并且指出通过改革以符合当前的时势，不可再耽误了。接着他指出如何鼓民力、开民智和新民德。关于鼓民力，严复认为通过教育"凡所以练民筋骸、鼓民血气者也"，"饮食养生之事，医学所详，日以精审，此其事不仅施之男子已也，乃至妇女亦莫不然"。② 而中国礼俗中对民力害处最大的事情，"莫若吸食鸦片、女子缠足二事"，虽然难于改变，但是为了鼓民力，必须改革。关于开民智，严复认为民智是国家富强的基础，要开民智，则学问和事功二者不可偏废。通过中西的对比，他指出："言时务者，人人皆言变通学校、设学堂、讲西学矣。""是故欲开民智，非讲西学不可；欲讲实学，非另立选举之法，别开用人之涂，而废八股、试帖、策论诸制科不可。"③ 关于新民德，严复认为要新民德，必须给予民众自由，平等对待民众。以上是严复在《原强修订稿》④ 中关于民的认识。严复在《与梁启超书》中写道："是以今日之政，于除旧，宜去其害民之智、德、力者；于布新，宜立其益民之智、德、力者。以此为经，而以格致所得之实理真知为纬。""发明富强之事，造端于民，以智、德、力三者为之根本，三者诚盛，则富强之效不为而成；三者诚衰，则虽以命世之才，刻意治标，终亦隳废。"⑤ 集中表达了他关于民之智、德、力在国家富强中的重要地位，以及他维新变法的主张。严复关于民生、民智的认识和思考提升了民在国家政治生活中的地位和民在国家富强中的作用。

1895 年 5 月 1 日，严复在天津《直报》上发表了他著名的《救亡决论》，

---

① 严复. 原强修订稿［M］//王栻. 严复集. 北京：中华书局，1986：27.
② 严复. 原强修订稿［M］//王栻. 严复集. 北京：中华书局，1986：28.
③ 严复. 原强［M］//王栻. 严复集. 北京：中华书局，1986：29-30.
④ 原强修订稿与原本相较，不仅文字上有很大改动，而且补写了很多内容，增添了将近一半的文字。（转引自王栻. 严复集［M］. 北京：中华书局，1986：15.）
⑤ 严复. 与梁启超书［M］//王栻. 严复集：第三册. 北京：中华书局，1986：514.

专门论述了如何开民智的问题。他认为只有开民智，才能变法维新，挽救国家的危亡，而要开民智则必须废除八股取士的制度，他深入透彻地论述了八股取士的弊端：一是锢智慧；二是坏心术；三是兹游手。八股取士，使天下之民"消磨岁月于无用之地，堕坏志节于冥昧之中，长人虚骄，昏人神智，上不足以辅国家，下不足以资事畜"①。国家处在危亡时刻，而救国的方法在于废除八股，在于学习西学的格致之学。"西学无论兵、农、工商，治无论家、国、天下，没有一事不是以学为资的，因此，民不读书，则罪其父母。"② 严复提出了通过借鉴西方的学校制度提升中国民众的智力的主张，这不仅是对传统民本思想的超越，而且是对中国传统思想的根本突破。

1898 年，严复在《拟上皇帝书》中写道："且臣云今日吾国之富强与民之智勇，无一事及外洋者。""顾富强之盛，必待民之智勇而后可儿；而民之智勇，又必待有所争竞磨砻而后日进，此又不易之理也。"③ 时势变化，对民的要求也发生了改变，当今危亡时刻，需要有智勇双全的民众，而中国大一统时代，则"圣人非不知智勇之民之可贵也，然以为无益于治安，而或害吾治，由是凡其作民厉学之政，大抵皆去异尚同"④。严复指出中国民众不仅不是智勇之人，而且中国民众没有自我作为的能力。西方民众如果见到国势倾危，必当相率自为，不必惊扰皇上，而中国之民不能自为，即使"倡之于上固不可矣"⑤ 其中的原因在于君民上下不同心，因此中国改革的宗旨在于团结百姓之心，严复指出"今日中国之事，……人心涣散，各顾己私，无护念同种忠君爱国之诚，最可哀痛"。"民生是群，不知何所可恋；士从是军，不识为谁而战。""民既不知其国之可爱矣"⑥。在此严复不仅指出中国民众与统治者关系疏远、人心涣散的现状，而且指出其原因在于中国民众不知爱国，各顾其私，因而必须进行改革。在《如上三保》一文中，严复指出中国"以智侵愚，以强暴弱，民为质点，爱力全无，所谓自侮而后人侮，自伐而后人

① 严复. 救亡决论 [M] //王栻. 严复集. 北京：中华书局，1986：43.
② 严复. 救亡决论 [M] //王栻. 严复集. 北京：中华书局，1986：48-49.
③ 严复. 拟上皇帝书 [M] //王栻. 严复集. 北京：中华书局，1986：65.
④ 严复. 拟上皇上书 [M] //王栻. 严复集. 北京：中华书局，1986：66.
⑤ 严复. 拟上皇上书 [M] //王栻. 严复集. 北京：中华书局，1986：68.
⑥ 严复. 拟上皇上书 [M] //王栻. 严复集. 北京：中华书局，1986：73-74.

伐。如此者，皆灭种功臣，而他日乱世多财，自存无术，其亡更速，则置之不足道也"①。由此可知中国的病症在于民不知爱国，君民之心不相通，中国缺乏智勇之民，从而导致国家衰弱，而智勇之民的缺失在于圣人之教的教化。

在这一时期，严复还翻译了《天演论》。《天演论》原名《进化与伦理》（*Evolution and Ethics and Other Essays*），是英国生物学家赫胥黎（T. Huxley）的一本论文集。严复选译了其中的前两篇，改名为《天演论》。《天演论》的主要观点是，生物是进化的，其进化是由于"物竞"和"天择"，"物竞"就是"生存竞争"，即"物争自存也"，"天择"就是自然淘汰，"以一物与物物争，或存或亡，而其效则归于天择"，"一争一择，而变化之事出矣"②。严复不仅仅进行翻译，而且加以按语并阐述自己的观点，他认为物竞天择的规律对于人类也同样适用，"微动植二物为然，而人民亦犹是也。人民者，固动物之一类也"③。他翻译《天演论》的宗旨也在于"自强保种之事"④。他说："物类之生乳者至多，存者至寡，存亡之间，间不容发。其种愈下，其存弥难，此不仅物然而已，……此洞识知微之士所为惊心动魄于保群进化之图。"⑤ 他借用达尔文"物竞天择"的进化论观念，目的是警醒中国民众自知中国所处的危亡时刻，呼吁中国民众顺应时势，向西方学习，以达到"自强保种""保群进化"的目标和目的。

这一时期严复关于民生、民智的认识和思考，重点在于指出中国民众民力衰弱、民智愚昧的现状和原因，所谓欲立先破，而此时严复重点在于破，从而对中国传统的专制制度、科举制度、教化内容等根本的问题提出了疑问和批判，从而动摇了中国传统思想的地位，提升了民众在国家政治生活中的地位。在此基础上，也提出了必须通过鼓民力、开民智、新民德以实现民众真正承担国家责任的目标，其提出的主要措施和方法主要是借鉴西方国家相关制度和方法，从而开启了思想转型的先河。

①　严复. 如上三保 ［M］//王栻. 严复集. 北京：中华书局，1986：82.
②　严复. 天演论 ［M］. 郑州：中州古籍出版社，1998：15.
③　严复. 原强 ［M］//王栻. 严复集. 北京：中华书局，1986：6.
④　严复. 天演论 ［M］. 郑州：中州古籍出版社，1998：16.
⑤　严复. 天演论 ［M］. 郑州：中州古籍出版社，1998：76.

四、名教导致民愚，变通科举乃育才之本

谭嗣同（1865—1898），字复生，号壮飞，湖南浏阳人，出身于官僚家庭。父亲谭继洵，官至湖北巡抚。谭嗣同自幼师从欧阳中鹄，受传统的正规教育。谭嗣同十二岁丧母，受父妾虐待，他在《仁学·自叙》中曾提及他的家庭："吾自少至壮，遍遭纲伦之厄，涵泳其苦，殆非生人所能任受，濒死累矣，而卒不死。"① 幼年时的家庭境遇对其后来的思想产生深远的影响。1877 年，由于父亲补甘肃巩秦阶道，谭嗣同曾几次往来于直隶、陕西、甘肃、湖南、湖北、山西、安徽、江西、江苏等地，观察社会风情，目睹灾民流离，哀鸿遍野，感触甚深，而引发"风景不殊，山河顿异，城郭犹是，人民复非"② 之感叹。据张灏先生的考证，谭嗣同从小就展现出"丰富的情感与豪迈的气质"，他的家世在给他提供良好的学识环境的同时，也给他带来了精神上的刺激和困扰。这也是谭嗣同成年后走向激烈反传统和从容就义的重要原因。③

中日甲午战争之后，谭嗣同悲愤填膺，"及睹和议条款，竟忍以四百兆人民之身家性命，一举而弃之。大为爽然自失"④。谭嗣同描述民众有的留在上海租界请求保护，有的"号泣留倭者，且言倭一去，则官又来虐我矣。从而迁者数百户，无告之民，其惨痛乃尔乎！"⑤。对于民众的悲惨和民众的无望逃离，谭嗣同说："亦将何词以责之？鱼趋渊，雀趋丛，是岂鱼与雀之罪也哉！君以民为天，民心之涣萃，天心之去留也。"⑥ 悲惨情景使谭嗣同感到再不能"守文因旧""苟且图存"了，因而"摒弃一切，专精致思"⑦，力倡新

---

① 蔡尚思，方行. 谭嗣同全集［M］. 增订本. 北京：中华书局，1981：3.
② 蔡尚思，方行. 谭嗣同全集［M］. 增订本. 北京：中华书局，1981：57.
③ 张灏. 烈士精神与批判意识［M］. 北京：新星出版社，2006：220-223.
④ 谭嗣同. 上欧阳中鹄书［M］//蔡尚思，方行. 谭嗣同全集. 增订本. 北京：中华书局，1981：153.
⑤ 谭嗣同. 上欧阳中鹄书［M］//蔡尚思，方行. 谭嗣同全集. 增订本. 北京：中华书局，1981：154.
⑥ 谭嗣同. 上欧阳中鹄书［M］//蔡尚思，方行. 谭嗣同全集. 增订本. 北京：中华书局，1981：154.
⑦ 谭嗣同. 上欧阳中鹄书［M］//蔡尚思，方行. 谭嗣同全集. 增订本. 北京：中华书局，1981：168.

学，寻求维新变法。谭嗣同认为觉醒士民的方法主要有三方面："一曰创学堂，改书院……二曰学会……三曰报纸。"①

谭嗣同注重人才的培养，他认为"变通科举"是"育才之本"。他认为所谓变通科举即在原有基础上，增加西学的内容，即"应规仿西学"。他说："我朝科举之典，沿用明制，以制艺取士。……因悟人才之衰，非尽制艺之过也，制艺之外，一无所长也。此后科举，即仍考制艺，宜令各兼习西学一门，以裨实用。"② 他提出自 1896 年起，"凡遇岁、科、优拔等试，除考制艺外，均兼考西学一门，以算学、重学、天文、测量为一门，外国史事及舆地为一门，万国公法及各国法律、政事、税则等为一门，海、陆兵学为一门，化学为一门，电学为一门，船学为一门，汽机学为一门，农学为一门，矿学为一门，工、商学为一门，医学为一门，水、气、声、光等学为一门，各国语言文字为一门，必须果真精通一门，始得考取。不兼西学，虽制艺极工，概置不录"③。以此可知，谭嗣同对科举制度并不是全盘否定，而是用西学的实用之学来补益科举的不足。他大声疾呼："故议变法必先从士始，从士始则必先变科举，使人人各占一门，争自奋于实学。"④ 关于西学的学习，谭嗣同认为有一定的次序，"以格致为下学之始基，次及政务，次始可窥见教务之精微。以言其衰也，则教不行而政敝，政敝而学亡。故言政言学，苟不言教，则等于无用，其政术学术，亦或反为杀人之具。然而求保国之急效，又莫捷于学矣"⑤。谭嗣同已经发现政、教、学之间的相互关联，在政和教难以改变并且不易改变之时，改变"学"是保国的捷径，并且他认为关于学即使朝廷不兴学，民间也可以自为，可以自保，况且朝廷不能禁止民之兴学，"中国之民，惟此权尚能自主"⑥，谭嗣同非常乐观地认为如果充分发挥兴学的权利，那么

① 谭嗣同. 湘报后叙下［M］//蔡尚思，方行. 谭嗣同全集. 北京：中华书局，1981：138-139.
② 谭嗣同. 乙未代龙芝生侍郎奏请变通科举必先从岁科试起折［M］//蔡尚思，方行. 谭嗣同全集. 北京：中华书局，1981：237.
③ 谭嗣同. 乙未代龙芝生侍郎奏请变通科举必先从岁科试起折［M］//蔡尚思，方行. 谭嗣同全集. 北京：中华书局，1981：237-238.
④ 谭嗣同. 兴算学议［M］//蔡尚思，方行. 谭嗣同全集. 北京：中华书局，1981：159.
⑤ 谭嗣同. 仁学［M］. 郑州：中州古籍出版社，1998：211.
⑥ 谭嗣同. 仁学［M］. 郑州：中州古籍出版社，1998：211.

其他失去的权利也就可以恢复了。

谭嗣同认为欲使国家富强必须储备人才、纠正人心、兴起学校，因此，需要将原来的书院改为崇尚实学的算学馆，他说："算数者，器象之权舆；学校者，人才之根本。"① 他在上书湖南学政江标时说："考西国学校课程，童子就傅，先授以几何、平三角术，以后由浅入深，循序精进，皆有一定不易之等级。故上自王公大臣，下逮兵农工贾，未有不通算者，即未有通算而不出自学堂者。盖以西国兴盛之本，虽在议院、公会之互相联络，互相贯通，而其格致、制造、测地、行海诸学，固无一不自测算而得。故无诸学无以致富强，无算学则诸学又靡所附丽。层台寸基，洪波纤受，势使然也。"② 这表达了他对西学中实用之学的重视，后来，他们自行筹款，购书并聘请教师，在 1897 年建成算学馆。算学馆的建立对开展湖南风气和学会、学堂的建立都起了非常重要的作用。正当谭嗣同在湖南筹设算学馆的时候，康有为在北京上书，力陈变法，还建立强学会并办报宣传、倡导变法，北京强学会被清政府封禁的消息传到湖南，谭嗣同极为愤慨，他说："强学会之禁也，实防吾华民之盛强，故从而摧抑之，依然秦愚黔首之故智。"③ 1896 年 3 月，谭嗣同跟随父亲到北京，又到天津，经过上海时往访康有为而未果，在天津时他对轮船、火车、电线等工厂一一进行了考察，并在北京认识了梁启超。④

① 谭嗣同. 上江标学院 [M] //蔡尚思，方行. 谭嗣同全集. 北京：中华书局，1981：181.

② 谭嗣同. 上江标学院 [M] //蔡尚思，方行. 谭嗣同全集. 北京：中华书局，1981：181.

③ 谭嗣同. 致刘淞芙：七 [M] //蔡尚思，方行. 谭嗣同全集. 北京：中华书局，1981：483-484.

④ 关于谭嗣同认识梁启超的时间记载有分歧。梁启超在《戊戌政变记》中的《谭嗣同传》中曾称他与谭嗣同在 1895 年即已"定交"，且说谭嗣同受到康有为学说的影响，并且谭嗣同"自称私淑弟子，自是学识更日益进"。汤志钧先生经过考察却认为谭嗣同没有见到康有为，和梁启超相晤是在 1896 年的三四月，而梁启超说 1895 年即已相识，恐怕是有意把谭嗣同在湖南的变法活动说成是受了康、梁的影响所为。其实，谭嗣同自己说过，他"备闻"康有为学说，"竟与嗣同所冥想者，十同八九"，他的思想并非源于康学；与梁启超相晤后，听到康有为学说，"亦有不敢苟同者"。这说明谭嗣同在甲午战争以后，"备闻"康有为学说之前，已经孕育了变法的思想，并在湖南展开了一些实际活动了。（参见汤志钧. 戊戌变法史 [M]. 上海：上海社会科学院出版社，2003：352-354.）

谭嗣同的代表作是《仁学》。《仁学》酝酿于 1896 年，而写成则在 1897年春。① 在《仁学》中，谭嗣同表达了他关于民的认识。在《仁学·自叙》中，谭氏指出在名教的束缚之下，人们受尽一切苦，"今则新学竞兴，民智渐辟，吾知地球之运，自苦向甘"②。以此可知谭嗣同冲决罗网之缘由，"罗网重重"对人束缚很深，而束缚最严重的在于名教与人伦，并且是重重的束缚，使人遭受愚、弱、贫之苦，只有冲决这重重的罗网才能民智渐开，才能"循环无端，道通为一"。接着谭嗣同借"通"释"仁"，在《界说》中他说道："仁以通为第一义"，"通有四义：中外通，多取其义于《春秋》，以太平世远近大小若一故也；上下通，男女内外通，多取其义于《易》……人我通，多取其义于佛经……""通之象为平等。""通则必尊灵魂；平等则体魄可为灵魂"，"灵魂，智慧之属也；体魄，业识之属也"。"智慧生于仁"。③ 从而表达了他通过"通"以实现"平等"，通过平等以实现开启智慧，从而实现由愚昧转化为智慧的宗旨。谭嗣同认为学习西学、西政、西教是"仁之通"之义，而名教是非仁非通的，是对人的才智的严重束缚。

谭嗣同通洋务，对西方的机器生产有一定的认识。他认为机器生产能够提高生产效率，能够节省民力，所以使用机器有利于民众的生产，他说："一人百日为之不足，用机器则一人一日为之有余，是货百饶于日也。日愈益省，货愈益饶，民愈益富。"④ 使用机器能够提高生产的效率，能够节省民力，并且民众富裕之后将会更加珍惜生命、珍惜民力，所以生产的产品会因为民力贵而价格提高。而中国民众，卖身为奴隶日益操劳而不得食，不知珍惜生命

---

① 《仁学》写成于 1897 年，当时虽然未公开印行，但是在谭嗣同的朋友当中，有看过《仁学》原稿的，如梁启超、唐才常、章太炎、宋恕等人。《仁学》的出版是在谭嗣同死难之后，首先刊登在戊戌政变后梁启超在日本横滨发行的《清议报》上。它从第二册（1899 年 1 月 2 日）开始刊登，直到第一百册（1901 年 12 月 21 日）才刊完；其次在上海发行的《亚东时报》自第五号起（1899 年 1 月 31 日）连载《仁学》至十九号（1900 年 2 月 28 日）刊完。因此《仁学》有《清议报》本和《亚东时报》本两个版本。（参见汤志钧. 戊戌变法史 [M]. 上海：上海社会科学院出版社，2003：355-358. ）

② 谭嗣同. 仁学 [M]. 郑州：中州古籍出版社，1998：68-69.

③ 谭嗣同. 仁学 [M]. 郑州：中州古籍出版社，1998：73.

④ 谭嗣同. 仁学 [M]. 郑州：中州古籍出版社，1998：142.

和力气，因此"身且如此，更何论所造之物，此所以虽贱极犹莫能售也"①。日益操劳不得闲因而无暇思考创造，因为贫穷而节俭，而最终造成民愚的结果。

谭嗣同认为中国君民的不平等是民众愚昧的重要原因，君主以"天"之威压制民众，使民众不敢不接受他们的命令。自孔子出之后，教之观念发生改变，认为人人是平等的，孔教出而纠正以前的不平等之偏，但是不幸的是，孔教沦落为"独夫民贼之资焉"②。谭嗣同认为是荀子败坏了孔教的"道"，他认为中国自宋朝真正灭亡了，"宋儒有私德大利于己乎？悲夫，悲夫！民生之厄，宁有已时耶！故常以为二千年来之政，秦政也，皆大盗也；二千年来之学，荀学也，皆乡愿也"③。谭嗣同认为要真正达到财富的平均，必须兴民权，民众能够参与谋划，才能各得其生、各得其利，所谓"民权兴，得以从容谋议，各遂其生，各均其利"④。

谭嗣同喜旅游，通洋务，结交各地朋友，所到之处观察民生状况，对民生的悲惨给予深切的关怀，他认为西学中的实用之学对工商的发展和人民生活的改善会起很大的作用，因此建议在科举中增加西学中的实用之学；民众的愚昧，谭嗣同认为是名教的束缚和三纲引起的不平等所造成的，而要开民智，必须在"冲决罗网"的前提下学习西方的实用之学。这一时期谭嗣同关于民生、民智的认识和思考不仅借鉴了西学的内容，而且超越了中国传统的民本思想。他通过对传统纲常名教的批判，为接受新的思想观念打下了基础，也使传统思想的根基发生了动摇。

第三节　君民关系反思达致兴民权

有学者考证，"民权"一词在中国古代典籍中并没见到，而是西文"民主"

---

① 谭嗣同. 仁学［M］. 郑州：中州古籍出版社，1998：142-143.
② 谭嗣同. 仁学［M］. 郑州：中州古籍出版社，1998：165.
③ 谭嗣同. 仁学［M］. 郑州：中州古籍出版社，1998：168-169.
④ 谭嗣同. 仁学［M］. 郑州：中州古籍出版社，1998：146.

（democracy）一词的日译，故"民权"与"民主"本为同义词，并据democracy
来源于希腊文，释"民权"为"人民的权力"。① "民权"一词来自日文当无
疑问，但如果说"民权"是西文democracy的日译则不确切。据日本学者实滕
慧秀考证，democracy在近代日语中译为"民主"②。查《日本国语大辞典》和
《日本语大辞典》，"民权"与"民主"分列为两词。"民权"的含义：一、人民
参政的权利（suffrage）；二、人民维护人身、财产的权利（civil rights）。"民
主"的含义：一、人民的主宰者，君主（《尚书·多方》中的"民主"）；
二、一国主权属于国民（democracy）。③ 由此可知，日语中的"民权"与
"民主"是含义有区别的两个词。

另据当时人何启、胡礼垣所言，中文词汇"民权"一词，有可能是由日
文"自由"（liberty）经"中国学士大夫"转译而来。其《劝学篇书后·正权
篇辨》称：

> "里勃而特"译为自由者，自日本始。虽未能尽西语之意，然以二字
> 包括之，亦可谓能举其大由。自由二字而译为民权者，此必中国学士大
> 夫读日本所译书者为之，其以民权二字译"里勃而特"一语，吾无间然，
> 独惜译之者于中外之理未能参究其同，阅之者或至误猜其意。④

此说或许不错，但尚可深究。黄遵宪在《日本国志》卷一《国统志》中
称："近日民心渐染西法，竟有倡民权自由之说。"这是在介绍日本明治维新
时的"自由民权运动"所言，可知"自由民权"亦来自日文，而在中文文献
中也分为两词。严复在《原富》按语中就同时出现"自由""民权"二词，
谓"吾未见其民之不自由者，其国可以自由也"，"民权者，不可毁者也"。⑤

① 熊月之. 中国近代民主思想史［M］. 上海：上海人民出版社，1986：10-13.
② 实滕慧秀. 中国人留学日本史［M］. 北京：生活·读书·新知三联书店，1983：338.
③ 谢放. 戊戌前后国人对"民权""民主"的认知［J］. 二十一世纪，2001（65）：43-44.
④ 何启，胡礼垣. 新政真诠：何启胡礼垣集［M］. 郑大华，点校. 沈阳：辽宁人民出版社，1994：415.
⑤ 严复.《原富》按语［M］//王栻. 严复集：第四册. 北京：中华书局，1986：918.

　　"自由"与"民权"在日文中虽分为两词，但含义有关联。据《日本语大辞典》的解释，日文"自由"一词含义较多，作为西文的译语则有二：一为 freedom，一为 liberty，前者主要指精神的自由，后者主要指政治的自由。在法学上，自由（liberty）则指法律上的自律活动。从法学的角度，"民权"即可理解为法律所确认的"自由"。日文中的复合词"自由民权"，在《日本国语大辞典》中解释为"人民的自由与权利"。可知"民权"之义，简言之，即"人民的权利"。①

　　严复译 rights 为"权利"，后又主张译为"民直"，而与"民义"（obligation，又译义务）相对应。②《东浙杂志》1904 年第 4 期所刊《民权篇问答》称："权字在西书者为 right 五字，此五字者，或译为毅力，或译为原力，或译为心德，日本人概译为权。"③唐才常引王韬语："欧洲有议院，有国会，君民共治，一秉至公，所有法律，皆受成国会，故其为法，以护人民权利为主。"④杨度言及"民权"时亦说："民若皆知国者我之国，而君为民而设者也，则必於身命财产之权利各出其死力以自保。"⑤这表明，当时的人也都把"民权"解释为"人民的权利"。

　　与"民权"相关联的"民主"一词，在中文中最早见于《尚书·多方》："天惟时求民主，乃大降显休命于成汤。"⑥"简代夏为民主。"⑦蔡沈《书经集传》在晚清士人中有普及性的影响。⑧从蔡沈的解释中可知，《尚书·多方》中的"民主"虽然是"民之主"的意思，但"民之主"的产生则一是由天为民求得，一是由民选择而得，这就与世袭的传子的君主理念与制度大异

①　谢放．戊戌前后国人对"民权""民主"的认知［J］．二十一世纪，2001（65）：43-44.

②　严复．与梁启超书［M］//王栻．严复集：第三册．北京：中华书局，1986：519.

③　民权篇问答［J］．东浙杂志，1904（4）：1-11.

④　湖南哲学社会科学研究所．唐才常集［M］．北京：中华书局，1980：75.

⑤　上海图书馆．汪康年师友书札（三）［M］．上海：上海书店出版社，1989：2176.

⑥　蔡沈《书经集传》注："言天惟是为民求主耳。桀既不能为民之主，天乃大降显休命于成汤，使为民主。"

⑦　蔡沈《书经集传》注："简择也，民择汤而归之。"

⑧　谢放．戊戌前后国人对"民权""民主"的认知［J］．二十一世纪，2001（65）：43-44.

其趣，这说明晚清对"民主"的理解已经超越了传统中由世袭产生君主的理念，无论是"天为民求得"还是"民选择而得"，都说明了"民之主"的确立是民众同意的结果。康有为曾说过："众民所归，乃举为民主，如美、法之总统然。"① 戊戌时期，国人对"民主"的这一认知，可以说是一种普遍的现象。这与西方的"民主"（democracy）指"人民的治理"之意大相径庭，人民的治理是民众作为国家主人治理国家的一种行为，西方民主最早的信念在于"人民应该自治，应该控制他们的政府官员"②。戊戌时期严复所用民主与西方的民主本意大体相同，如他在《原强》一文中所说"以自由为体，以民主为用"中的民主应当是 democracy 的意译。严复还说过："民主者，治制之极盛也。使五洲而有郅治之一日，其民主乎？虽然，其制有至难行者。何则？斯民之智、德、力，常不逮此制也。"③ "民主之制，乃民智最深民德最优时事。"④ 在此民主也是 democracy 的意译。

一、召开国会达到上下之情相通以实现民权

康有为在戊戌时期关于民权的理解主要是君主给予民以参与国家政事的权利，允许下民上书言事，听取下民的意见，所要达到的目的在于上下之情相通，国家富强，并且主张召开国会，通过建立君主立宪的国家政体以实现民权。

首先，君民相亲与君民各得其分。在《上清帝第六书》中，康有为向皇帝陈述学习俄国、日本，实行政治变法的必要，他说：

> 夫方今之病，在笃守旧法而不知变，处列国竞争之世而行一统垂裳之法。
> 臣故请皇上以俄大彼得之心为心法，以日本明治之政为政法

① 康有为. 孟子微［M］//康有为全集：第五集. 北京：中国人民大学出版社，2020：413.
② 里普森. 政治学的重大问题：政治学导论［M］. 刘晓，等译. 北京：华夏出版社，2001：188.
③ 孟德斯鸠. 法意［M］. 严复，译. 北京：商务印书馆，1982：158.
④ 斯密. 原富［M］. 严复，译. 北京：商务印书馆，1982：474-475.

也。……考其维新之始，百度甚多，惟要义有三：一曰大誓群臣以定国是，二曰立对策所以征贤才，三曰开制度局而定宪法。其誓文在决万机于公论，采万国之良法，协国民之同心，无分种族，一上下之议论，无论藩庶，令群臣咸誓言上表，革面相从，于是国是定而议论一矣。许天下士民，皆得上书。①

康有为从古代君民关系论述君民相亲的事实，他说："夫天地交则泰，天地不交则否，自然之理也。历观自古开国之君，皆与臣民相亲，挽辂可以移驾，止辇可以受言，所以成一代之治也。"② 康有为通过中西的对比说明中国民弱的原因，他说：

泰西以民为兵，吾则以兵为民，何以敌之！若夫泰西立国之有本末，重学校，讲保民、养民、教民之道，议院以通下情，君不甚贵，民不甚贱，制器利用以前民，皆与吾经义相合，故其致强也有由。吾兵农学校皆不修，民生无保养教之之道，上下不通，贵贱隔绝者，皆与吾经义相反，故宜其弱也。③

康有为赞扬了西方国家有议院以通下情，从而使君为民提供"保民、养民、教民之道"，与我国先圣经义中的"民为国本"的民本思想相合，从而国家得以富强，反观后世中国之现实状况，"人民愚昧笃旧，……人民无权，国无议院，县乡无议局，无选举，……其财政困乱，人民穷苦如牛马"④。如果说在古代人民生活在闭关自守、纲常名教的束缚之下，处于愚昧无知之中能够安然若素的话，现如今人民生活在列国并立、相互影响的世界中，则人民

① 康有为. 上清帝第六书［M］//汤志钧. 康有为政论集：上册. 北京：中华书局，1981：212-213.

② 康有为. 上清帝第七书［M］//汤志钧. 康有为政论集：上册. 北京：中华书局，1981：221.

③ 康有为. 京师保国会第一集演说［M］//汤志钧. 康有为政论集：上册. 北京：中华书局，1981：238.

④ 康有为. 进呈突厥削弱记序［M］//汤志钧. 康有为政论集：上册. 北京：中华书局，1981：299.

再不可能安心在无权的状况下生活，在这种情况下就需要君主适当分权给民众，所谓"民情大动，民心大变矣。昔之名分，不足以定之，适足以激之，向之权势，不足以压之，适足以怒之。……明定宪法，君民各得其分"①，才能实现君民相安，国家安定。他以法国革命中路易十六的惨剧警醒皇帝，他说"惜路易十六不能审时刚断也。徘徊迟疑，欲与不与。缓以岁月，靳其事权，遂至身死国亡，为天下戮笑"②。在从古今中西的对比和民心现状的分析中，康有为论述了给予人民参与政权的权利的必要性。

其次，召开国会以达君民合治。康有为赞扬了皇帝愿意与民分权的决心，他指出："窃惟东西各国之所以致强者，非其政治之善，军兵炮械之精也。在其举国君民，合为一体，无有二心也。夫合数千百万之人为一身，合数千百万人心为一心，其强大至矣。近者欧、美，尤留意于民族之治，凡语言政俗，同为国民，务合一之。"③ 由此指出举国君民同心同德对于国家强大的重要性，特别是国家处于列强侵略、存亡危急时刻，"合"是挽救国家危亡的良策，他论述道：

> 列强邻迫，宜合举国之民心，以为对外之政策，不宜于一国民之内，示有异同。……夫分则弱，合则强，治法之公理也。
>
> 今吾国有四万万之民众，大地莫多焉，而不开国会，虽有四万万人，而不预政事，视国事如秦越，是有众民而弃之。……为中国计，而求其治本，惟有君民合治，满汉不分而已。定其治本以为国是，乃可以一人心而求治理。④

实行"君民合治，满汉不分"是达到君民同心的保障，在此基础上召开

---

① 康有为 . 进呈法国革命记序［M］//汤志钧 . 康有为政论集：上册 . 北京：中华书局，1981：309.

② 康有为 . 进呈法国革命记序［M］//汤志钧 . 康有为政论集：上册 . 北京：中华书局，1981：309-310.

③ 康有为 . 请君民合治满汉不分折［M］//汤志钧 . 康有为政论集：上册 . 北京：中华书局，1981：340.

④ 康有为 . 请君民合治满汉不分折［M］//汤志钧 . 康有为政论集：上册 . 北京：中华书局，1981：341.

国会，使民众能够参与政事。接着，康有为论述了国会的实质，国会是国家
强大的根本，他叙述道：

> 国会者，君与国民共议一国之政法也。盖自三权鼎立之说出，以国
> 会立法，以法官司法，以政府行政，而人主总之，立定宪法，同受治焉。
> 人主尊为神圣，不受责任，而政府代之，东西各国，皆行此政体，故人
> 君与千百万之国民，合为一体，国安得不强？吾国行专制政体，一君与
> 大臣数人共治其国，国安得不弱？盖千百万之人，胜于数人者，自然之
> 数矣。其在吾国之义，则曰天视自我民视，天听自我民听，故民之所好
> 好之，民之所恶恶之，是故黄帝请问下民，则有合宫。①

由此可知，康有为认为召开国会使民众与君主共同制定法律，实行三权
分立，君民共同受到法律的制约，此种西方的政体是保障民权的基础，这种
理念与中国的三代之治具有相通之处，都具有合君民为一体的作用，而这正
是国家强盛的根本。

在戊戌变法进行过程中，康有为又根据国情采用国会之意："一曰集一国
人才而与之议定政制；一曰听天下人民而许其上书言事。"② 由于中国具体的
国情，召开国会并不是一朝一夕所能实现的，因此在国会未开之前，君主应
该先实行"明诏特下许令天下人民上书，听其所言，所在有司长官，必当代
递，无得抑压，有阻遏者，以违制论"③ 的政策，以保障民意的顺利上达，
保障民权的实现。

二、人人有自主之权以合群，合群致国家有权

从上一节的论述可知，戊戌时期梁启超的主要活动在于协助康有为的一

---

① 康有为. 请定立宪开国会折［M］//汤志钧. 康有为政论集：上册. 北京：中华书局，
1981：338.
② 康有为. 谢赏编书银两乞预定开国会期并先选才议政许民上书事折［M］//汤志钧. 康
有为政论集：上册. 北京：中华书局，1981：347.
③ 康有为. 谢赏编书银两乞预定开国会期并先选才议政许民上书事折［M］//汤志钧. 康
有为政论集：上册. 北京：中华书局，1981：348.

系列开启民智的活动，梁启超主要负责办报纸、组织学会和在学堂讲学。关于民权的理解和认识，正如梁启超在《清代学术概论》中所说的："亦时发'民权论'，但微引其绪，未敢昌言。"① 由此可知，戊戌时期梁启超是以变科举、兴学校为中心，重点在于开民智，而民权观念只是"微引其绪"而已。

梁启超关于民权的观念首先体现在他对"群"的理解上。梁启超在《变法通议》的《论学会》中论述道："道莫善于群，莫不善于独。独故塞，塞故愚，愚故弱；群故通，通故智，智故强。"② 由此可知，梁启超认为群体之力大于个人之力，能群则是能通，通则强，因而中国的富强之道能使全民上下相通而达致群。而在群的方式上，梁启超认为"群之道，群形质为下，群心智为上。群心智之事则赜矣。欧人知之，而行之者三：国群曰议院，商群曰公司，士群曰学会。而议院、公司，其识论业艺，罔不由学；故学会者，又二者之母也"③。可知，梁启超组织学会是为士提供能群的机会，而群是国家富强的重要基础。梁启超关于"群"的认识是建立在王韬等人关于中国之弱在于上下之情不通的基础上的。

1896 年 10 月梁启超在《时务报》上发表了《论中国积弱在于防弊》一文，阐述了中国衰弱的原因在于防弊，他说："防弊者欲使治人者有权，而受治者无权，收人人自主之权，而归诸一人，故曰私。虽然，权也者，兼事与利言之也。"④ 对于"人人有自主之权"，他说："西方之言曰：人人有自主之权。何谓自主之权？各尽其所当为之事，各得其所应有之利，公莫大焉，如此则天下平矣。"⑤ 由此可见，梁启超认为防弊是由于自私，而自私造成了国家的缺权或无权，是国家衰弱的原因，他说：

① 丁文江，赵丰田. 梁任公先生年谱长编：初稿 [M]. 北京：中华书局，2010：31.

② 梁启超. 变法通议 [M]//饮冰室文集点校. 吴松，卢云昆，王文光，等点校. 昆明：云南教育出版社，2001：38.

③ 梁启超. 变法通议 [M]//饮冰室文集点校. 吴松，卢云昆，王文光，等点校. 昆明：云南教育出版社，2001：38-39.

④ 梁启超. 中国积弱在于防弊 [M]//饮冰室文集点校. 吴松，卢云昆，王文光，等点校. 昆明：云南教育出版社，2001：83.

⑤ 梁启超. 中国积弱在于防弊 [M]//饮冰室文集点校. 吴松，卢云昆，王文光，等点校. 昆明：云南教育出版社，2001：83.

地者积人而成，国者积权而立，故全权之国强，缺权之国昳，无权之国亡。何谓全权？国人各行其固有之权；何谓缺权？国人有有权者，有不能自有其权者；何谓无权？不知权之所在也。无权恶乎起？曰：始也欲以一人而夺众人之权，然众权之繁之大，非一人之智与力所能任也，既不能任，则其权将糜散堕落，而终不能以自有。

故防弊者，始于争权，终于让权。何谓让权？天下有事，上之天子，天子曰议以闻，是让权于部院；部院议可，移文疆吏，是让权于督、抚；督、抚以颁于所属，是让权于州县；州县以下于有司，是让权于吏胥。一部之事，尚、侍互让；一省之事，督、抚互让；一君之事，君国民互让。争固不可也，让亦不可也。争者损人之权，让者损己之权。争者半而让者半，是谓缺权；举国皆让，是谓无权。夫自私之极，乃至无权。①

梁启超以此论述防弊造成大部分人自主之权的缺失，造成国家缺权。而补救的方法是恢复人人所应有之权，从而使国家拥有全权。梁启超曾指出"三代以后，君权日益尊，民权日益衰，为中国致弱之根源"②。在指出中国衰弱的同时，梁启超也指出西方富强的根源，他在《古议院考》里说："问泰西各国何以强？曰：议院哉！议院哉！问议院之立，其意何在？曰：君权与民权合，则情易通；议法与行法分，则事易就。"③ 议院是泰西富强的原因，但是"议院者，民贼所最不利也"④。民贼并不愿意实行议院，他们不愿与民分权。但是在今日中国是否实行议院上，梁启超持否定态度，他说"今日欲强中国，宣莫亟于复议院？曰：未也。凡国必风气已开，文学已盛，民智已成，乃可设议院。今日而可议院，取乱之道也。故强国以议院为本，议院以

---

① 梁启超. 中国积弱在于防弊 [M] //饮冰室文集点校. 吴松，卢云昆，王文光，等点校. 昆明：云南教育出版社，2001：83.
② 梁启超. 《西学书目表》后序 [M] //饮冰室文集点校. 吴松，卢云昆，王文光，等点校. 昆明：云南教育出版社，2001：145.
③ 梁启超. 古议院考 [M] //饮冰室文集点校. 吴松，卢云昆，王文光，等点校. 昆明：云南教育出版社，2001：2.
④ 梁启超. 古议院考 [M] //饮冰室文集点校. 吴松，卢云昆，王文光，等点校. 昆明：云南教育出版社，2001：3.

学校为本"①。梁启超此时认为民智未开不能实行议院，原因在于他认为民众合群而结成国家，自主之人才能结成群，自主之人有权则国家才会有权，而权利是由智慧生发，因此民众无智则无权，民无权则国无权，而国无权则无群，则不会有议院，由此推论可知梁启超认为只有民众人人有自主之权，才能结成国家，所结成的国家才能有国家的权力，而民众有才智才能拥有自主之权。通过推理梁启超得出开启民智的重要性。

梁启超在与严复讨论保教问题时曾指出："国之强弱，悉推原于民主，民主斯固然矣。君主者何？私而已矣。民主者何？公而已矣。然公固为人治之极则，私亦为人类所由存。"② 从公私的角度指出民主是国家富强的基础，但是他又从民智的角度指出现在提倡保教的必要，他说："中国今日民智极塞，民情极涣，将欲通之，必先合之。合之之术，必择众人目光心力所最趋注者，而举之以为的，则可合。……譬犹民主，固救时之善图也。然今日民义未讲，则无宁先借君权以转移之，彼言教者其意亦若是而已。"③ 由此表达了他保教在于先"合"，民智即开之后再实行民主的想法。

关于国家政体如何演变，人民之权如何获得，梁启超认为在于民智甚开、民力甚厚之后才能获得，在于时运的演化过程。他反驳严复的观点，严复曾指出欧洲政制分为三种，一曰君治民之制、一曰世族贵人共和之制、一曰国民为政之制，并指出："且天演之事，始于胚胎，终于成体。泰西有今日之民主，则当夏、商时合有种子以为起点；而专行君政之国，虽演之亿万年，不能由君而人民。"④ 梁启超认为事实并非如此，他举日本为例，认为日本两千年为君政之国，一旦民义大伸而可以达致民政。"地球之运，将入太平，固非

① 梁启超. 古议院考［M］//饮冰室文集点校. 吴松，卢云昆，王文光，等点校. 昆明：云南教育出版社，2001：3.
② 梁启超. 与严幼陵先生书［M］//丁文江，赵丰田. 梁任公先生年谱长编. 北京：中华书局，2010：41.
③ 梁启超. 与严幼陵先生书［M］//丁文江，赵丰田. 梁任公先生年谱长编. 北京：中华书局，2010：41.
④ 梁启超. 论君政民政相嬗之理［M］//饮冰室文集点校. 吴松，卢云昆，王文光，等点校. 昆明：云南教育出版社，2001：86.

泰西之所得专,亦非震旦之所得避。"① 随着时运的演化过程,中国也将进入国民为政的太平盛世。

梁启超到湖南时务学堂讲学之后,讲民权的言论日益增多。在《清代学术概论》中他这样论述那时的讲学情形,"所言皆当时一派之民权论,又多言清代故实,胪举失政,盛倡革命"②。他在《论湖南应办之事》中说道:"今之策中国者,必曰兴民权。兴民权,斯固然矣,然民权非可以旦夕而成也。权者生于智者也。有一分之智,即有一分之权;有六七分之智,即有六七分之权;有十分之智,即有十分之权。"③ 他总结道:"是故权之与智,相倚者也。昔之欲抑民权,必以塞民智为第一义;今日欲伸民权,必以广民智为第一义。"④ 从而指出民权与民智相互依存的关系,开民智的最终目的在于兴民权,在于为兴民权准备必要的条件。而在中国"欲兴民权,宜先兴绅权;欲兴绅权,宜以学会为之起点"。这虽然在中国是未曾有过的事情,却是不可改变的道理,"今欲更新百度,必自通上下之情始;欲通上下之情,则必当复古意,采西法,重乡权矣"⑤。并且如果以乡绅作为议员的话,那么没有不能做的事情,没有不能筹到的款项,就如同西方国家"合民财以办民事,而为民所信也"⑥。这一观点已经超越了中国传统的民本思想,说明梁启超已经领会到西方议院的真谛,他开民智的真正目标在于使民众先拥有"人人自主之权",然后合群以达到国家有权力。在此可以看出梁启超既重视个人权利又重视国家集体的权力,他认为二者是相辅相成、不可分离的。

---

① 梁启超. 论君政民政相嬗之理 [M] //饮冰室文集点校. 吴松,卢云昆,王文光,等点校. 昆明:云南教育出版社,2001:86.

② 梁启超. 清代学术概论 [M] //丁文江,赵丰田. 梁任公先生年谱长编. 北京:中华书局,2010:41.

③ 梁启超. 论湖南应办之事 [M] //饮冰室文集点校. 吴松,卢云昆,王文光,等点校. 昆明:云南教育出版社,2001:95.

④ 梁启超. 论湖南应办之事 [M] //饮冰室文集点校. 吴松,卢云昆,王文光,等点校. 昆明:云南教育出版社,2001:95.

⑤ 梁启超. 论湖南应办之事 [M] //饮冰室文集点校. 吴松,卢云昆,王文光,等点校. 昆明:云南教育出版社,2001:95-96.

⑥ 梁启超. 论湖南应办之事 [M] //饮冰室文集点校. 吴松,卢云昆,王文光,等点校. 昆明:云南教育出版社,2001:96.

三、民众自由、自治达致新民德的思想

如上文所言，严复探寻中国之民的结果是中国"苟民力已荼，民智已卑，民德已薄，虽有富强之政，莫之能行。盖政如草木焉，置之其地而发生滋大者，必其地之肥硗燥湿寒暑与其种性最宜者而后可"①，从而提出他著名的"鼓民力、开民智、新民德"的三民理论。戊戌时期严复关于民权的认识主要集中在他的"新民德"的论述上，以及他在《辟韩》中关于君民关系的论述，下面进行具体的阐述。

首先，西方国家富强在于民众自由。严复认为中国衰弱和西方国家强大的重要差别在于中国民众没有自由，而西方国家的民众享有自由，他说：

> 夫自由一言，真中国历古圣贤之所深畏，而从未尝立以为教者也。彼西人之言曰：唯天生民，各具赋畀，得自由者乃为全受。故人人各得自由，国国各得自由，第务令毋相侵损而已。侵人自由者，斯为逆天理，贼人道。其杀人伤人及盗蚀人财物，皆侵人自由之极致也。故侵人自由，虽国君不能，而其刑禁章条，要皆为此设耳。中国理道与西法自由最相似者，曰恕，曰絜矩。然谓之相似则可，谓之真同则大不可也。何则？中国恕与絜矩，专以待人及物而言。而西人自由，则于及物之中，而实寓所以存我者也。自由既异，于是群异丛然以生。②

严复认为中国贫弱而西方富强的差别在于自由不自由，虽然此处他并没有批驳中国的不自由所造成的危害，但是严复对西方的平等自由很崇尚，认为人人各得自由，国国各得自由是顺天理的。同时，严复认为西方在法与无法方面都胜过中国，西方列强与古代中国遇到的夷狄是不可同日而语的。他说道：

> 彼西洋者，无法与法并用而皆有以胜我者也。自其自由平等观之，

---

① 严复.原强修订稿［M］//王栻.严复集.北京：中华书局，1986：26.
② 严复.论世变之亟［M］//王栻.严复集.北京：中华书局，1986：2-3.

则捐忌讳，去烦苛，决壅蔽，人人得以行其意，申其言，上下之势不相悬，君不甚尊，民不甚贱，而联若一体者，是无法之胜也。自其官工商贾章程明备观之，则人知其职，不督而办，事至纤悉，莫不备举，进退作息，未或失节，无间远迩，朝令夕改，而人不以为烦，则是以有法胜也。其民长大鸷悍既胜我矣，而德慧术知较而论之，又为吾民所必不及。……推求其故，盖彼以自由为体，以民主为用。①

由此可知，西方的"无法之胜"在于"君不甚尊，民不甚贱"，人人能够自由发展，人人能够自由发表自己的见解；西方的"有法之胜"在于法制完备，人人能够按照法制章程办事，因此西方无论在政事、学术都能精密完善，其缘故在于西方"以自由为体，以民主为用"，并且在竞争中相互促进发展。严复对自由、民主的向往和认可可见一斑。反观中国的贫弱，严复认为必须通过变法，改变并废除一切对民力、民智、民德的伤害，通过"鼓民力、开民智、新民德"的措施以达到民众能够具备自由、自治的能力，他说："是故富强者，不外利民之政也，而必自民之能自利始；能自利自能自由始；能自由自能自治始，能自治者，必其能恕、能用絜矩之道者也。"② 在自由自治基础上，严复提出了他的"三民学说"，即"夫所谓富强云者，质而言之，不外利民云尔。然政欲利民，必自民各能自利始；民各能自利，又必自皆得自由始；欲听其皆得自由，尤必自其各能自治始；反是且乱。顾彼民之能自治而自由者，皆其力、其智、其德诚优者也。是以今日要政，统于三端：一曰鼓民力，二曰开民智，三曰新民德"③。严复从提倡民众的自由得出了民众的自治，从自治得出民众需要力、智、德的提高，从而提出了他著名的"三民学说"。严复不仅关注个体的自由自治，而且关注群体的相生相养，因此严复提倡"群学"，他认为群学是发挥修齐治平的学问，他说："一身之内，形神相资；一群之中，力德相备。身贵自由，国贵自主。生之与群，相似如此。此其故无他，二者皆有官之品而已矣。故学问之事，以群学为要归。唯群学

① 严复. 原强［M］//王栻. 严复集. 北京：中华书局，1998：11-12.
② 严复. 原强［M］//王栻. 严复集. 北京：中华书局，1998：14.
③ 严复. 原强修订稿［M］//王栻. 严复集. 北京：中华书局，1986：27.

明而后知治乱盛衰之故，而能有修齐治平之功。呜呼！此真大人之学矣！"①
从严复对民众自由、自治和平等的追求上可知，严复从斯宾塞那里获得了牢
固的信念，即西方达到富强的能力是蕴藏在个人中的能力，而这些能力在自
由、平等、民主的环境下，人的体、智、德的潜在能力将得到充分展现。② 以
此可知严复推崇自由平等的真正意图在于充分发挥民众的能力，从而增强国
家的能力。

　　其次，设议院平等对待民众从而形成新民德。严复认为西方之民具有向
善、为公的美德，其原因在于："人无论王侯君公，降以至于穷民无告，自教
而观之，则皆为天之赤子，而平等之义以明。平等义明，故其民知自重而有
所劝于为善。"③ 西方之民信教并且讲求平等，讲求向善，所以他们"内省不
疚，无恶于志，不为威惕，不为利诱"；由于他们心有所主，教有所常，所以
能够达到如此好的效能。而中国之民，学校教育已经荒废很久了，而仅有的
教育也只是选择俊秀之民而实行教育，对于大部分的穷困之民，则终身没有
接受教育的机会。不仅如此，中国之民"盖自秦以降，为治虽有宽苛之异，
而大抵皆以奴虏待吾民。……夫上既以奴虏待民，则民亦以奴虏自待"④。奴
虏对于主人，并非心悦诚服，并非真心爱国和爱主人。而西人贵平等，崇自
由，"法令始于下院，是民各奉其所自主之约，而非率上之制也；宰相以下，
皆由一国所推举。是官者，民之所设以厘百工，而非徒以尊奉仰戴者也，抚
我虐我，皆非所论者矣。出赋以庀工，无异自营其田宅；趋死以杀敌，无异
自卫其室家"⑤。因此，今日想要增进中国民众的道德，必定要使中国民众
"联一气而御外仇"，必要"合天下之私以为公"，其办法必然是"设议院于
京师，而令天下郡县各公举其守宰。是道也，欲民之忠爱必由此，欲教化之
兴必由此，欲地利之尽必由此，欲道路之辟、商务之兴必由此，欲民各束身

①　严复. 原强修订稿［M］//王栻. 严复集. 北京：中华书局，1986：17.
②　史华兹. 寻求富强：严复与西方［M］. 叶凤美，译. 南京：江苏人民出版社，1990：
　　40.
③　严复. 原强修订稿［M］//王栻. 严复集. 北京：中华书局，1986：30.
④　严复. 原强修订稿［M］//王栻. 严复集. 北京：中华书局，1986：31.
⑤　严复. 原强修订稿［M］//王栻. 严复集. 北京：中华书局，1986：31.

自好而争灌磨于善必由此"①。通过中西对比，严复指出西方国家以平等相待民众，因而人人向善；而中国政府以奴虏对待民众，因而并非真心爱国和爱主。要使中国富强，必须设立议院，平等对待民众，使民众能够参与国家政事。以此可以看出严复关于民权的认识在于民众的自由、自利、自治，在于民众参与国家政事的权利，这些思想观念已经远远超越了传统的民本思想，具有了西方民主的含义。

最后，君臣关系的不平等是中国民众积弱的根源。这主要体现在严复的《辟韩》上，韩愈在《原道》中论述了中国文化的起源，他说：

> 古之时，人之害多矣。有圣人者立，然后教之以相生相养之道，为之君，为之师，驱其虫蛇禽兽而处之中土。寒，然后为之衣；饥，然后为之食。木处而颠，土处而病也，然后为之宫室。为之工以赡其器用，为之贾以通其有无，为之医药以济其夭死，为之葬埋、祭祀以长其恩爱，为之礼以次其先后，为之乐以宣其湮郁，为之政以率其怠倦，为之刑以锄其强梗。相欺也，为之符玺、斗斛、权衡以信之；相夺也，为之城郭、甲兵以守之。害至而为之备，患生而为之防。②

像韩愈这样，把民众想象为圣人教育活动的被动对象非常普遍，这种想象贯穿于中国的政治思想中。③ 对此严复展开了批驳，他说：

> 如古无圣人，人之类灭久矣。何也？无羽毛、鳞介以居寒热也，无爪牙以争食也。如韩子之言，则彼圣人者，其身与其先祖父必皆非人焉而后可，必皆有羽毛、鳞介而后可，必皆有爪牙而后可。使圣人与其先祖父而皆人也，则未及其生，未及成长，其被虫蛇、禽兽、寒饥、木土

---

① 严复. 原强修订稿 [M] //王栻. 严复集. 北京：中华书局，1986：31-32.

② 严复. 辟韩 [M] //王栻. 严复集. 北京：中华书局，1986：32-33.

③ 史华兹. 寻求富强：严复与西方 [M]. 叶凤美，译. 南京：江苏人民出版社，1990：43.

之害而夭死者，固已久矣，又乌能为之礼乐刑政，以为他人防备患害
也哉？①

　　严复由人类未灭推导出圣人必定有羽毛、鳞介，圣人必定非人的荒谬结
论，从而批驳了这种从缘起上就认为圣人与民众相异的说法，对圣人高于民
众的想象提出了疑问。韩愈又说道："君者，出令者也；臣者，行君之令而致
之民者也；民者，出粟米麻丝、作器皿、通货财以事其上者也。君不出令，
则失其所以为君；臣不行君之令，则失其所以为臣；民不出粟米麻丝、作器
皿、通货财以事其上，则诛。"② 从而对君、臣、民的职责进行了区分和规
约。严复反驳道：

　　　　且韩子胡不云：民者，出粟米麻丝、作器皿、通货财以相为生养者
　　也，有其相欺相夺而不能自治也，故出什一之赋，而置之君，使之作为
　　刑政、甲兵，以锄其强梗，备其患害。然而君不能独治也，于是为之臣，
　　使之行其令，事其事。是故民不出什一之赋，则莫能为之君；君不能为
　　民锄其强梗，防其患害则废；臣不能行其锄强梗，防患害之令则诛乎？③

　　从而指出民众因为不能自治，必须"出什一之赋，而置之君，使之作为
刑政、甲兵，以锄其强梗，备其患害"。但是如果君臣不能为民"锄强梗，防
患害"，那么民具有诛杀的权力吗？况且严复指出中国自秦以后统治者本身就
是"强梗、患害"。他们"安坐而出其唯所欲为之令，而使天下无数之民，各
出其苦筋力、劳神虑者，以供其欲，少不如是焉则诛"，难道这是"天之意，
道之原"吗？④ 接着严复指出君主的存在，是不得已而为之，是因为"化未
进而民未尽善也"，是民不能自治造成的。那么现在可以"弃君臣"吗？严复

————————
　①　严复.辟韩［M］//王栻.严复集.北京：中华书局，1986：33.
　②　严复.辟韩［M］//王栻.严复集.北京：中华书局，1986：33.
　③　严复.辟韩［M］//王栻.严复集.北京：中华书局，1986：33.
　④　严复.辟韩［M］//王栻.严复集.北京：中华书局，1986：34.

认为"是大不可",原因是"其时未至,其俗未成,其民不足以自治也"①。严复指出,现在需要的是一个为民主奠定基础的英明伟人,他能教育民众,并使民众能够自治,等民众能自治了再把权力归还给民众。严复最后阐述:

> 是故西洋之言治者曰:"国者,斯民之公产也,王侯将相者,通国之公仆隶也。"而中国之尊王者曰:"天子富有四海,臣妾亿兆。"臣妾者,其文之故训犹奴虏也。夫如是则西洋之民,其尊且贵也,过于王侯将相,而我中国之民,其卑且贱,皆奴产子也。设有战斗之事,彼其民为公产公利自为斗也,而中国则奴为其主斗耳。夫驱奴虏以斗贵人,固何所往而不败?②

中国之民与西方之民在国家中的地位不同是中国衰弱和西方强大的重要原因。从中西之民的对比中严复表达了他欲使中国富强,必须从"鼓民力、开民智、新民德"三民理论入手,教育民众具有自治的能力,然后逐渐走向西方民主之路的政治主张。严复崇尚西方的自由平等,他认为民众自由、平等,才能发挥出民众的潜力,才能增强每个个体民的能力,而每个个体民的能力的增长是国家能力增长的前提。但是在民如何获得自由平等上,严复认为必须先有英明伟人的教育才能获得。严复在1898年年初的《国闻报》上载文指出:"夫君权之轻重,与民智之浅深为比例。论者动言中国宜减君权,兴议院,嗟呼!以今日民智未开之中国,而欲效泰西君民并主之美治,是大乱之道。"③ 正如史华兹所说,严复最后又回到原先的控诉上,即中国的圣人和统治阶级不赞成发展人民的潜力即德、智、体的能力,也不相信这些潜力的存在。因此,中国完全缺乏组成民族公心的成分。④ 由此可见严复认为中国君民关系的不平等,是造成民众缺乏自治能力的根源。

---

① 严复.辟韩 [M] //王栻.严复集.北京:中华书局,1986:35.
② 严复.辟韩 [M] //王栻.严复集.北京:中华书局,1986:36.
③ 严复.中国俄交谊论 [M] //王栻.严复集.北京:中华书局,1981:475.
④ 史华兹.寻求富强:严复与西方 [M].叶凤美,译.南京:江苏人民出版社,1990:48.

四、君民平等思想和民族主义观念

谭嗣同认为中国传统的三纲束缚了民众的权利和自由。谭嗣同认为孔教建立之初，"黜古学，改今制，废君统，倡民主，变不平等为平等，亦汲汲然动矣。岂谓为荀学者，乃尽亡其精意，而泥其粗迹，反授君主以莫大无限之权，使得挟持一孔教以制天下！"①，从而指出中国两千年来实行之孔教非真孔教，是荀学也，而荀学的弊端在于强调君权太重，父权太重，他说："由是二千年来君臣一伦，尤为黑暗否塞，无复人理，沿及今兹，方愈剧矣。夫彼君主犹是耳目手足，非有两头四目，而智力出于人人也。亦果何所恃以虐四万万之众哉？"② 君主具有权力并不是他比普通之人强，而是依赖三纲五伦才使之具有了"制人之身者，兼能制人之心"的权力。谭嗣同对三纲展开了激烈的批判，他指出数千年来"三纲五伦之惨酷"在于"君以名桎臣，官以名轭民，父以名压子，夫以名困妻，兄弟朋友各挟一名以相抗拒"，并以之为"钳制之器"。③ 他说："君臣之祸亟，而父子、夫妇之伦遂各以名势相制为当然矣。此皆三纲之名之为害也。名之所在，不惟关其口，使不敢昌言，乃并锢其心，使不敢涉想。愚黔首之术，故莫以繁其名为尚焉。……三纲之慑人，足以破其胆，而杀其灵魂，有如此矣。"④ 对于五伦中的朋友一伦，谭嗣同是最为赞赏的，他认为朋友一伦有益而无害。由此可见谭嗣同批判三纲，在于三纲束缚了民众的智慧，在于三纲阻碍了"人人自主之权"的伸展，可知谭嗣同"冲决罗网"的真正意图在于追求人人自主的权利和个性自由的发展。

在批判了三纲的祸患之后，谭嗣同呼吁通过变法恢复真正的孔教。他认为恢复真正的孔教必变三纲名教不可，而名教依赖独夫民贼而维持，因此欲变纲常，必先改变君臣的关系。关于君民之关系，谭嗣同论述道：

---

① 谭嗣同 . 仁学 ［M］. 郑州：中州古籍出版社，1998：172.
② 谭嗣同 . 仁学 ［M］. 郑州：中州古籍出版社，1998：172.
③ 蔡尚思，方行 . 谭嗣同全集 ［M］. 增订本 . 北京：中华书局，1981：299.
④ 谭嗣同 . 仁学 ［M］. 郑州：中州古籍出版社，1998：197.

生民之初，本无所谓君臣，则皆民也。民不能相治，亦不暇治，于是共举一民为君。夫曰共举之，则非君择民，而民择君也。夫曰共举之，则其分际又非甚远于民，而不下侪于民也。夫曰共举之，则因有民而后有君；君末也，民本也。天下无有因末而有累及本者，亦岂可因君而累及民哉？夫曰共举之，则且必可共废之。君也者，为民办事者也；臣也者，助办民事者也。赋税之取于民，所以为办民事之资也。如此而事犹不办，事不办而易其人，亦天下之通义也。

君亦一民也，且较之寻常之民而更为末也。民之于民，无相为死之理；本之与末，更无相为死之理。然则古之死节者，乃皆不然乎？请为一大言断之曰："止有死事的道理，决无死君的道理。"死君者，宦官宫妾之为爱，匹夫匹妇之为谅也。①

谭嗣同从生民之初把君拉回到与民平等的地位，君是"为民办事者"，他也是民中的一员，君与民的关系是平等的。谭嗣同关于民的认识提升了民在国家政治生活中的地位，使君与民处在平等的地位上。而关于君臣的关系，谭嗣同论述了所谓古今"忠"含义的不同。他说：

古之所谓忠，以实之谓忠也。下之事上当以实，上之待下乃不当以实乎？则忠者，共辞也，交尽之道也，岂可专责之臣下乎？孔子曰："君君臣臣。"又曰："父父子子，兄兄弟弟，夫夫妇妇"。教主言未有不平等者。古之所谓忠，中心之谓忠也。抚我则后，虐我则雠，应物平施，心无偏袒，可谓中矣，亦可谓忠矣。君为独夫民贼，而犹以忠事之，是辅桀也，是助纣也。……国与民已分为二，吾不知除民之外，国果何有？无惑乎君主视天下为其囊橐中之私产，而犬马土芥乎天下之民也。民既摈斥于国外，又安得少有爱国之忱。何也？于我无与也。②

---

① 谭嗣同. 仁学［M］. 郑州：中州古籍出版社，1998：177-178.
② 谭嗣同. 仁学［M］. 郑州：中州古籍出版社，1998：181-182.

谭嗣同认为上古三代君臣之忠是真正的忠，具有忠之实，而三代以下君臣之忠不是真正的忠，是助纣为虐，是帮助君主聚敛财富并剥夺普通民众的，从而造成国与民分离，致使民众无爱国心，其最终的原因在于君主以天下为私所致。

谭嗣同在辨析君民、君臣关系时也论及民族华夷之辨，文章中抒发了他"直欲驱满洲以复中华之政权"① 的情怀。在《仁学》中这种感情流露尽致，他说：

> 天下为君主囊橐中之私产，不始今日，固数千年以来矣。然而有如辽、金、元之罪浮于前此之君主者乎？其土则秽壤也，其人则羶种也，其心则禽心也，其俗则毳俗也。一旦逞其凶残淫杀之威，以攫取中原之子女玉帛。砺獝猰之巨齿，效盗跖之奸人。马足蹴中原，中原墟矣。锋刃拟华人，华人靡矣。乃犹以为未餍。峻死灰复然之防，为盗憎主人之计。锢其耳目，桎其手足，压制其心思，绝其利源，窘其生计，塞蔽其智术；繁跪拜之仪以挫其气节，而士大夫之才窘矣；立著书之禁以缄其口说，而文字之祸烈矣。②

字里行间表达出谭嗣同对清朝统治的控诉，统治者对汉族民众的压迫，对汉族民众实行愚民政策，从而导致汉族民众穷困、智愚，并篡改孔教使之成为他们统治的工具。而清朝入主中原，其祸害更加剧烈，谭嗣同说道："成吉思汗之乱也，西国犹能言之；忽必烈之虐也，郑所南《心史》纪之；有茹痛数百年不敢言不敢纪者，不愈益悲乎！"③ 如果说元朝华人尚可苟存，尚可说话的话，那么在清朝时中国之教、国、民则面临着灭亡的危险，如在甲午战争失败后，将台湾举手而赠与他人，"其视华人之身家，曾弄具之不若"，他呼吁华人"吾愿华人，勿复梦梦谬引以为同类也。……华人不自为之，其

---

① 萧公权．中国政治思想史（三）［M］．沈阳：辽宁教育出版社，1998：672.

② 谭嗣同．仁学［M］．郑州：中州古籍出版社，1998：183.

③ 谭嗣同．仁学［M］．郑州：中州古籍出版社，1998：183.

祸可胜言哉?"①。况且现在东西列强虎视眈眈，瓜分迫在眉睫，中国处在危亡时刻，所谓"外患深矣，海军熸矣，要害扼矣，堂奥入矣，利权夺矣，财源竭矣，分割兆矣，民倒悬矣，国与教与种将偕亡矣。唯变法可以救之，而卒坚持不变。岂不以方将愚民，变法则民智；方将贫民，变法则民富；方将弱民，变法则民强；方将死民，变法则民生"②。但是清政府并不急于变法，谭嗣同痛斥道：

> 方将私其智其富其强其生于一己，而以愚贫弱死归诸民，变法则与己争智争富争强争生。故坚持不变也。究之智与富与强与生，决非独夫之所任为。彼岂不知之？则又以华人比牧场之水草，宁与之同为齑粉，而贻其利于人，终不令我所咀嚼者，还抗乎和。些非深刻之言也。试征之数百年之行事，与近今政治之交涉，若禁强学会，若订俄国密约，皆毅然行之不疑，其迹已若雪中之飞鸿，泥中之斗兽，较然不可以掩。况东事亟时，决不肯假民以自为战守之权，且曰："宁为怀、愍、徽、钦，而决不令汉人得志。"固明明宣之语言，华人宁不闻之耶？③

由此可见，清政府为一己之私而压制汉族，不欲使汉族得志，不欲使汉族自强，而汉族面临亡国灭种的危险。谭嗣同引用俄报中的话云："'华人苦到尽头处者，不下数兆，我当灭其朝而救其民。'凡欧、美诸国，无不为是言，皆将藉仗义之美名，阴以渔猎其资产。"④ 谭嗣同进一步指出："以时考之，华人固可以奋矣。且举一事而必其事之有大利，非能利其事者也。故华人慎毋言华盛顿、拿破仑矣，志士仁人求为陈涉、杨玄感，以供圣人之驱除，死无憾焉。若其机无可乘，则莫若为任侠，亦足以伸民气，倡勇敢之风，是亦拨乱之具也。"⑤ 由此可知，当时西方民族主义的言论开始传入中国，而谭

---

① 谭嗣同. 仁学 [M]. 郑州：中州古籍出版社，1998：184.
② 谭嗣同. 仁学 [M]. 郑州：中州古籍出版社，1998：187.
③ 谭嗣同. 仁学 [M]. 郑州：中州古籍出版社，1998：187.
④ 谭嗣同. 仁学 [M]. 郑州：中州古籍出版社，1998：184.
⑤ 谭嗣同. 仁学 [M]. 郑州：中州古籍出版社，1998：188.

嗣同等人能有"藉仗义之美名，阴以渔猎其资产"的警惕，可知他们思考周全，而"民族革命思想的种子，已沸腾于其血液之中"①。

从谭嗣同关于民权的言论可以看出，这一时期他认为君、臣、民的地位应该是平等的，而中国的专制统治和纲常名教造成了君、臣、民的不平等，这造成了国家和民众的分离，造成了民众人人自主权利的缺失和个性的束缚。而清政府使用各种手段压抑、束缚、愚昧汉族民众，致使汉民族失去了国民的资格而沦为奴隶。谭嗣同关于民权的认识超越了传统的民本思想，并吸收了西方民族主义的思想，刺激了他的种族思想和观念，从而使他成为革命思想的先导者。

第四节　小　结

戊戌时期中国思想界处在思想观念的转型期，正如张灏所指出的1895年是中国转型时代的开始。思想家生活在这种动荡和特殊的制度、社会环境和文化圈子之中，受到特定的重大事件（甲午战争的失败）的冲击，受到特定的制度和人事的制约，他们的思想活动、人格心理也必然会对这些有所反应。思想家在进行思维活动时，不仅要考虑整个国家、民族、社会的命运，考虑本民族文化的走向，同时也要考虑个人的前途和命运。这是研究思想史者必须深刻考察的。②

以上各节通过对戊戌时期思想家关于民生、民智、民权认识的考察，呈现出在这一特定时段思想家在关注国家、民族和个人前途命运的基础上关于民的认识和思考的特点。正如严复在写给梁启超的信中所透露的，戊戌维新时期他撰写《辟韩》《原强》《救亡决论》等文的"命意"是寻求国家富强，并且以民众的德、智、力作为寻求富强的根本。他认为中国"今日之政，于除旧，宜去其害民之智、德、力者；于布新，宜立其益民之智、德、力者。

---

① 萧公权. 中国政治思想史（三）[M]. 沈阳：辽宁教育出版社，1998：673.

② 王宪明. 解读《辟韩》：兼论戊戌时期严复与李鸿章张之洞之关系 [J]. 历史研究，1999（4）：113-128.

以此为经，而以格致所得之实理真知为纬。本既如是，标亦从之。本所以期百年之盛大，标所以救今日之阽危，虽文、周、管、葛生今，欲舍是以为术，皆无当也"①。本章正是对这些思考内容的考察和整理。

通过对思想家思考民生问题的考察可知，他们的认识和观点主要有以下特点：首先，关于民生问题的认识主要体现在民生困顿、民力衰弱上，思想家"哀民生之多艰"，纷纷提出改善民生的建议和主张，其主张主要集中在养民、保民、富民上，并认为养民、保民、富民是国家和政府应该担负的责任。这与中国传统的民本思想一脉相承。其次，关于民生的改善提出了有特色的建议。如康有为的养民之法中有"惠商"的主张，在恤民之法中有"教工"的建议，并认为在当今的并争之世，需要以商立国，发展工商业从而使民达到富裕的目的，并且对无法自养之人实行国家养育的建议，这与早期维新派如王韬等的"商战"思想具有相承的关系。可见在与西方的接触中激发了思想家对工商业的认识，他们普遍认为工商业是可以使民致富的。在中国传统民本思想中也有把工商业与农业并重的思想②，而黄宗羲更加阐发了重视工商业的经济思想。③ 梁启超关于民生的认识也有这方面的建议，他认为农、工、矿、商各有方法，国家需要教育发展农工商学，并使民能够利用这些知识致富；指出国家应该帮助民众致富，实现藏富于民，而不应该"与民争利"；批判了政府政策中与民争利的政策和行为，这是非常难能可贵的。这一时期传教士的一些译书中也有相似的言论出现，如李提摩太翻译的《养民有法说》《新政策》等有关教民、养民、安民、新民的一些观点与康、梁等的思想有相近之处。④ 戊戌时期思想家非常重视民众在国家中的作用，如徐勤秉承康有为对孟子之言"民为贵"予以颂扬，他说："《孟子》一书，以民为体，以井田

① 严复. 与梁启超书（1896 年 10 月）［M］//王栻. 严复集：第 3 册. 北京：中华书局 1986：514.

② 余英时曾在《士商互动与儒学的转向——明清社会史与思想史之一面相》一文中阐述过明代中期以后士商关系进入一个新阶段，商人的地位得以提升，并且"到十六世纪，竟出现了一种肯定奢侈的思想"。（选自余英时. 士与中国文化［M］. 上海：上海人民出版社，2003：544-546.）

③ 张师伟. 民本的极限：黄宗羲政治思想新论［M］. 北京：中国人民大学出版社，2004：294.

④ 熊月之. 西学东渐与晚清社会［M］. 北京：中国人民大学出版社，2011：479.

学校为用，斯二义而已，后世不知其故，弃其体而言其用，于是言学校则成为愚民之具，言井田则成为乱天下之具，视《孟子》为无益之书也。"① 他认为西方翻译《孟子》一书，并且敬佩有加的缘由在于孟子思想中重民的思想和为民的目的，从而指出民的重要性和国家行政为民造福的宗旨。以此可以看出这一时期传统民本思想中有关重民的思想受到重视和激发，民生的困顿重新激发了思想家关于重民的思想和国家责任的呼吁，同时这一时期思想家认为关注民生还是开启民智的基础，他们认为民众生活富裕、快乐才能提高才智。可见甲午战争造成的社会状况激发了思想家的重民情怀。

戊戌时期思想家关注的重点在开启民智上，他们关于民智方面的主张主要有以下特点：一是思想家一直认为中国贫弱的原因在于中国民众的愚昧，中国要富强，首要之法是开民智。因此开民智是戊戌时期的一致呼声。关于中国之民愚昧的原因，思想家一致认为是中国政教的缺失。康有为认为中国地处温带，民性温和，心思灵敏，现在的愚昧是政府教育的缺失造成的，并通过中西的对比认为中国教育经费投入少、所建学校少、翻译的书籍更少，从而使中国之民教育缺失；梁启超认为是科举与学校的分离造成了民众的愚昧；严复认为是统治者采用使民"相安相养"的方式，以及中国之民的不自由、不平等造成中国之民的愚昧；谭嗣同认为是名教的愚民政策导致民众的愚昧。他们提出的开民智的方法大体是变科举、兴学校、办报纸、建立学会和开设译书局等方式，着重向民众传授西方的自然科学和社会科学。难能可贵的是他们不仅向政府提出建议，主张通过自上而下的变法来开民智，而且他们起而行，开展自下而上的开民智活动，他们办学堂，办报纸，组织强学会、保国会等群众组织，广泛开展宣传教育活动，他们的许多建议和做法至今仍具有借鉴和可取之处。这一时期思想家关于开民智的观点继承了传统民本思想的教民观念，但他们关于教育民众的内容已经突破了传统的内容，并广泛借鉴了西学西政的内容，并且他们教育民众的方式也突破了传统的观念，特别是办学校、办报纸和组织学会等方式具有了向近代转型的深远意义。

---

① 徐勤. 孟子大义述（自序）[J]. 知新报，1897（21）：3-4.

戊戌时期思想家关于民权的认识建立在前人建立的"知识仓库"基础上，他们把民权理解为民众参与政府事物的权利，开设议院在于"通上下之情"，民权是民可以上书言事的表现，他们倡导"合群"，认为合群体之力国家才能富强。康有为认为设议院是通上下之情，开国会是君民共治，是合众人之心参与政事，而合群体之力是西方国家富强的根源。他的门人欧榘甲在《知新报》上发表《变法自上自下议》的文章，言法之不可不变，其略曰：

> 变之自下者何？泰西诸国是也。……且夫泰西之强也，民群强之也；中国之弱也，民不群弱也。是故学校盛，则民智慧，善堂盛，则民仁善；农织盛，则民富饶。工商盛，则民阑溢。之数者，民之有也，民之事也。……夫以中国之大，成为无人之境，等于灭亡之野，岂不痛哉！夫坐以待毙欤？思有以振之，则宜合群，思合群，则宜开会。学会者，士之群也；农会者，农之群也；工会者，工之群也；商会者，商之群也。……此变之自下之策也。……①

> 夫上能变，则宜待之上；上不能变，则下宜自为之，非背上也。……然则萃中国之士农工商，各群于会，各联其气，各精其业，各奋其心，各充其智，各竭其力，谓他日震烁地球可也。不自为政，而百姓亦复不牵劳焉。夫复何望哉！②

康有为的长女康同薇也在《知新报》上发表《论中国之衰由于士气不振》一文，文章中说："故国家隆替，视士气之昌盛。奸佞乘权，因士气之衰靡。……夫合天下之士气，乃心王事，日、美之所以兴盛也。士与国离，自私自利，波斯、土耳其、印度之所以衰微也。"③

---

① 欧榘甲. 变法自上自下议 [J]. 知新报，1897（28）：2-3.（汤志钧. 戊戌变法史 [M]. 上海：上海社会科学院出版社，2003：265.）

② 欧榘甲. 变法自上自下议 [J]. 知新报，1897（29）：1-4.（汤志钧. 戊戌变法史 [M]. 上海：上海社会科学院出版社，2003：265-266.）

③ 康同薇. 论中国之衰由于士气不振 [J]. 知新报，1897（32）：1-3.（汤志钧. 戊戌变法史 [M]. 上海：上海社会科学院出版社，2003：267.）

徐勤也发挥康有为合群的主张，说："合群之学有三：言政则议院，言学则学会，言商则公司，之斯三者而已。然学校不兴，科举不变，民智未开，国是未定，则议院未由开也；例禁未除，人心未定，举国顽嚣，知学者寡，则学会未由开也；若夫商务公司之设，则较二者为易易矣。……公司之设，所以联合大众也。"①

这些发表在《知新报》中的文章，是对康有为观点的进一步发挥，表达了他们通过开民智以达到合群的思想。梁启超不仅阐述了"合群"的观点，还阐述了"人人自主之权"，认为只有民众人人拥有自主之权才能真正有权，而民众有权国家才能有权，国家有权才能富强。到时务学堂讲学的梁启超开始大力宣传民权，他联系中国的实际提出欲兴民权，必先兴绅权、兴官权，梁启超的民权认识具有了超越传统的意义，他既重视个体之民拥有自主之权又重视国家群体的权力。但梁启超曾言："总而言之，最近三十年思想界之变迁，虽波澜一日比一日壮阔，内容一日比一日复杂，而最初的原动力，我敢用一句话来包举他，是残明遗献之复活。"② 在此梁启超指出戊戌时期他的民权思想还主要是在西方冲击下残明遗献思想的复活。正如韦政通先生所说，戊戌时期梁启超的民权思想，"大体说来，中国传统中的民本思想和反专制思想，都包括在他的民权范围之内，所以《公羊》和《孟子》的思想，也成为他阐发民权的重要依据。这是两种不同文化在接触与互动过程中的现象，现代文化人类学称之为'涵化'，中国传统中则称之为'格义'"③。另外，梁启超有关"群"的思想，"显然是一种新的政治共同体概念，它受到民族主义和达尔文派关于世界为无情的国际竞争和斗争所支配之说的强烈影响。……在他的政论作品表面之下的，正是民族主义的思想"④。由此可见梁启超这一时期关于民权的认识还主要是时势刺激下传统思想的复活。

---

① 徐勤. 拟粤东商务公司所宜行各事：未完［J］. 知新报，1897（24）：1-4；徐勤. 拟粤东商务公司所宜行各事：续前稿［J］. 知新报，1897（25）：1-4.

② 梁启超. 中国近三百年学术史［M］. 北京：人民出版社，2008：31.

③ 韦政通. 中国十九世纪思想史（下）［M］. 台北：东大图书公司，1992：821.

④ 张灏. 思想的变化和维新运动：1890—1898年［M］//费正清，刘广京. 剑桥中国晚清史：下卷. 北京：中国社会科学出版社，1985：292.

戊戌时期严复的民权思想可以说独树一帜，不愧为"精通西学第一人"。①他从自由和平等来阐述民力、民智、民德，认为民众拥有自由和平等是释放民的能力、发挥民的潜力的重要条件，他崇尚西方的自由平等，并在此基础上提出他的"三民"理论即"鼓民力、开民智、新民德"，他批驳了韩愈的《原道》中有关君、臣、民的传统观念，认为理想的君臣民关系应该是"君不太尊，民不太卑"的平等关系，严复民权思想中关于民众的自由、平等、自立、自治的思想是比较接近西方民主的含义的。谭嗣同的民权思想在戊戌时期略显激进，他阐述生民之初君就是民，从而表达君民并没有差别的观点，他认为秦以后的君主都是民贼，他们以天下为己之私产，实行愚民政策，致使民愚、民弱，直至国弱。现在要使国强必须实行变法。谭嗣同在阐述民贼造成的祸害之时，指出清朝更有甚之，从而引出华夷之辨。

总之，戊戌时期思想家处在国家自强运动破产，战争失败，国家被瓜分的危亡时刻，虽然在他们的心目中民族国家的观念尚未完全确立，但是天下中心的观念已经被现实冲击得荡然无存，列国并立、列强瓜分中国、中国已经衰弱的思想观念占据了他们的心灵，因此向西方学习，寻求中国富强之路，反思中国衰弱的原因就是戊戌时期的时代主题。在此时代背景下展开了他们关于民生、民智和民权的认识和思考，他们提出了合群体之力国家才能强大的观念，并通过"开民智""鼓民力"等方式提高民众自身的力量，通过倡导"人人有自主之权"提升民众独立自强的能力，而个体之民力量的增强是合群后的国家强大的基础，从而提升了民在国家政治生活中的地位，认识到了民在国家中的主体地位。戊戌时期思想家提出通过国家教育制度的改革提升民众的智识和能力，这是难能可贵的，正如当代学者在反思戊戌变法的失败时所指出的："历史悲剧的主要根源在于僵化、封闭、缺乏自我更新机制的传统教育制度。……国家长治久安的最可靠的保证之一是建立以开放、自由

---

① 正如殷海光先生所说："真正是'学贯中西'的以严复为第一人。真正立身严正不流并用理知思考问题的以严复为第一人。真正能将西方近代典型的学术思想介绍到中国来的也以严复为第一人。"（选自殷海光. 中国文化的展望 [M]. 上海：上海三联书店，2009：177.）

交流和与世界接轨为基本特征的现代文化教育制度，把中国人从中世纪的臣民提升为具有现代文明素质的公民。"① 而戊戌时期的思想家已经在朝着这个方向努力了。

---

① 袁伟时 . 帝国落日：晚清大变局［M］. 南京：江苏人民出版社，2003：404.

第三章

国家图存观照下民族和新民思想
（1899—1904）

戊戌维新变法的失败，其直接后果是"戊戌六君子"喋血菜市口，支持或参与过维新运动的激进派官员遭到革职或放逐，康有为和梁启超被迫逃亡日本。它预示着19世纪六七十年代以来实行的渐进变革的思路遭遇挫折而中断了。其间接的影响是既留下了丰富的思想遗产①，又导致了整个清廷权力结构的翻转，"削弱了汉人激进派和温和派的权力，满族人重新占据了要职"②，从而导致后来的庚子事变和辛丑条约的签订。清政府的反动和软弱无能、外敌入侵造成的深重灾难使思想界的先进人士深受刺激，他们在继续接受西方思想观念的基础上，不断探索国家富强的道路，本章主要阐述从戊戌变法失败到日俄战争之前（1899—1904）这段时间思想界在探索国家出路基础上的民论思考。

---

① 戊戌时代的思想遗产主要有：一是思想变化开创了中国文化的新阶段，即新的思想意识时代。这种新的思想变化主要归因于新的变革工具的产生，如改组传统的书院和创办新学堂、学者们联合的学术团体——学会、近代化的报纸和杂志等，这些新的工具和机构相互支持成为思想变化的媒介。二是中国知识分子这一新型社会集团的诞生，他们与传统的士大夫不同，他们与国家的关系常常是紧张的而不是同命运的，他们基本的政治态度是与政府离心离德和对它抱有批判的意识。（参见张灏. 思想的变化和维新运动：1890—1898年［M］//费正清，刘广京. 剑桥中国晚清史：下卷. 北京：中国社会科学出版社，1985：322-331. ）

② 徐中约. 中国近代史：上册［M］. 香港：香港中文大学出版社，2001：389.

第一节　封建统治者顽固守旧与欧美欧风美雨驰而东的时局

戊戌政变后，康有为和梁启超先后逃亡到日本，起初他们共同策划"勤王求救"，他们认为政变之所以发生，就是由于"帝后之争"，认为变法失败，关键在于光绪无权。反过来说，如果光绪有权，那么变法一定可成。因此，他们认为只有光绪复权，中国变法才有希望；要中国有希望，就要光绪复权。在国内"勤王"无望的情况下，已经在日本的康有为和梁启超把"勤王"的希望放在外国的干预上，希望利用日、英、俄之间的矛盾达到"勤王"的目的，但随着日、英对戊戌政变态度的转变，他们"勤王"的希望也基本破灭了。他们在积极倡导"勤王"的同时，1898 年 12 月 23 日梁启超还在日本横滨创办了《清议报》，澳门的《知新报》、新加坡的《天南新报》也成为他们的舆论阵地。《清议报》的宗旨为"维持支那之清议，激发国民之正气"等四条，所谓"主持清议"，是指猛烈抨击以慈禧为首的清政府，鼓吹"尊皇"，主张光绪皇帝"复权"。所谓"开发民智"，是指介绍西方的社会政治学说和文化思想。"主持清议，开发民智"，可以说是《清议报》的基本特色。① 后来康有为在加拿大成立保皇会，保皇会在《会例》中指出："专以救皇上，以变法救中国、救黄种为主"；"凡我四万万同胞，有忠君爱国救种之心者，皆为会中同志"。② 保皇会总部设在澳门，《知新报》和日本横滨的《清议报》作为它的宣传机关。随着舆论宣传的扩大，保皇会得到许多海外侨胞的支持，规模不断壮大，在日本、英国、加拿大、新加坡、美国都设立了分会。

正当康、梁在国外如火如荼地设立组织和进行大力宣传的时候，国内的政局也发生了巨大的变化。戊戌政变之后，汉族人中的激进派被杀的杀、被革职的革职，势力大减，而满族人中的反动势力趁势占据了要职，如荣禄、裕禄和启秀进入军机处，顽固守旧的刚毅则日益受到太后的宠信。由于他们

---

① 汤志钧. 戊戌变法史 [M]. 上海：上海社会科学院出版社，2003：654.
② 汤志钧. 戊戌变法史 [M]. 上海：上海社会科学院出版社，2003：658.

对国际政治的现实毫无所知，反而因为西方列强对康、梁的保护和对废君立储之事的干涉而仇恨他们，正如梁启超所说："既而臣民犯颜，友邦侧目，志不得逞，遂乃积羞成怒，大兴党狱，积怒成狂，自弄兵戎，奖群盗为义民。"① 因此他们拒绝在外交上与各国迁就，提倡一种顽固的抵制政策。强烈的排外情绪不仅在宫廷的高层中蔓延，也渗入地方官员和广大民众之中。半个多世纪的外来屈辱深深伤害了他们的民族自豪感和自尊心。"中国土地上趾高气扬的外国公使、咄咄逼人的领事、气势汹汹的传教士和自私自利的商人经常使他们想起中国的不幸。"② 一系列的自然灾害加剧了这种仇恨，如1898年黄河再次决堤，淹没了山东境内的几百座村庄，患及一百多万人。相似的水灾也发生在四川、江西、江苏和安徽。好像洪涝还不够似的，1900年华北大部（包括北京）一场大旱接踵而至。③ 灾民和迷信的士大夫把自然灾害归罪到外国人身上，认为是外国人修铁路破坏了地里的"龙脉"，开矿山放走了山中的"宝气"，一场大规模的反帝运动在1900年爆发了。这就是举世震惊的义和团事件，为了苟延残喘，清政府做了一些改革。④ 1901年清廷开始着手进行改革，史称"清末新政"。⑤ 而清廷的改革并没有增强国家的凝聚力和向心力。⑥

《辛丑条约》的签订，西方列强不仅在政治上对清政府的干预和影响日益加大，正如《泰晤士报》驻北京记者莫理循所说："我们在'暴乱'中并无

---

① 梁启超.《清议报》一百册祝辞并论报馆之责任及本馆之经历［M］//饮冰室文集点校. 吴松，卢云昆，王文光，等点校. 南京：江苏教育出版社，2001：756.

② 徐中约. 中国近代史［M］. 香港：香港中文大学出版社，2001：389.

③ 转引自徐中约. 中国近代史［M］. 香港：香港中文大学出版社，2001：391.

④ 徐中约. 中国近代史［M］. 香港：香港中文大学出版社，2001：405.

⑤ 史家常以1905年清廷派遣五大臣出洋考察宪政为界标，称此前的改革为"新政"，此后的改革为"预备立宪"。但近几年的研究成果表明，将二者合并为一作为"新政"加以研究是可取的，也是有依据的。但是由于晚清最后十年堪称历史上最复杂多变、其政治斗争与社会变革最激烈和惊奇的时期，倘若以1905年作为一个相对的界标，将10年"新政"分前后两个阶段，分别予以考察，不仅便于研究，也便于叙述。此处所使用的新政仅指1901—1905这一阶段。（参见郭世佑. 晚清政治革命新论［M］. 北京：中国人民大学出版社，2010：86-87.）

⑥ 杜赞奇. 文化、权力与国家：1900—1942年的华北农村［M］. 王福明，译. 南京：江苏人民出版社，2010：208-209.

所失。而事实上我们的威信大增，我们敢肯定地说，多少年来我们在北京或在中国的地位，从未像今天这样高。我们与清朝官员的联系从未像今天这样密切。"① 而且对中国经济的影响也日益加大。就增开商埠来说，在义和团事件之前，至 1899 年止，西方列强在半个世纪内所争取到的商埠开发数共 45 个；而在义和团事件之后，在 20 世纪前 10 年内所增开的商埠数即达 37 个。各通商口岸的外国商行更是与日俱增。1895 年时，外国商行为 603 家，1901 年增至 1102 家，1912 年又增至 2328 家。② 这些数字的变化既是中国被迫开发力度加大的明证，也是西方列强对中国经济渗透力度加大的明证。于是外来的东西从四面八方向中国涌来，其势头之汹涌犹如狂风暴雨般难避难挡，这时社会上出现了"欧风美雨"一词。

"欧风美雨"并不是指具体之物，而是在一片风雨之势中，来自异域的政治、经济、军事、思想、文化急速地渗入中国社会的各个方面。"产生于本世纪初的这个新词，兼具形象思维和抽象思维，以精炼的方式表达了千言万语，推其原始，这一新词大概最早出自蔡锷之手。1902 年 2 月，他在《军国民教育篇》中用'欧风美雨之震荡'来形容那个时候的局势。稍后，梁启超的诗中又有'莽莽欧风卷亚雨'之句。他们师徒两人用相同的语言表达了一代中国人相同的观感，因此，数年之内新词转成熟语。"③ 20 世纪的舆论界曾有言曰："溯自海禁大开，欧风美雨之浸淫我东亚大陆者，盖有日矣。"④ 欧风美雨既包含着残酷的血雨腥风，又包含着润物细无声的和风细雨，在风吹雨打之后浸泡了千家万户。清末的《上海县续志·序》不胜感慨地说："上海介四通八达之交，海禁大开，轮轨辐辏，竟成中国第一繁盛商埠。迩来，世变迭起，重以沧桑，……更阅数十年，人心风俗之变幻必且倍甚于今日。"⑤ 欧风美雨逐渐改变了人们的生活方式和生活内容，并将其变成人们生活的一部分，旧与新，中与西，于是已经难分难割了。在《京华百二竹枝词》中有关咏叹《辛丑条约》之后社会画面的诗句：

① 骆惠敏. 清末民初政情内幕：上册［M］. 北京：知识出版社，1986：216.
② 郭世佑. 晚清政治革命新论［M］. 北京：中国人民大学出版社，2010：79.
③ 陈旭麓. 近代史两种［M］. 上海：华东师范大学出版社，1996：368.
④ 上海博物馆图书资料室. 上海碑刻资料选辑［M］. 上海：上海人民出版社，1980：413.
⑤ 转引自陈旭麓. 近代史两种［M］. 上海：华东师范大学出版社，1996：369.

其咏报馆曰："报馆于今最有功，能教民智渐开通。眼前报馆如林立，不见'中央'有'大同'。"（中央与大同均当时报纸名称）

其咏银行曰："但于国计民生便，善法何嫌仿外洋。储蓄、交通均有益，巍然开设几银行。"

其咏马路曰："一平马路真如砥，信步行来趣更奢。眼底耳根两清净，从今不见破骡车。"①

欧风美雨影响下的 20 世纪初年的中国，出现了紧迫和忧虑的情绪。秋瑾为"光复军起义"作檄文，切言"欧风美雨咄咄逼人"②，表达了一种紧迫之感。陈天华在《警世钟》中说"帝国主义何其雄，欧风美雨驰而东"，高天梅在《路亡国亡歌》里说"诸君知否，欧风美雨横渡太平洋，帝国侵略主义其势日扩张"③，都抒发了一种紧迫和忧虑的感受。在欧风美雨的影响下，20 世纪的中国有一部分人出现了传统文化日益削弱的悲怆和恐怖之感，如当时主编《国粹学报》的邓实曾说："欧风美雨，驰卷中原，陆沉矣，邱墟矣，亡无日矣。"④《江苏》第七期的一篇文章："欧风吹汝屋，美雨袭汝房，汝家族其安在哉！"这些言辞表达了《辛丑条约》之后对民族危机的悲怆和恐惧。在欧风美雨的侵袭下，出现了保护"国粹"的强烈愿望，所谓"国粹者，一国精神之所寄也。其为学，本之历史，因乎政俗，齐乎人心之所同，而实为立国之根本源泉。是故国粹存则其国存，国粹亡则其国亡。"⑤ 国粹观念的出现使国人产生了强烈的种族意识。

在思想领域，戊戌维新时期思想界广泛认同通过变法实行改良，而戊戌之后特别是义和团事件之后，革命和改良逐渐划清了界限，革命逐渐占了上

① 杨米人. 清代北京竹枝词：十三种［M］. 北京：北京出版社，1962：115-133. 转引自陈旭麓. 近代史两种［M］. 上海：华东师范大学出版社，1996：372.

② 秋瑾. 光复军起义檄稿［M］//中华书局上海编辑所. 秋瑾集［M］. 北京：中华书局，1960：21.

③ 丁守和. 辛亥革命时期期刊介绍：第五集［M］. 北京：人民出版社，1982：112.

④ 邓实. 中国地方自治制论［N］. 萃新报，1904-03-01.

⑤ 许守微. 论国粹无阻于欧化［M］//张枬，王忍之. 辛亥革命前十年间时论选集（第二卷）：上册. 北京：生活·读书·新知三联书店，1960：60.

风，在这一时期革命和改良有一个比较和竞争的过程。戊戌政变之后，康、梁先后来到日本，当时孙中山和陈少白也在日本，孙中山"以彼此均属逋客，应有同病相怜之感，拟亲往慰问，借敦友谊"，曾托日人向康有为示意，康有为表示自己奉有光绪皇帝的"密诏"，不便和革命党人往来，不愿会晤。① 后来，孙中山又通过日本人的关系组织了一次与康、梁的会谈，商谈合作的办法，但是康有为没有出席，只有梁启超到会，商谈没有结果。陈少白往访康有为，反复辩论了三个多小时，但是康有为拒绝合作。② 后来，梁启超在日本横滨创办《清议报》，康有为组织保皇会，一时保皇、变法、救中国、救黄种的观念吸引了许多海外侨胞，康、梁的改良派势力大增。1900 年发生在中国大地的"三次武装起义"③ 改变了民众的改良观念，当时参加自立军起义的章太炎因不满唐才常提出的"一面排满，一面勤王"的主张，而愤然"宣言脱社，割辫与绝"。"割辫"表示章太炎"不臣满洲之志"，也表示他反对"奉戴光绪"，倾向革命，此后，革命、改良"各张旗帜，亦自兹始"。④ 章太炎和康有为也首先展开了革命和改良观念的论争。义和团事件之后《辛丑条约》的签订，进一步暴露了清政府的无能，许多有志之士对清政府失望了，革命的观念由此而生，"士林中人，昔以革命为大逆不道，去之若浼者，至是亦稍知动念矣"⑤。鲁迅曾描述当时的情形，他说：

---

① 汤志钧．戊戌变法史［M］．上海：上海社会科学院出版社，2003：641.

② 当时日本人宫崎滔天也有一段回忆，他说："孙逸仙先生来访，要我介绍与康先生会晤，康托词拒绝。孙先生之所以要见康，并非在主义方针上有如何相同之处，而只是对他当前的处境深表同情，意在会面一慰他亡命异乡之意，这实在是古道热肠，一片真诚。而康先生之避而不见也自有其理由，盖从清帝看来，孙先生为大逆不道的叛徒，悬赏而欲得其首级。孙先生之视清帝，亦不啻不共戴天之仇，伺机想一蹴而推翻他。而康先生虽然中道挫折，亡命异国，但依然梦想挽回大局，恢复皇上的统治，自己作一个幕后的人，以立空前的大功。因此，无论从以往的情义上，还是从怕受人怀疑这个利害的观点上，不愿会见孙先生是无可厚非的。然而我国的有心人士，却莫不为之惋惜。甚至有人费尽心思斡旋他们秘密会面，但终未能成功。"（选自宫崎滔天．三十三年之梦［M］．林启彦，译注．香港：三联书店，1981：147-148.）

③ 三次武装起义：1900 年 5 月起席卷华北的义和团事件，1900 年七八月间唐才常在长江流域发动的"自立军"起义，1900 年 10 月革命派在珠江流域发动的惠州起义。

④ 汤志钧．戊戌变法史［M］．上海：上海社会科学院出版社，2003：692-693.

⑤ 汤志钧．戊戌变法史［M］．上海：上海社会科学院出版社，2003：693.

光绪庚子（1900）后，谴责小说之出特盛。盖嘉庆以来，虽屡平内乱（白莲教、太平天国、捻、回），亦屡挫于外敌（英、法、日本），细民暗昧，尚啜茗听平逆武功，有识者则已翻然思改革，凭敌忾之心，呼维新与爱国，而于"富强"尤致意焉。戊戌变政既不成，越二年即庚子岁而有义和团之变，群乃知政府不足与图治，顿有掊击之意矣。其在小说，则揭发伏藏，显其弊恶，而于时政，严加纠弹，或更扩充，并及风俗。①

此后，革命的观念开始被越来越多的人所接受。特别是 1903 年，以拒俄事件为起点，一系列的事件使革命的风潮越刮越猛。章士钊在《沈荩》的小册子中对 1903 年的事件做了很有趣的概括，他说："二三月之交，是吴敬恒、蔡民友（蔡元培）时代，吴、蔡在拒俄集会上演说惹起清廷注目，成为本年骚动之发端；四五月之交，为钮永建、汤槱时代，钮、汤两人作为留日学生组织学生军的特派员，回国运动当局抗俄，吓坏了清政府，以致吴、蔡、汤、钮之名扰攘于上海数月；五六月之交，为章炳麟、邹容时代，章、邹因'苏报案'被捕，全国视线莫不注集于上海，章、邹之狱鼓动全国舆论，而使革命党人壁垒益发坚固；六七月之交，为沈荩时代，沈荩被捶毙于满廷，于是全国舆论愈激昂，而热血愈腾涌，几乎一致反对满洲，来势汹汹而不可遏止。"② 虽然革命的浪潮已经浮出水面，并与改良思潮展开了论争，但是改良的思潮一直在探索和行动。可以说这一时期革命和改良在论争中不断探索国家救亡、图存和富强的道路。

第二节　图存观照下中国人种和民性之面面观

戊戌政变后，维新运动的主要领导人先后逃亡到海外，他们大量接触西

---

① 鲁迅．中国小说史略［M］//鲁迅全集：第 8 卷．北京：人民文学出版社，1981：239．
② 黄中黄（章士钊）．沈荩［M］//中国史学会．中国近代史资料丛刊本：辛亥革命（二）．上海：上海人民出版社，2000：285．

方的政治学说并亲身接触西方国家的社会和民众，因此他们的思想观念发生了很大的转变，他们通过办报把大量的西方思想观念传入国内，以期挽救危难中的国家，并让民众进一步认清国际形势和中国所处的国际地位。庚子事变以及随后签订的《辛丑条约》、欧风美雨的入侵对中国各阶层产生了巨大的影响，使他们具有了一种国际视野和世界眼光，他们纷纷发表言论和采取行动表达对时局的认识和反应，从而展现了他们对中国人种和民性民权的认识。

一、国家国民视野中的中国民性之观察

（一）梁启超主编《清议报》和《新民丛报》

梁启超戊戌政变后到达日本，在横滨筹办《清议报》，撰写有关戊戌政变的文章数篇，发表在《清议报》上，后来合成《戊戌政变记》。在《三十自述》中梁启超记述大略如下：

> 自此居日本东京者一年，稍能读东文，思想为之一变。己亥七月，复与滨人共设高等大同学校于东京，以为内地留学生预备科之用，即今之清华学校是也。其年美洲商界同志，始有中国维新会之设，由南海先生所鼓舞也。冬间，美洲人招往游，应之。以十一月首途，道出夏威夷岛，其地华商二万余人相縶留，因暂住焉，创夏威夷维新会。适以治疫故，航路不通，遂居夏威夷半年。至庚子六月，方欲入美，而义和团变已大起，内地消息，风声鹤唳，一日百变。已而屡得内地函电，促归国，遂回马首而西，比及日本，已闻北京失守之报。七月急归沪，方思有所效，抵沪之翌日，而汉口难作，……留沪十日，遂去，适香港，既而渡南洋，谒南海，遂道印度，游澳洲，应彼中维新会之招也。居澳半年，由西而东，环洲历一周而还。辛丑四月，复至日本。①

梁启超到日本后，开始阅读日文，并在阅读日本书籍时获益很多，"思想

---

① 梁启超. 三十自述 [M] //饮冰室文集点校. 吴松，卢云昆，王文光，等点校. 南京：江苏教育出版社，2001：2224.

为之一变";梁启超在《夏威夷游记》中曾记载,自到日本之后,广泛搜集日本书而读之,"思想言论与前者若出两人"。庚子之年（1900年），梁启超参与策划了勤王事件，勤王运动的失败对康、梁的打击很大。随后梁启超游历澳大利亚，并写作《少年中国说》激发中国民气之暗潮。1902年正月《新民丛报》出版，关于《新民丛报》的宗旨和内容，梁启超在该报章程中写道：

一、本报取《大学》新民之义，以为欲维新吾国，当先维新吾民。中国所以不振，由于国民公德缺乏，智慧不开，故本报专对此病而药治之，务采和中西道德以为德育之方针，广罗政学理论，以为智育之原本。

一、本报以教育为主脑，以政论为附从。但今日世界所趋重在国家主义之教育，故于政治亦不得不详。惟所论务在养吾人国家思想，故于目前政府一二事之得失，不暇沾沾词费也。

一、本报为吾国前途起见，一以国民公利公益为目的。持论务极公平，不偏于一党派；不为灌夫骂坐之语，以败坏中国者，咎非专在一人也。不为危险激烈之言，以导中国进步当以渐也。①

这一年梁启超著书颇丰，在《新民丛报》中的文章以《新民说》《新民议》《保教非所以尊孔论》为主，梁启超思想专注于国家观念、国民思想，民族思想渐起，言论逐渐激进，康有为、黄遵宪两先生与梁启超进行通信讨论，梁启超的思想逐渐发生转变，后来在《新小说报》中发表《新中国未来记》。由此可以看出梁启超政治思想的转变，由激烈的革命排满转变为渐进改良。

1903年正月，梁启超应美洲保皇会的邀请，游历美洲。从美洲归来的梁启超"言论大变，从前所深信的'破坏主义'和'革命排满'的主张，至是完全放弃，这是先生政治思想的一大转变，以后几年内的言论和主张，完全站在这个基础上立论"②。1904年年初，梁启超将游历欧美时的记录，题名

---

① 丁文江，赵丰田．梁任公先生年谱长编：初稿［M］．北京：中华书局，2010：136-137．
② 丁文江，赵丰田．梁任公先生年谱长编：初稿［M］．北京：中华书局，2010：171．

《新大陆游记》，陆续作为《新民丛报》的增刊发表。这一年梁启超关注日俄战争和俄国国内的立宪运动。

（二）中国民性缺乏国民德性

（1）1899年梁启超关于中国人种的认识。当天下主义的观念最终退潮，而民族国家的思想观念还未完全确立之际，生活在列国并立、列强争夺的世界环境下的梁启超等人唯有诉诸人种论。戊戌之后流亡到日本的梁启超接触到大量西方的政治学说，看到听到西方对中国的各种评论和说法，他对照中国的状况进行分析和反驳，从而形成独到的关于中国人种和民性的认识。1899年生活在日本的梁启超针对欧人分割中国之声浪越高，而中国部分"顽固醉梦者"以为中国必亡的说法，以及日本舆论界存在的两种意见："保全中国、扶植中国之论"和"中国终不能保全，虽扶植之而无益也"①，发表了《论中国人种之将来》一文，文章阐述了中国人种必将强大的三个原因。一是中国人种富于自治之力。文明自由国家的人权主要指参政权和自治权，这是政治学的公论，参政权"可以鼓国民之气，一跃而获之"。自治权则"因其历史习惯，积久而后成"②。他认为中国数千年来有自治的特质，这种特质存在于村落中，"一族有一族的自治、一乡有一乡的自治、一堡有一堡的自治"；存在于市集中，"一市有一市的自治，一坊有一坊的自治，一行有一行的自治"。中国古代有"自治之中央政府""自治之财政""自治之裁判""自治之学校""自治之警察"等，自治的体制几乎具备。而形成的原因则在于中国地大人众，君主不能尽力民事，于是听任民众自生自养，于是中国民众"合群以自谋之，积之既久，遂养成此一种政体"③，这种政体虽然形成民众爱国心薄弱的短处，却养成了中国民众自治的特质。同时梁启超又引用西人之言说：

---

① 梁启超．论中国人种之将来［M］//饮冰室文集点校．吴松，卢云昆，王文光，等点校．南京：江苏教育出版社，2001：705.

② 梁启超．论中国人种之将来［M］//饮冰室文集点校．吴松，卢云昆，王文光，等点校．南京：江苏教育出版社，2001：706.

③ 梁启超．论中国人种之将来［M］//饮冰室文集点校．吴松，卢云昆，王文光，等点校．南京：江苏教育出版社，2001：706.

"凡国民向有自治权之习惯，不大经政府之干涉者，其要求参政权之会必不甚盛。"① 他论述道，中国国民自古以来，没有如同西方国家的国民一样倡导自由、争夺政权的风气也是这个原因。他说："今者全世界文明进化之运，相逼而来，自由平等之义，已浸入中国人脑中，他日独立之基础既定，采西人之政体而行之，其成就之速，必有可惊者。盖有古来习惯之自治权以为之基，一蹴可以立至矣。此中国人种之将强，其原因一也。"② 二是中国人种有冒险独立的特性。他论述道：欧洲人冒险远游，政府奖励、赞助并且加以保护，而中国人远游，政府不但不赞助而且严加禁止，而中国民众不但不气馁，反而能够在竞争激烈的世界中自立，有这样的人种，有这样的特性，如果国家能够加以教育和保护，必能如同欧洲人一样独立自强。所以"不依赖国家之力而能独立者，此我中国人之所长也。中国人种之将强，其原因二也"③。三是中国民众擅长学问，思想容易提高。中国历代君相，用愚民之术阻碍民众思想自由发展，如今政府不能实行高压手段，不能遏制思想言论的自由，从此以后中国国民思想必能快速提高，况且中国人种的聪明才智一点也不差于欧洲人，将来西学传入中国，被中国人所接受，"必当更发奇彩，照耀于全世界，自成一种中国之欧学，非复寻常之欧学者，此我中国人之擅长也。……中国人种之将强，其原因三也"④。四是中国国民人多，物产丰富，擅长经商，而且用工价格低廉，将来必能掌握全世界工商业发展的大权。西方资本家最忧虑的是本国的工人工资高，从而提高了产品的成本，造成产品的价格提高，如此，商品的竞争力降低；而中国人人数众多，民众勤苦劳作并且工资低廉，如果中国用资本、劳力插入全世界的经济竞争中，"此乃二十世纪全世界一大进化之根源，而天运人事所必不可避者也"。况且"他日者，我中国

① 梁启超. 论中国人种之将来 [M] //饮冰室文集点校. 吴松，卢云昆，王文光，等点校. 南京：江苏教育出版社，2001：706.
② 梁启超. 论中国人种之将来 [M] //饮冰室文集点校. 吴松，卢云昆，王文光，等点校. 南京：江苏教育出版社，2001：706-707.
③ 梁启超. 论中国人种之将来 [M] //饮冰室文集点校. 吴松，卢云昆，王文光，等点校. 南京：江苏教育出版社，2001：707.
④ 梁启超. 论中国人种之将来 [M] //饮冰室文集点校. 吴松，卢云昆，王文光，等点校. 南京：江苏教育出版社，2001：707.

人加以学问，厚其资本，而复有以保护之，则其商力必冲突披靡于全球，可断言也。……他日变更政体，压力既去，其固有之力，皆当发现。而泰西人历年所发明之机器，与其所讲求之商业、商术，一举而输入于中国，中国人受之，以与其善经商之特质相合，则天下之富源，必移而入中国人之手矣。此中国人种之将强，其原因四也"①。他最后说，有这四个原因，在未来的世纪中国人种将成为最有势力的人种，中国人种潜力的释放，只等待"他日变更政体""合大群"和"开人智"。② 由此可以看出，梁启超此时对中国人种的特点有很大的信心，中国人种有优良的特质，只要变更政体，释放中国人的能量，中国必将强大起来。这与梁启超后来的言论有很大的差异。

（2）1899 年梁启超关于中国民性的认识。他认为中国人尚有独立的实力。中国两千年来的历史，富有大一统的思想，所以中国人习惯于由一个政府统治。可见中国人的特质与欧洲各国的特点不同。况且中国的状况不容易被欧洲国家瓜分，以前各国被瓜分都是由于内部分裂造成的，而中国内部四万万人种族同一、地势同一、宗教也同一，因此列强想瓜分中国并非易事。并且中国虽然表面上已经非常衰弱，实际上内部具有强大的潜力：一是"皇上英明仁勇，革新之机未绝也"；二是"民间社会团结，外人不易干涉也"；三是"海外在留之人气象雄大，可为宗国之用也"。③ 以此可知中国独立的实力犹在。1899 年 3 月梁启超在《论保全中国非赖皇帝不可》中说："西之国所以能立民政者，以民智既开，民力已厚也。……今中国尚孩提也，孩提而强使自主，时曰助长，非徒无益，将又害之。故今日倡民政于中国，徒取乱耳。"④ 从而延续了他戊戌时期对中国民智未开的看法。

梁启超认为中国民性中并不缺少爱国的性质，是不知有国造成爱国心薄弱。泰西人论及中国者，就说"彼其人无爱国之性质，故其势涣散，其心奂

---

① 梁启超. 论中国人种之将来 ［M］//饮冰室文集点校. 吴松，卢云昆，王文光，等点校. 南京：江苏教育出版社，2001：709.

② 梁启超. 论中国人种之将来 ［M］//饮冰室文集点校. 吴松，卢云昆，王文光，等点校. 南京：江苏教育出版社，2001：709.

③ 梁启超. 论支那独立之实力与日本东方政策 ［M］//饮冰室文集点校. 吴松，卢云昆，王文光，等点校. 南京：江苏教育出版社，2001：804-805.

④ 转引自俞祖华. 深沉的民族反省：中国近代改造国民性思潮研究 ［M］. 济南：山东人民出版社，1996：140.

懦。无论何国何种之人，皆可以掠其地而奴其民。临之以势力，则贴耳相从；啖之以小利，则争趋若骛"①。对这种观点，梁启超非常悲哀，他起"哀时客"为笔名，一再呼吁"我四万万同胞之民，其重念此言哉！"并且对西方人的这一看法进行分析，梁启超认为中国国内民众不知道爱国，而海外之民则非常爱国，因此梁启超得出结论：

> 正告全地球之人曰：我支那人非无爱国之性质也。其不知爱国者，由不自知其为国也。中国自古一统，环列皆小蛮夷，无有文物，无有政体，不成其为国，吾民亦不以平等之国视之，故吾国数千年来，常处于独立之势。吾民之称禹域也，谓之为天下，而不谓之为国。既无国矣，何爱之可云？今夫国也者，以平等而成；爱也者，以对待而起。《诗》曰："兄弟阋于墙，外御其侮。"苟无外侮，则虽兄弟之爱，亦几几忘之矣。故对于他家，然后知爱吾家；对于他族，然后知爱吾族。游于他省者，遇其同省之人，乡谊殷殷，油然相爱之心生焉；若在本省，则举目皆同乡，泛泛视为行路人矣。惟国亦然，必对于他国，然后知爱吾国。欧人爱国之心，所以独盛者，彼其自希腊以来，即已诸国并立，此后虽小有变迁，而诸国之体无大殊，互相杂居，互相往来，互比较而不肯相下，互竞争而各求自存，故其爱国之性，随处发现，不教而自能，不约而自同。我中国则不然。四万万同胞，自数千年来，同处于一小天下之中，未尝与平等之国相遇，盖视吾国之外，无他国焉。故吾曰：其不知爱国者，由不自知其为国也。故谓其爱国之性质，隐而未发则可，谓其无爱国之性质则不可。②

由此可知，中国人不是缺少爱国之性质，而是不知有国也。国家的强弱在于国民。西方强大的原因在于"彼其国民，以国为己之国，以国事为己事，

---

① 梁启超．爱国论［M］//饮冰室文集点校．吴松，卢云昆，王文光，等点校．南京：江苏教育出版社，2001：661.

② 梁启超．爱国论［M］//饮冰室文集点校．吴松，卢云昆，王文光，等点校．南京：江苏教育出版社，2001：661.

以国权为己权，以国耻为己耻，以国荣为己荣"。而中国衰弱的原因在于"我之国民，以国为君相之国，其事其权，其荣其耻，皆视为度外之事。呜呼！不有民，何有国？不有国，何有民？民与国，一而二，二而一者也"①。也就是说，如果民众以国为自己之国，则爱国之心必生；如果以国为他人之国，则爱国之心必灭。中国人无爱国心，是由于"中国自秦、汉以来，数千年之君主，皆以奴隶视其民，民之自居奴隶，固无足怪焉"②。因此中国"有国者只一家之人，其余则皆奴隶也，是故国中虽有四万万人，而实不过此数人也"；而西人"以国为君与民所共有之国，如父兄子弟，通力合作以治家事，有一民即有一爱国之人焉"③。以此阐明了国家的实质，即"国者何？积民而成也。国政者何？民自治其事也。爱国者何？民自爱其身也。故民权兴则国权立，民权灭则国权亡。为君相者而务压民之权，是之谓自弃其国；为民者而不务各伸其权，是之谓自弃其身。故言爱国必自兴民权始"④。从而指明人民拥有权利是爱国的基础。同时治理国家也需要民权，治国以练兵理财为必要之政策，然而"有民权则兵可以练，否则练而无所用也；有民权则财可以理，否则理而无所得也"⑤。因而民权兴则国可治理也。西方国家的富强就是民权兴的成效，西方国家的富强，"非有他善巧，不过以一国之人，办一国之事，不以国为君相之私产，而以为国民之公器，如斯而已"⑥。民权的好处已经知晓，如果朝廷压制民权，那么该怎么办呢？梁启超认为民众应该积极地争取民权，并认为西方国家民权的获得也是积极争取的结果，"其始由一二大儒，著书立说而倡之，集会结社而讲之，浸假而其真理灌输于国民之脑中，

---

① 梁启超．爱国论［M］//饮冰室文集点校．吴松，卢云昆，王文光，等点校．南京：江苏教育出版社，2001：663.
② 梁启超．爱国论［M］//饮冰室文集点校．吴松，卢云昆，王文光，等点校．南京：江苏教育出版社，2001：665.
③ 梁启超．爱国论［M］//饮冰室文集点校．吴松，卢云昆，王文光，等点校．南京：江苏教育出版社，2001：664.
④ 梁启超．爱国论［M］//饮冰室文集点校．吴松，卢云昆，王文光，等点校．南京：江苏教育出版社，2001：666.
⑤ 梁启超．爱国论［M］//饮冰室文集点校．吴松，卢云昆，王文光，等点校．南京：江苏教育出版社，2001：666.
⑥ 梁启超．爱国论［M］//饮冰室文集点校．吴松，卢云昆，王文光，等点校．南京：江苏教育出版社，2001：667.

其利害明揭于国民之目中，人人识其可贵，知其不可以已，则赴汤蹈火以求之，断颈绝脰以易之"①。可见民权的兴起，既需要精英分子的宣传和倡导，又需要民众的积极争取，有时甚至付出血的代价，如果民众自己不争取权利，那么有利于民权的政治就不可能实行。梁启超由爱国讲到国家的实质，由国家的实质讲到国民的权利，从而指明了中国人缺乏爱国心是因为数千年来的专制政体，视民众为奴隶，民众没有国民权利，民众不认为国家是自己的国家所造成的。总之，中国民众无爱国心，是专制政体形成的恶果，于民性本身没有关系。在《论中国与欧洲国体异同》一文中，梁启超也论述了由于政体的不同形成民性的不同的观点。文中指出春秋战国之后，中国各族人民互通婚姻，差别逐渐减少，地域一旦合并，国民遂成一体，中国成为统一之势；而欧洲各国种族众多，风俗不同，婚姻不通，因而诸国分立。列国并立，竞争不断，则政府必然励精图治，以谋求国家的进步和自立，如是则国政必修，民气必强。这是列国并立所形成的效果。而中国由于形成一统之势，执政者苟且偷安，实行压制民众的方法维持社会秩序，国民受压时间久，则独立不羁之民气渐失，以致形成今日衰弱之势。欧洲将民分成不同的阶级，故官民之争经常出现，造成民气日昌，民智日开之势形成；而中国无明显之阶级划分，但执政者暗中侵夺民权，故官民关系怨毒不深，民之争也不力，从而形成民气不聚，民心不奋。中国民权难兴与此有关系。最后梁启超得出结论，中国之所以没有欧洲一样的政体，原因是民不求伸其权。民不求伸其权，是因为不见他人有权，不知自己失去权利，故也不去求权利也。②

梁启超认识到中国人爱国心的薄弱根源在于不知有国，因此他大力宣传国家观念，阐述国民与国家的不同。在《论近世国民竞争之大势及中国前途》一文中，梁启超阐述了国家与国民的不同：

中国人不知有国民也。数千年来通行之语，只有以国家二字并称者，

① 梁启超.爱国论［M］//饮冰室文集点校.吴松，卢云昆，王文光，等点校.南京：江苏教育出版社，2001：667.
② 梁启超.论中国与欧洲国体异同［M］//饮冰室文集点校.吴松，卢云昆，王文光，等点校.南京：江苏教育出版社，2001：772-773.

未闻有以国民二字并称者。国家者何？国民者何？国家者，以国为一家私产之称也。古者国之起原，必自家族。一族之长者，若其勇者，统率其族以与他族相角，久之而化家为国，其权无限，奴畜群族，鞭笞叱咤，一家失势，他家代之，以暴易暴，无有已时，是之谓国家。国民者，以国为人民公产之称也。国者积民而成，舍民之外，则无有国。以一国之民，治一国之事，定一国之法，谋一国之利，捍一国之患，其民不可得而侮，其国不可得而亡，是之谓国民。①

从梁启超对国家与国民的区分中，可以看出这里的国家指的是传统国家，其本质被设想成一个家族，即"以国为一家私产之称也"。而国民的概念则近似于近代国家的概念，并将近代国家与传统形态的国家明确区分开来，根据国民的概念，近代国家严格地说是这一国家人民的公有财产。② 国民的概念和国民与国家的关系中也包含了国民的权利，他们不再是传统专制制度下的臣民，而是组成国家的主体，是国家的拥有者。在指出国民与国家之异后，梁启超进一步阐述了当今世界的竞争不是国家的竞争而是国民的竞争，"故其争也，非属于国家之事，而属于人群之事；非属于群相之事，而属于民间之事；非属于政治之事，而属于经济之事"。从而指出当今世界之争，是长久的国民的性命、财产之争，在此种境况下，中国当如何防御？中国的前途在哪里？梁启超进一步思考，他认为中国存在的问题是中国不知有国民，因而把国民的竞争误认为国家的竞争，而中国防御之法在于以国民之力来抵制他人国民竞争的侵略，而"国民力者，诸力中最强大而坚忍者也"③。中国之前途在于国民力的提高，"国民何以能有力？力也者，非他人所能与我，我自有之而自伸之，自求之而自得之者也"④。从而呼吁国民能够自己争取其权利，提高国

---

① 梁启超．论近世国民竞争之大势及中国前途［M］//饮冰室文集点校．吴松，卢云昆，王文光，等点校．南京：江苏教育出版社，2001：810．

② 张灏．梁启超与中国思想的过渡（1890—1907）［M］．崔志海，葛夫平，译．北京：新星出版社，2006：111．

③ 梁启超．论近世国民竞争之大势及中国前途［M］//饮冰室文集点校．吴松，卢云昆，王文光，等点校．南京：江苏教育出版社，2001：812．

④ 梁启超．论近世国民竞争之大势及中国前途［M］//饮冰室文集点校．吴松，卢云昆，王文光，等点校．南京：江苏教育出版社，2001：813．

民的能力以抵御西方国家的竞争。

1901 年之后，梁启超对近代国家观念的认识逐渐深入，对国民概念的理解也逐渐加深，在此基础之上，梁启超以国民的标准来衡量中国的民众，他一改先前对中国人种和民性优点的赞誉，逐渐对中国民众的弱点提出了批评和揭露。他指出中国民众具有很深的奴隶根性，他说：

> 非古人之法言不敢道，非古人之法行不敢行，此奴隶根性之言也。
>
> 仰人之庇者，真奴隶也。
>
> 试一思之，吾中国四万万人，其不仰庇于他人者几何哉？人人皆有其所仰庇者，所仰庇之人，又有其所仰庇者，层积而上之至于不可纪极，而求其真能超然独立与世界直接者，殆几绝也！……而今吾中国四万万皆仰庇于他人之人，是名虽四万万，实则无一人也。以全国之大，而至于无一人，天下可痛之事，孰过此也！①

梁启超以此指出，中国人具有畜根奴性，如果此根不除，则"虽有国不得谓之有人，虽有人不得谓之有国"。梁启超认为如果中国人自己不把自己当作奴隶，则没有人能够把中国人当作奴隶，他呼吁中国人成为真正的国民。在《中国积弱溯源论》一文中，梁启超在总结了中国积弱原因的基础上对中国民性进行了检讨，他认为国家的强弱从其国民的志趣和品格可以看出，中国积弱的根源在于中国人爱国心的薄弱，而爱国心薄弱的原因在于：不知国家与天下的差别；不知国家与朝廷的界限，中国人立国数千年而没有国名，以朝代名为国名，国家是全国人之公产，朝廷是一姓之私业；不知国家与国民的关系，国家积民而成，国家的主人是一国之民，中国则不然，有一国者仅一家之人，其余之民皆为奴隶。从风俗上说中国积弱的根源在于：民具有奴性、民之愚昧、民之为我、民之好伪、民之怯懦、民之无动。中国之民所

---

① 梁启超. 国民十大元气论 [M] //饮冰室文集点校. 吴松，卢云昆，王文光，等点校. 南京：江苏教育出版社，2001：659-660.

具有的这些根性皆由于数千年来民贼以国家为一姓之私产来经营的政术所为。① 梁启超接受了西方的国家观念，把握了国家中国民的权利和义务，以及国家与国民的关系内涵，他以此来反观中国民众在国家中的地位，从而对中国民众的奴隶性、愚昧性等不符合西方国民应有特性的习性展开了检讨和批评，以此警醒中国民众要自伸其权，自长其智。

庚子之变，世界哗然，中国全国之地成为一个流血场。中国的病源何在？梁启超认为中国之病的总源头在于"守旧自大，憎恶外人之心是也。因有此心，故种种安民良法不肯仿效，以至不能自治其国，使乱机满地，民不聊生；因有此心，故其与外国人通商，不过迫于无可奈何，其实彼之心，日日欲杀逐外国人然后快"②。中国人有此病症的，不仅仅是政府，普通民众也有此心，但是普通民众之所以如此，是政府提倡的结果，所以政府实际是罪魁祸首。因此欲医治中国此病，"惟有将此恶政府除去，而别立一好政府，则万事俱妥矣！"③。梁启超坚信中国别立一个好政府，不出十年，则中国之人心、国势都将有很大改观。针对庚子之变之后，欧洲各国对待中国方式的改变，即由原来要瓜分中国而变为保全中国的策略，梁启超提醒国人这是欧洲列强灭亡其他国家的新方法，此种新方法将使我国民"自今以往，将为奴隶之奴隶而万劫不复"④。欧洲列强尽变原来的威吓逼胁的故技，而改为温柔之手段，他们"一面骂吾民之野蛮无人性，绘为图画，编为小说，尽情丑诋，变本加厉，惟恐不力；一面抚摩而煦妪之，厚其貌，柔其情，视畴昔有加焉"⑤。列强态度之改变的原因，在于"中国人之性质，欧人其知之矣。以瓜分为瓜分，何如以不瓜分为瓜分？求实利者不务虚名，将大取者必先小与。

① 梁启超.中国积弱溯源论［M］//饮冰室文集点校.吴松，卢云昆，王文光，等点校.南京：江苏教育出版社，2001：671-680.
② 梁启超.论今日各国待中国之善法［M］//饮冰室文集点校.吴松，卢云昆，王文光，等点校.南京：江苏教育出版社，2001：807.
③ 梁启超.论今日各国待中国之善法［M］//饮冰室文集点校.吴松，卢云昆，王文光，等点校.南京：江苏教育出版社，2001：807.
④ 梁启超.灭国新法论［M］//饮冰室文集点校.吴松，卢云昆，王文光，等点校.南京：江苏教育出版社，2001：729.
⑤ 梁启超.灭国新法论［M］//饮冰室文集点校.吴松，卢云昆，王文光，等点校.南京：江苏教育出版社，2001：730.

彼以为今日而行瓜分也，则陷吾国民于破釜沉舟之地，而益其独立排外之心，……今日不行瓜分而反言保全也，则吾国民自觉如死囚之获赦，将感再造之恩。……于是乎中国乃为欧洲之中国，中国人亦随而为欧洲之国民"①。况且庚子之变后，欧洲列强认为中国人在沉睡了数千年之后，今也将大梦初醒，中国人渐渐有了"中国者中国人之中国也"的思想，他们认为"义和团之运动，实由其爱国之心所发，以强中国拒外人为目的者也。……自今以往，此种精神，必更深入人心，弥漫全国"②。从列强的言论中，梁启超深刻地体会到中国所面临的危机是国权与民权的双重丧失，他警醒民众并呼吁民众，如果吾四万万人能够组织一政府，修其内治，充实其实力，则欧洲人将永远没有染指亚洲大陆的机会。"回銮以来，忽忽两新年矣！去年今日，我国民犹喁喁然，企踵拭目，若不胜其望治之心者，而今果何如矣？呜呼！我国民依赖政府之恶梦，其醒也未？我国民放弃责任之孽报，其知也未？""自今以往，我国民真不可不认定一目的，求所以自立于剧烈天演界之道。"③ 梁启超以此揭露列强的不良用心，并向民众倡导民权和国权。

1902—1903 年，梁启超在《新民丛报》上发表了他著名的《新民说》。在《新民说》中，梁启超阐述了中国民性中缺乏国民的德性，如中国人偏于私德，无公德的思想；中国人无进取冒险的性质；中国人无权利和义务思想；中国人无真自由而有奴隶性；中国民性意志力薄弱；中国人无自尊、自治的能力。并分析中国数千年来凝滞而无进步的原因，中国数千年来的专制思想造成今日的恶果，中国今日要想进步，只有经过破坏才能达到进步之途④，从而表达他这一时期激进革命的思想。1903 年 3 月梁启超发表了《中国国民之品格》，他对照西方国家的国民品格，指出中国国民品格缺点很多，甚至到了不敢枚举的地步，梁启超举其大要者，主要有以下四个：一曰爱国心薄弱，

① 梁启超. 灭国新法论 ［M］//饮冰室文集点校. 吴松，卢云昆，王文光，等点校. 南京：江苏教育出版社，2001：730.
② 梁启超. 灭国新法论 ［M］//饮冰室文集点校. 吴松，卢云昆，王文光，等点校. 南京：江苏教育出版社，2001：730.
③ 梁启超. 敬告我国国民 ［M］//饮冰室文集点校. 吴松，卢云昆，王文光，等点校. 南京：江苏教育出版社，2001：2219.
④ 梁启超. 新民说 ［M］. 郑州：中州古籍出版社，1998：123.

"我国国民，习为奴隶于专制政体之下，视国家为帝王之私产，非吾侪所与有，故于国家之盛衰兴败，如秦人视越人之肥瘠，漠然不少动于心，无智愚贤不肖，皆皇然为一家一身之计"①。一曰独立性之柔脆，"我国民不自树立，柔媚无骨，惟奉一庇人宇下之主义，暴君污吏之压制也服从之，他族异种之羁轭也亦服从之。但得一人之母我，则不惜为之子，但得一人之主我，则不惮为之奴；昨日抗为仇敌，而今日君父矣，今日鄙为夷狄，而明日神圣矣"②。一曰公共心缺乏，我国人"素缺于公德之教育，风俗日习于浇漓。故上者守一自了主义，……下者则标'为我'为宗旨，先私利而后公益，嗜利无耻，乘便营私"③。道德之败坏，让人汗颜。一曰自治力欠缺，中国人缺乏自治能力，事事等待别人治理，但是中国人治人的能力也很差，"故一群之内，错乱而绝无规则，凡桥梁、河道、墟市、道路以至一切群内之事，皆极其纷杂芜乱，如散沙，如乱丝，如失律败军，如泥中斗兽，从无一人奋起而整理之"④。梁启超认为以上此数种公德是国家的元气，是国民必须具备的品格。而中国国民缺乏这些品格，因此国家欲强大，必须实行国民教育，培育国民应有的品格和德性。

1904 年旅美归来的梁启超"言论大变"。他在《中国人之缺点》一文论述中国人的四大缺点：一是有族民资格而无市民资格。"吾中国社会之组织，以家族为单位，不以个人为单位，所谓家齐而后国治是也。"⑤ 二是有村落思想而无国家思想，村落思想虽然"未可尽非"，但是如果村落思想发达过度将成为建立国家的阻碍。三是只能受专制不能享自由，"吾观全地球之社会，未有凌乱于旧金山之华人者，此何以故？曰自由耳"。生活在旧金山的华人所受

---

① 梁启超.中国国民之品格［M］//饮冰室文集点校.吴松，卢云昆，王文光，等点校.南京：江苏教育出版社，2001：702.
② 梁启超.中国国民之品格［M］//饮冰室文集点校.吴松，卢云昆，王文光，等点校.南京：江苏教育出版社，2001：702.
③ 梁启超.中国国民之品格［M］//饮冰室文集点校.吴松，卢云昆，王文光，等点校.南京：江苏教育出版社，2001：702.
④ 梁启超.中国国民之品格［M］//饮冰室文集点校.吴松，卢云昆，王文光，等点校.南京：江苏教育出版社，2001：703.
⑤ 饮冰室主人（梁启超）.中国人之缺点［M］//张枬，王忍之.辛亥革命前十年间时论选集（第一卷）：下册.北京：生活·读书·新知三联书店，1960：788.

的约束和管治最少，因而最混乱，因此梁启超说："自由云、立宪云、共和云，如冬之葛，如夏之裘，美非不美，其如于我不适何！吾今其毋眩空华，吾今其勿圆好梦。一言以蔽之，则今日中国国民，只可以受专制，不可以享自由。"① 中国民性必须"以铁以火陶冶吾国民二十年、三十年乃至五十年，夫然后与之读卢梭之书、夫然后与之谈华盛顿之事"②。四是无高尚之目的。这是中国人根本的缺点，欧美人高尚之目的在于好美心、社会名誉心和宗教的未来观念，而中国人只关注一人一身，只关注现在，而无高尚之目标，这是中国民众凝滞堕落的主要原因。中国民性的弱点使梁启超逐渐放弃激进的思想，而转入以国民教育为重点的渐进改良之路上去了。

二、渐进主义主导下的民权和自由为时尚早思想

（一）康有为设立保皇会与研究经书

戊戌之后康有为辗转来到日本，他拒绝了与孙中山等革命派的来往与合作。"先君一生学术及政治思想，均与时代有关。自戊戌以后，足迹所至，则三周大地，游遍四洲，历三十余国，行六十万里，其考察着重于各国政治风俗，及其历史变迁得失，其次则文物古迹，凡关乎掌故者，无不考核研究，摩挲殆遍。"③ 1899 年康有为前往加拿大。"康南海由日本至域多利、温哥华，皆欢迎之。……请康君演说中国之事，集者六百余人，西人男妇在楼上五十余人，入门者皆写名。"④ 康有为进行了热情洋溢的演说，取得华侨的广泛呼应。三月前往英国伦敦，游说英廷"推倒那拉氏政权，实行立宪。以议院开会，进步党人数少十四人，未通过"⑤。六月成立保皇会。随后"遣门人徐勤、梁启用、陈继微、欧榘甲分赴南北美洲、澳洲二百余埠成立分会。会员

---

① 饮冰室主人（梁启超）. 中国人之缺点［M］//张枬，王忍之. 辛亥革命前十年间时论选集（第一卷）：下册. 北京：生活·读书·新知三联书店，1960：791.
② 饮冰室主人（梁启超）. 中国人之缺点［M］//张枬，王忍之. 辛亥革命前十年间时论选集（第一卷）：下册. 北京：生活·读书·新知三联书店，1960：791.
③ 康同璧. 南海康先生年谱续编［M］//康有为. 康南海自编年谱：外二种. 北京：中华书局，1992：69.
④ 汤志钧. 康有为政论集：上册［M］. 北京：中华书局，1981：407.
⑤ 康同璧. 南海康先生年谱续编［M］//康有为. 康南海自编年谱：外二种. 北京：中华书局，1992：71.

至百余万人，为中国未有之大政党。并创办报馆及干城学校，聘西人教兵操"①。1900 年康有为到达新加坡，义和团运动爆发，八国联军攻占北京，康有为号召援救北京，散发告全国民众书，宣布荣禄、刚毅等的误国罪状，并积极组织、谋划自立军起义，认为这是救中国、救皇上的绝好机会。"这次的勤王运动是保皇会时期一件最大的事业，先生（梁启超）和南海（康有为）在这件事上用力最大，所以事败后所受的打击也非常之大。当时的运动，几乎全党总动员，规模很大，那时候南海先生驻新加坡主持一切，先生在檀香山负责筹款，并计划联络各事。"② 自立军起义的失败对康有为打击很大，"先君闻耗大恸，此后不复再言兵事矣"③。1901 年，康有为居住在槟榔屿，《中庸注》一书写成，并自作序曰："此篇系孔子之大道，关生民之大泽，而晦冥不发，遂虑掩先圣之隐光，而失后学之正路，不敢自隐，因润色夙昔所论。"④ 康有为经过戊戌、庚子之难，积忧多病，其女同璧闻讯赶来照顾其生活起居。六月，康有为补撰《春秋笔削大义微言考》一书写成，并自作序。随后游印度，并写成《印度游记》。

1902 年康有为居住在大吉岭，南北美洲的华商来书说："义和团事平已半年，而西后、荣禄仍握大权，内地纷纷加税，民不聊生，保皇会备极忠义，而政府反以为逆党，事势如此，不如以铁血行之，效华盛顿革命自立，或可以保国保民。"⑤ 康有为得此书信，写《答南北美洲诸华商论中国只可行立宪不可行革命书》⑥ 一文，发表他的政见。三月，《论语注》写成，并自作序。

---

① 康同璧．南海康先生年谱续编［M］//康有为．康南海自编年谱：外二种．北京：中华书局，1992：72.

② 丁文江，赵丰田．梁任公先生年谱长编［M］．北京：中华书局，2010：93.

③ 康同璧．南海康先生年谱续编［M］//康有为．康南海自编年谱：外二种．北京：中华书局，1992：74.

④ 康同璧．南海康先生年谱续编［M］//康有为．康南海自编年谱：外二种．北京：中华书局，1992：84.

⑤ 康同璧．南海康先生年谱续编［M］//康有为．康南海自编年谱：外二种．北京：中华书局，1992：94.

⑥ 本文撰写于 1902 年春，和《与同学诸子梁启超等论印度亡国由于各省自立书》合刊为《南海先生最近政见书》，后辑入《不幸而言中不听则国亡》一书中。章太炎的《驳康有为论革命书》就是针对这两篇文章加以驳斥的。（转引自汤志钧．康有为政论集［M］．北京：中华书局，1981：503.）

同时演绎礼运大同之义，写成《大同书》。但认为"大同之世，非今日所能骤及，骤行之恐适以酿乱，故秘其稿"①。七月，写成《大学注》并自作序。八月，康有为的《六哀诗》补成，即哀悼戊戌六君子也，"六烈士者，非先君之友生弟子，即先君之肺腑骨肉。流离绝域，呕血痛心，两年执笔，哀不成文。辛丑八月十三日，先君奠酒于槟榔屿绝顶，成五烈士诗。海波沸起，愁风飚来，哀记亡弟，卒不成声，搁笔三年，今始补成"②。是年底，写成《孟子微》并自作序。1903年正月，"大吉岭大雨雪，与外方消息断绝，卧病将绝粮"③。四月，康有为从印度出发，游历欧美十余个国家。是年，"先君以荣禄死，德宗无恙，前在欧、美、澳、亚、非诸洲各大埠设立之保皇会已风起云涌，国内外民气亦渐次发达，可以徐图立宪矣，乃易保皇会名为宪政会"④。九月，康有为回到香港，《官制议》一书写成，"先君谓中国官制为最不善，欲中国变法，非先变官制不能为功。分者当极其分，宜行地方自治，合者当极其合，宜行中央集权"⑤。1904年，继续其欧美之游，在罗马购买古物寄回中国。"先君自本年六月由香港放洋，共历意大利、瑞士、奥地利、匈牙利、法兰西、丹麦、瑞典、比利时、荷兰、英吉利十一国，凡其政教风俗文物无不考察备至，不愿自秘，先疏记其略，著《欧洲十一国游记》以告国人。"⑥

（二）中国民性闭塞以致"民权自由必待将来"思想

康有为认为中国人是非常爱国的，但中国民情的弊端在于民众团结能力

---

① 康同璧.南海康先生年谱续编［M］//康有为.康南海自编年谱：外二种.北京：中华书局，1992：98.

② 康同璧.南海康先生年谱续编［M］//康有为.康南海自编年谱：外二种.北京：中华书局，1992：99.

③ 康同璧.南海康先生年谱续编［M］//康有为.康南海自编年谱：外二种.北京：中华书局，1992：107.

④ 康同璧.南海康先生年谱续编［M］//康有为.康南海自编年谱：外二种.北京：中华书局，1992：108.

⑤ 康同璧.南海康先生年谱续编［M］//康有为.康南海自编年谱：外二种.北京：中华书局，1992：109.

⑥ 康同璧.南海康先生年谱续编［M］//康有为.康南海自编年谱：外二种.北京：中华书局，1992：122.

较差。1899 年康有为到达温哥华，受到当地华侨的热烈欢迎，他们争先恐后问皇上的情况，以及政变的原因。当康有为告诉他们皇上非常爱民，今日变法都是为吾民安乐时，华侨们都欢喜欣乐。因此康有为认为"吾以一逋臣无补国艰，何足道，而邦人相爱至此，非惟爱吾也，爱变法也；非爱变法也，爱其国也，忧其国也"①。因此中国人是爱国的，以此批驳了外国人认为中国人不知爱国的说法。他又认为"吾中国人民之多，患在不和亲通联耳；能和亲通联，则可救矣。……若吾同胞能和好联络，则内之省省通，府府通，县县通，外之人人相通，埠埠相通，则外之合海外五百万人为一人，内之合四万万人为一人，其孰能凌之"②。从华侨的态度和感情上，康氏认为中国国民是爱国的，并且认为海外之民是可用的，他们皆通英语，也多有明达之才和专门之学的人士。"方今中国多艰，变法需才，游海外者皆将来维新之俊杰也。"③ 他认为"今中国之民，如弃野婴儿，无人理，化离惨状不忍言"，"中国之事，败于散而不聚，塞而不通，私而不公。若知其病，通之、聚之、公之，分则弱，合则强"④，从而表达了他只有团结民众才能救国的思想。

康有为坚持认为中国此时倡导民权和自由为时过早。他坚持渐进主义而反对革命和共和，他反对激进革命的主要理论在于他进化论的观念，他的公羊三世说认为社会是从"据乱世""升平世"到"太平世"的渐进发展过程，并且每一世都有相应的政府形式。由于中国当时处于由"据乱世"转向"升平世"阶段，因而必须以君主立宪取代君主专制，民主形式只适合"太平世"，虽然美好，但在当时的中国尚不能达到。他在 1900 年说："伸民权平等自由之风，协乎公理，顺乎人心……将来全世界推行之，乃必然之事也……

① 康有为. 游域多利温哥华二埠记［M］//汤志钧. 康有为政论集：上册. 北京：中华书局，1981：399.

② 康有为. 游域多利温哥华二埠记［M］//汤志钧. 康有为政论集：上册. 北京：中华书局，1981：399.

③ 康有为. 域多利义学记［M］//汤志钧. 康有为政论集：上册. 北京：中华书局，1981：401.

④ 康有为. 在鸟喊士晚士叮埠演说［M］//汤志钧. 康有为政论集：上册. 北京：中华书局，1981：406.

须有所待，乃可为也……中国果服革命之药，则死矣。"① 表达了他"民权自由必待将来"的坚定的渐进主义立场。

康有为对中国人种有很高的评价，他说："我中国人民之众，居地球三分之一，土地等于欧洲，物产丰于全美，民智等于白种，盖具地球第一等大国之资格，可以称雄于大地而自保其种者也。"② 正如他在戊戌时期所论述的中国人生活在温带，民性温良，对中国人种民性有很高的评价，而中国人所存在的一些弱点则是君主的专制统治所致。如由于君主专制，我中国四万万人"人人不分任，惟政府一二人任之"，从而造成中国"以四万万人之大国，无一人有国家之责任者。所谓国无人焉，乌得不弱危削亡哉！呜呼，岂不异哉！虽然，此非其不忠之诿托也。本朝之法，钳制其下，上下隔绝，官民隔绝，其权限实有然也"③。所以中国虽然有四万万人，实际只有一二人。中国民众习惯于让人代谋而不自为谋，习惯于被人治而不自治也，从而造成民性的弱点：

> 盖以民之徒受治于官也，无议政之权则无政事之思虑也，无政事之学识也，无大众之讲议也，无得失之激射也，无美恶之法戒也，无进退之比较也。是故其民俗朴而愚，乔而塞，蠢而野，耕田凿井，长子抱孙，没齿老身，自幸承平而已。以此之故，民有六害：学问不进，智识不开，技艺不新，器械不巧，心思不发越，志意不踔胜。④

如此闭塞的民众如果遇到竞争国家的民众，必将造成失败的结局。

鉴于康有为对中国和世界政俗民情的认识，以及对中国国家和民众命运

① 转引自萧公权．近代中国与新世界：康有为变法与大同思想研究［M］．汪荣祖，译．南京：江苏人民出版社，2007：167.

② 康有为．辨革命书［M］//张枬，王忍之．辛亥革命前十年间时论选集（第一卷）：上册．北京：生活·读书·新知三联书店，1960：211.

③ 明夷（康有为）．公民自治篇［M］//张枬，王忍之．辛亥革命前十年间时论选集（第一卷）：上册．北京：生活·读书·新知三联书店，1960：173.

④ 明夷（康有为）．公民自治篇［M］//张枬，王忍之．辛亥革命前十年间时论选集（第一卷）：上册．北京：生活·读书·新知三联书店，1960：178.

的关心，他坚持立宪而反对革命。1902 年康有为在回答南北美洲诸华商的信和给梁启超的信中，表达了他"中国只可行立宪不可行革命"的主张。首先，康氏认为不同的社会发展阶段有不同的政俗民情，需要实行不同的政府形式，不能超越。他说："仆在中国实首创言公理，首创言民权者，然民权则志在必行，公理则今日万不能尽行也。……凡君主专制、立宪、民主三法，必当一一循序行之。"① 欧、美各国国家富强、人民得民主的原因主要在于立宪法、定君民之权而已，实行革命的只有美国和法国，美国因为当时人民人数少，而且风气新，因而革命成功；而法国则无效且造成混乱。"若我中国万里地方之大，四万万人民之众，五千年国俗之旧，不独与美迥绝不同，即与法亦过之绝远。以中国之政俗人心，一旦乃欲超跃而直入民主之世界……其必不成而堕溺，乃必然也。"② 并且中国"今日为据乱之世，内其国则不能一超直至世界之大同也；为君主专制之旧风，亦不能一超至民主之世也。不然，国者，为民之所积者也；国者，民之公产也。孔子言天下为公，选贤与能，固公理也"③。康有为在写给梁启超的信中也说道："各国之为国，皆有其特别之情，万不能妄引他国为比例者也。……但闻革命自立之事，则艳慕之，而不审己国之情实，乃遂妄言轻举，以酿滔天之大祸，以亡国绝种。"④ 其次，康有为认为革命会使国民遭受祸害，他根据与国外革命的比较，认为由于中国人口众多，语言相互不通，革命兴起必将形成大乱，必将"自杀数万万人，去中国人类之半而救之，孟子言杀一不辜，而得天下不为，况于屠戮同种数万万人哉！"⑤ 倡导革命的人认为革命可以使民众获得民权自立，能够选举民主官吏，而康有为认为不实行革命也可以获得民权和自由，只要皇上复权，便可

---

① 康有为. 答南北美洲诸华商论中国只可行立宪不可行革命军 ［M］//汤志钧. 康有为政论集. 北京：中华书局，1981：476.

② 康有为. 答南北美洲诸华商论中国只可行立宪不可行革命军 ［M］//汤志钧. 康有为政论集. 北京：中华书局，1981：475.

③ 康有为. 答南北美洲诸华商论中国只可行立宪不可行革命军 ［M］//汤志钧. 康有为政论集. 北京：中华书局，1981：476.

④ 康有为. 与同学诸子梁启超等论印度亡国由于各省自立书 ［M］//汤志钧. 康有为政论集. 北京：中华书局，1981：495.

⑤ 康有为. 答南北美洲诸华商论中国只可行立宪不可行革命军 ［M］//汤志钧. 康有为政论集. 北京：中华书局，1981：480.

以开议院、兴民权，民众就可以安享民权自由了。倡导革命者认为中国积弊太深，即使皇上复权，也不可能发生大的变化。而康氏认为"仆以为易动而难静者，民之性也，岂中国人独不然哉"，"夫人心之变，岂有极哉"，况且"既动之后，不能复静，变乱滋生，不可复止"①。最后，康氏认为中国"人民才智未开，北地西边，闭塞尤甚，无其人才而妄立国"②，如果中国各省自立的话，必将相互争乱不已。"今言自立，则必各省相争，即令不争，而十八省分为十八国。……然使果分十八国，则国势不过为埃及高丽而已，更受大国之控制奴隶而已，如印度之各省自立授之外人而已，比为今日大中国之民，犹有所望者，其相去亦远矣！"③ 康氏以此指出革命者的行为将导致国家的分裂，简直是愚不可及！他们"幸于一时之自立，而忘同种之分崩，顾于目前之苟安，而不计百年之必灭，何其无远虑也！"④。康氏的批评和政见无论在当时还是在以后都遭到了各种批评，如在当时章太炎就发表了《驳康有为论革命书》，驳斥了康氏的观点，而在以后则有汤志钧的观点认为"这两封公开信——《政见书》是高唱复辟，压制革命的文字，说明康有为的思想已渐落于形势之后了"⑤。但是笔者认为康氏从民性和民利的角度去考虑的一些观点还是很有见地的，他的担忧也不是没有道理的。

1901—1902 年，康有为完成了六部经书的研究，1901 年完成了《中庸注》《春秋笔削大义微言考序》《孟子微》，1902 年完成了《礼运注》《大学注》《论语注》，并完成了《大同书》一书的写作。康有为重建儒学的成果还是相当可观的，他认为君主专制是人民思想守旧的根源，"昧昧二千年，瞀焉，惟笃守据乱世之法，以治天下……使我大地先开化之中国……衰落守旧

---

① 康有为. 答南北美洲诸华商论中国只可行立宪不可行革命军［M］//汤志钧. 康有为政论集. 北京：中华书局，1981：485-486.
② 康有为. 与同学诸子梁启超等论印度亡国由于各省自立书［M］//汤志钧. 康有为政论集. 北京：中华书局，1981：499.
③ 康有为. 辨革命书［M］//张枬，王忍之. 辛亥革命前十年间时论选集（第一卷）：上册. 北京：生活·读书·新知三联书店，1960：211.
④ 康有为. 辨革命书［M］//张枬，王忍之. 辛亥革命前十年间时论选集（第一卷）：上册. 北京：生活·读书·新知三联书店，1960：212.
⑤ 汤志钧. 康有为传［M］. 台北：台湾商务印书馆，1997：358.

不进，等诮野蛮，岂不哀哉？"①。萧公权先生也曾说过："康氏解释诸经的成绩相当可观，其中几点最为重要：（甲）进步是人类社会的法则；（乙）仁乃是生活的法则；（丙）人们的一切欲望都是正当的，因此不应压制；（丁）人人平等，并给予自由；（戊）民主是政治发展的最后形式，君主立宪乃是专制与共和政体间的过渡；（己）真正的孔子学说实在既在儒家体制之外。这些是康氏社会哲学的要素。也是他在《孔子改制考》和《大同书》中所提出改革哲学的要点。"②

三、革命主导下的中国民性有奴隶根性无国民责任思想

革命和改良是在 20 世纪初逐渐划清界限的，其公认的事件是 1900 年 7 月 26 日、29 日唐才常在上海愚园召开"国会"时，章太炎因不满改良派的主张而公开"割辫与绝"，并倾向革命。③ 此后，革命和改良"各张旗帜，亦自兹始"，所以章士钊认为自立军"固可断为勤王、革命之一大鸿沟也"。④ 如果从时代上考虑，正是庚子之变和自立军的失败，使许多人特别是青年知识分子对保皇和改良失去了信心，正如孙中山在 1901 年的谈话中说的，"凡是了解包围和影响皇帝的那些人物的，谁都应该知道，清朝皇帝没有能力去有效地实行中国所需要的激烈改革"⑤，从而促使了革命和改良的最终分野。

中国人无不知有国，因而也无国民的责任。革命派关于中国人种和民性的认识，在《国民报》中得以集中体现，在《原国》一文中作者指出，中国人不知道有国家，是因为不知道无国之民的痛苦，"无国之民，岂有他哉，终归于一死而矣"。中国人处于列强竞争的世界，如果再不立国，"所谓中国者，永无中国人之足迹，而所谓中国人者，地球上永无容身之地，是虽历千万年、

①　萧公权．近代中国与新世界：康有为变法与大同思想研究［M］．汪荣祖，译．南京：江苏人民出版社，2007：151．
②　萧公权．康有为思想研究［M］．王荣祖，译．台北：联经出版事业公司，1988：88．
③　汤志钧．戊戌变法史［M］．上海：上海社会科学院出版社，2003：692．
④　汤志钧．戊戌变法史［M］．上海：上海社会科学院出版社，2003：693．
⑤　孙中山．与林奇谈话的报道［M］//孙中山全集：第一卷．北京：中华书局，1981：210．

亿兆年，而终无立国之一日也"①。因此中国之亡，其责任在民众，是民众放弃了国民应该具有的责任而导致的。中国人不知有国，无国民的责任，原因在于独夫民贼"私土地、人民为己有，使天下之人，知有朝廷不知有国家；又恐其民之秀杰者，不满于己之所为，乃施以种种牢笼、束缚、压制、威胁之术，以便其私图"②。因而导致中国无真正的学术、政治和法律，导致中国人无国家观念，无国民之责任。

中国人具有奴隶之根性，中国人不知有民权。因为中国人不知有国，不知有国民责任，因而中国人养成了奴隶根性，"中国人以柔顺为教，特别之奴隶根性，已深入于脑浆""民权之公理，非奴隶所敢言"。③"奴隶无权利，而国民有权利；奴隶无责任，而国民有责任；奴隶甘压制，而国民喜自由；奴隶尚尊卑，而国民言平等；奴隶好依傍，而国民尚独立。"④ 而中国人无权利、无责任、无自由、无平等、无独立，因而中国民众非国民而皆为奴隶也。邹容在《革命军》中论述道："中国黄龙旗之下，有一种若国民，非国民，若奴隶，非奴隶，杂糅不一，以组织成一大种。谓其为国民乎？吾敢谓群四万万人而居者，即具有完全之奴颜妾面，国民乎何有？尊之以国民，其污秽此优美之名词也孰甚？"⑤ 他认为中国人具有"奴颜妾面"，不能被称为国民，他还区分了国民和奴隶，认为奴隶是与国民相对的，"国民者，有自治之才力，有独立之性质，有参政之公权，有自由之幸福，无论所执何业，而皆得为完全无缺之人。曰奴隶也，则既无自治之力，亦无独立之心"⑥。中国人擅长为奴隶之道，代代相传，已经形成奴隶之手段。并且中国人乐于为奴隶是秦汉以来就开始的。"举一国之人，无一不为奴隶，举一国之人，无一不为奴

① 原国 [J]. 国民报，1901，1（1）：1-4.

② 二十世纪之中国 [J]. 国民报，1901，1（1）：1-10.

③ 二十世纪之中国 [J]. 国民报，1901，1（1）：1-10.

④ 说国民 [J]. 国民报，1901，1（2）：1-10.

⑤ 邹容. 革命军 [M] //张枬，王忍之. 辛亥革命前十年间时论选集（第一卷）. 北京：生活·读书·新知三联书店，1960：671.

⑥ 邹容. 革命军 [M] //张枬，王忍之. 辛亥革命前十年间时论选集（第一卷）. 北京：生活·读书·新知三联书店，1960：671.

隶之奴隶，二千年以前皆奴隶，二千年以后亦必为奴隶。"① 正如《箴奴隶》的作者说的，"奴隶非生而为奴隶者也，而吾族人乃生而为奴隶者也，盖感受三千年奴隶之历史，熏染数千载奴隶之风俗，只领无数辈奴隶之教育，揣摩若干种奴隶之学派，子复生子，孙复生孙，缪种流传，演成根性"②，从而入木三分地点出了中国奴隶根性的原因。

四、稳健图存主导下的民生与民权思想

（一）严复翻译西书以开民智活动

戊戌维新时期，虽然严复的思想和言论对维新事业的开展起到非常大的推动作用，但是严复并没有成为康有为核心集团的一员，尽管他与这个集团中的梁启超、林旭关系颇为友好。因此戊戌政变并没有给严复的生活带来多大的影响，他继续担任北洋水师学堂的总办。"在1898年暴风雨般事件的全过程中，严复一直在翻译《原富》。"③ 尽管如此，戊戌政变还是给了严复沉重的打击，对"戊戌六君子"之死他深为震惊，并作《戊戌八月感事》诗表达他的悲痛心情。戊戌政变之后严复也几次险遭不测，政府的高压政策使他感到非常不愉快。他对时局甚感失望，他说："国论变更以还，士之有心救时者，大都蔽以党字束置高阁。"④ 在如此压抑的气氛中，他主张通过翻译"正经西学"来救国，他有以下论述：

> 复自客秋以来，仰观天时，俯察人事，但觉一无可为。然终谓民智不开，则守旧维新两无一可。即使朝廷今日不行一事，抑所为皆非，但令在野之人与夫后生英俊洞识中西实情者日多一日，则炎黄种类未必遂至沦胥；即不幸暂被羁縻，亦将有复苏之一日也。所以屏弃万缘，惟以

---

① 邹容．革命军［M］//张枬，王忍之．辛亥革命前十年间时论选集（第一卷）．北京：生活·读书·新知三联书店，1960：673.

② 章士钊．箴奴隶［M］//张枬，王忍之．辛亥革命前十年间时论选集（第一卷）．北京：生活·读书·新知三联书店，1960：702.

③ 史华兹．寻求富强：严复与西方［M］．叶凤美，译．南京：江苏人民出版社，1990：88.

④ 孙应祥．严复年谱［M］．福州：福建人民出版社，2003：136.

> 译书自课。……欲一志译书……南中倘得知我之人月以一洋人之薪待我，
> 则此后正可不问他事，专心译书以饷世人。弟于此事，实有可以自信之
> 处。且彼中尽有数部要书，非仆为之，可决三十年中无人为此者；纵令
> 勉强而为，亦未必能得其精义也。①

表达了他通过译书以开民智，看重思想启蒙，对守旧和维新都有所保留的思
想观念。

1899 年 9 月，《清议报》第 27 期刊行。严复对康有为和梁启超继续坚持
保皇变法十分反感，他说："每次见《清议报》令人意恶；梁卓如于已破之
甑，尚复哓哓，真成无益。平心而论，中国时局果使不可挽回，未必非对山
等之罪过也。轻举妄动，虑事不周，上负其君，下累其友，康、梁辈虽喙三
尺，末由解此十六字考注语。"② 这一年严复译成《群己权界论》③，所翻译
的《支那教案论》由南洋公学译书院出版。1900 年 6 月，八国联军尽毁天津
机器局及北洋水师学堂，严复仓皇由天津躲避到上海，"所有书籍，俱未携
带。《群己权界论》译稿及知交函札，就中以湘阴郭侍郎来书为最多，积年以
来不下百数十通，亦均散失"④。严复自此脱离了海军学堂，可知庚子事变对
严复的影响重大。是年 7 月沙俄乘机入侵中国东北，严复曾愤怒地指出中国
之大患在俄国。7 月 26 日，严复参加了唐才常在上海召开的"中国议会"，
被推举为副会长，容闳为会长。自立军失败后，参加会议的首要成员被清政
府通缉，严复躲进租界避祸。在此期间，严复在上海创建"名学会"，并任会
长，系统讲演了名学即逻辑学。"经过先生这种开创性的工作，西方逻辑学被
系统全面地介绍到中国，受到中国思想界的热烈欢迎。"⑤ 10 月严复随上海救
济会的轮船北上，沿途救济京津一带的官商和难民，目睹了庚子事变后的悲

---

① 王栻. 严复集：第三册 [M]. 北京：中华书局，1986：524–526.
② 孙应祥. 严复年谱 [M]. 福州：福建人民出版社，2003：139.
③ 此书是英国哲学家约翰·穆勒的《论自由》，初译为《自由释义》（见手稿），后改为
　 今名《群己权界论》。（转引自孙应祥. 严复年谱 [M]. 福州：福建人民出版社，2003：
　 142.）
④ 孙应祥. 严复年谱 [M]. 福州：福建人民出版社，2003：147.
⑤ 孙应祥. 严复年谱 [M]. 福州：福建人民出版社，2003：150.

惨局面。

1901年2月《原富》一书的翻译全部完成。4月作《日本宪法义解》序。此后继续在上海名学会讲演名学。5月3日与上海名学会成员合影留念①，5月上旬由上海到天津，经过庚子之役，"山河举目，满市夷骑，令人邑邑耳"②。随后严复就任开平矿务局华部总办的职务，对于此职务严复有描述，"名为总办，其实一无所办，一切理财用人之权，都在洋人手里"③。庚子事变，华人和西人的关系发生微妙的转变，严复亲身经历着各种变化，他说"自去年大受惩创之后，行省官吏前之痛绝深恶教士者，今皆奉之为神师、倚之为护符，一切兴作更张，惟教士之言是听"④，反映了经过庚子之变中国人心态发生的变化。严复演说教案近事讲义感慨于讲义中反映的西人对待中国人的态度，他说"读其文，始悟西人不以人理待中国也"⑤。庚子事变之后严复的思想也曾发生转变，他曾说："走事学三十年，尝精心于天人相推之际。凡今日之世局，皆畴曩所动魄惊心，叫号狂呼以为不渝之验，不可逭之灾者也。……此仆戊戌以还，所以常嘿嘿廉贞，舍闭户译书而外，不敢有妄发者，坐此故也。"⑥ 正如萧公权先生所说的严复"戊戌之后，身遭废弃，言论亦趋稳健。乃殚心译述，欲藉西人之书，以抒一己之意"⑦，对清政府在庚子之后实行的新政，严复持怀疑的态度，他说："庚子一变，万事皆非；仰观天时，俯察时变，觉维新自强为必无之事。"⑧

1902年严复继续担任开平矿务有限公司华部总办。5月在《外交报》上发表《与〈外交报〉主人论教育书》一文；6月，又在《外交报》上发表《路矿议》一文，并且严复开始担任京师大学堂译书局总办一职。6月26日，在《大公报》上发表《主客平议》，阐述"新旧二党"并存的主张。是年末，严复完成了《群学肄言》的翻译。他在给友人熊纯如的信中曾表达了翻译此

---

① 孙宝瑄.忘山庐日记：上册［M］.上海：上海古籍出版社，1983：331.
② 王栻.严复集：第三册［M］.北京：中华书局，1986：509.
③ 王栻.严复集：第三册［M］.北京：中华书局，1986：546.
④ 王栻.严复集：第三册［M］.北京：中华书局，1986：539.
⑤ 王栻.严复集：第三册［M］.北京：中华书局，1986：540.
⑥ 王栻.严复集：第三册［M］.北京：中华书局，1986：565-566.
⑦ 萧公权.中国政治思想史［M］.沈阳：辽宁教育出版社，1998：753.
⑧ 王栻.严复集：第三册［M］.北京：中华书局，1986：544.

书在于纠正前译《天演论》立论过猛的弊端，他说"时局至此，当日维新之徒，大抵无所逃责。仆心知其危，故《天演论》既出之后，即以《群学肄言》继之，意欲蜂起者稍为持重，不幸风会已成"①，表达他对时局的忧患和作为知识分子的责任意识。

1903 年严复开始翻译《法意》，即孟德斯鸠的《论法的精神》。11 月，译成《社会通诠》。当时正值沙俄背弃条约拒绝从中国东北撤兵，朝野中有畏惧沙俄的声音，严复据此在译书中加入按语，进行评论。1904 年 2 月，严复辞去京师大学堂译书局总办职务，打算到上海。是年，严复所译的《法意》前三册由商务印书馆出版。

严复在戊戌之后到日俄战争时期，一直生活在国内，亲身经历着戊戌政变、庚子事变、清末新政等各种发生在中国的重大政治事件。严复本人的生活也在这些重大事件中发生了很大的变化。戊戌政变中他也曾因为宣传夷人思想而处境危险，后来由于受到荣禄的袒护才化险为夷；庚子之变迫使他仓皇南下避祸，并离开了海军学堂；随后担任的开平矿务有限公司华部总办职务，使他更加密切地与西洋人接触，深切感受到国家主权被侵夺，也使他更加关注民生问题。对于清末新政，他目睹其种种弊端，因而始终持不信任的态度，后来担任京师大学堂译书局的职务使他有了更多的时间专心于翻译工作。可以说在这一段时间严复的主要精力用在了译书上，译书内容的选择与他对时局的认识有关，在译书的过程中他把对时局的评论和感触加到书的按语中，既成为对书中内容的解释又是对时局的针砭，从而使严复的译著有了翻译和创作的双重含义。

（二）时下之中国图存须关注民生和民权

戊戌之后严复关于中国民性的看法没有发生改变，他依然认为中国"民力已荼，民智已卑，民德已薄"，这是中国衰弱的原因。但是由于时局的变化，严复认识到言论"过猛"之弊，因此渐趋稳健。这一时期严复专注于译书，在翻译的过程中他不断反思中国和借鉴西方，因而对中国的问题有了一些新的认识。在中国人种和民性的问题上，他关注民生，认为疗贫是基础、

---

① 王栻. 严复集：第三册［M］. 北京：中华书局，1986：678.

是关键，"惟能疗贫，而后有强之可议也，而后于民力、民智、民德可徐及也"①，而与前一阶段的大力倡导自由民权之说大相径庭。

第一，中国民众潜力无限。严复在与西方的对比中发现中国之民勤劳并且吃苦耐劳。中国闽粤地区的民众每年到美洲谋生的当以千计，他们都"强力勤事，方之欧民，盖有加焉。以计学之道言之，固于北美为大利，乃当道者徇欧民媢嫉之私，时持驱逐华民之议，而彼族之来吾土者，乃日责遍地之通商。此所谓公理私利两无所取者矣"②。所以严复认为美国制定出驱逐华民的政策在公理和私利两方面都有所损失。中国人的勤劳能干使"美人恐吾佣夺其小民之生，乃造天下至不公之律，以拒华佣"③。

各个国家的民众吃苦耐劳的程度是不同的，"英民业时最少，其民之惜力如此。小民耐劳之量，国有等差。炎方诸国最下，而温带诸民，欧不及亚。中国操工小民，夜以继日，几无休时。西国七日一辍业，中国并此无有，其勤可谓至极。使待西民而然，不终日哗矣"④。从与西方民众的对比中，严复发现了中国人的勤劳和吃苦耐劳，由此他认为中国民众具有很大的潜力，他说：

> 夫中国虽于今为奥国，而终为外人所严惮，而恐为其子孙忧者，有二事焉：一曰土地广大，物产浩博也；一曰民庶而勤，作苦治生也。以是二者为之资，设他日有能者导其先路，以言通商，则转物材以为熟货，其本轻价廉，以夺彼欧人之市有余。以言兵战，则坚忍耐战，人怀怒心，决非连鸡为栖者所可及。而是二者之中，其前一尤为欧人之忌。故吾今者之故步自封，虽笑讥鄙夷，而实则彼之所祷祀以求者也。设一旦吾之民智日进，天诱其衷，幡然改之，吾知彼方奋其沮力，以与我争一旦之命，其必不坐视以听我之精进，又灼然可知者矣。……存亡之机，间不

① 严复.读新译甄克思《社会通诠》[M]//王栻.严复集.北京：中华书局，1986：149.
② 严复.《原富》按语[M]//王栻.严复集：第四册.北京；中华书局，1986：857.
③ 严复.《原富》按语[M]//王栻.严复集：第四册.北京：中华书局，1986：860.
④ 严复.《原富》按语[M]//王栻.严复集：第四册.北京：中华书局，1986：858.

容发，视乎天心之所向，亦深系乎四万万人心民智之何如也。①

严复从欧人的担忧和中国民性的吃苦耐劳中看到中国民众的潜力，认为只要中国民智增进，中国民众的潜力无限，中国必将强大起来。他在《社会通诠》的按语中也曾说："窃料黄人前途，将必不至于不幸也。"中国民众虽然今日"困于旧法，拘于积习"而有许多弊端，但是如果能够生于忧患，必将"大见于世史"。原因在于："天下惟吾之黄族，其众既足以自立矣，而其风俗地势，皆使之易为合而难为分。……且吾民之智、德、力，经四千年之治化，虽至今日，其短日彰，不可为讳，顾使深而求之，其中实有可为强族大国之储能，虽摧斫而不可灭者。"② 这正如史华兹所说的严复"对人民现状的低评价和对他们所谓的潜在能力的深信"③。严复对中国民众潜力的深信正是戊戌之后出现的，而正是在庚子事件后西方言论开始大肆渲染中国民众的"野蛮"，这不能不说是严复对时局的反思和矫正。正如他在《路矿议》中所说："支那，开化之国也。其民族非野蛮也，聪慧强力有余，所不能享天地自然之利者，无他，铁轨不施，销路不广。……中国地大物博，工巧民勤，诚得其术为之，数稔之间，不难致此。"④

第二，时下中国要图存，政府不能毁民权。严复认为，当时的中国处于列强并立的世界中，国家要图存，要在世界中求得生存，政府不能"毁民权"。他先分析了国家的本质，他说："今夫国者非他，合亿兆之民以为之也。国何以富？合亿兆之财以为之也。国何以强？合亿兆之力以为之也。"⑤ 只有在专制统一的国家，民众才没有权利，君民上下相生相养，国家相安无事，这时如果在民众中提倡民权自由之说，将有百害而无一利。但是当今的时代已经不同了，他说：

---

① 严复.《原富》按语 [M] //王栻. 严复集：第四册. 北京：中华书局，1986：896.

② 甄克思. 社会通诠 [M]. 严复，译. 北京：商务印书馆，1981：155.

③ 史华兹. 寻求富强：严复与西方 [M]. 叶凤美，译. 南京：江苏人民出版社，1990：96.

④ 严复. 路矿议 [M] //王栻. 严复集. 北京：中华书局，1986：105-106.

⑤ 严复.《原富》按语 [M] //王栻. 严复集：第四册. 北京：中华书局，1986：917.

乃今之世既大通矣，处大通并立之世，吾未见其民之不自由者，其国可以自由也；其民之无权者，其国之可以有权也。且世之黜民权者，亦既主变法矣，吾不知以无权而不自由之民，何以能孤行其道以变其夫有所受之法也？亦既晓以知惧矣，惧为印度，惧为越南、缅甸、朝鲜，惧为埃及，惧为波兰，乃不知是数国者，其民皆未尝有权也。且深恶民权之说者，不自今之支那愚儒大官始也，往者欧洲之勋贵公君，皆恶之矣，英之察理，法之路易是已。其最不恶民权而思振兴之者，亦有之矣，德之佛勒德立，美之华盛顿是已。顾二者孰非孰是，孰荣孰辱，孰存孰亡，不待辨矣。故民权者，不可毁者也。必欲毁之，其权将横用而为祸愈烈者也。毁民权者，天下之至愚也，不知量而最足闵叹者也。①

严复从国家的权利和自由分析出不能"毁民权"的理由，然后他又分析了中国民众没有民权的原因，第一在于中国政体之弊在于禁止民众议论朝政，这不仅危害了民德，而且剥夺了民众的权利。他说：

中国自秦政以降，大抵以议法为奸民。然宋元以前，朝政得失，士犹得张口而议也。至于明立卧碑，而士之性灵始锢。虽然，犹有讲学，而士尚可以自通。至于今世，始箝口结舌，以议论朝政为妖妄不详之人，而民之才德识知，遂尽如斯密氏之所指。夫甚敝之政，其害必有所终。故自与外国交通以来，无往而不居其负，至于事极而反，则横议蜂起，溃然如堤堰之决，而于此之时，居上者欲捧土而郭之，而世风民气，遂愈不可问矣。②

民众权利被剥夺，民众无处诉说冤屈和愤怒，一旦爆发将会做出破坏行为，从而败坏了民德，因此民权的缺失损失的不仅是民众还有国家。第二在于中国之民不拥有"一地一业"的财富。他指出中西的差异，在中国"报效者，志不逾于得官，而朝廷则以官界之，此上下交相失之道也。盖出财者，

---

① 严复.《原富》按语［M］//王栻.严复集：第四册.北京：中华书局，1986：917-918.
② 严复.《原富》按语［M］//王栻.严复集：第四册.北京：中华书局，1986：907.

不必于官宜，则国失矣。或守虚荣，终其一身而止，则民失也"①，致使民无所守，是否拥有权利在于政府是否给予，致使民权缺失。而在西方则"其所求者，大抵皆一地一业之利便，而可以世守者，故民权之成，亦以渐耳。上有所诺于民而不可食，有所约于民而不可负，食且负，民得据所守而责之，此民权之所以成也"②。严复从西方议院的起源中领悟到民权产生的根本所在，在于民众拥有属于自己的财权，这份财权是政府不能剥夺的。正如严复所指出的在西方如果君主要增加赋税，而民众不同意的话，政府就不能增加，必待民众同意尚可。如果在中国的话，在韩愈的《原道篇》中就会说："民不出租赋则诛而已。"③ 中西方的差别使严复领悟到了中国民权缺失的真正原因。严复认为欧洲的议院制度由来已久，有广泛的社会基础，"民习而用之，国久而安之。此其所以能便国而无弊也"。而中国实行变法，由国家设立议院，"此无论吾民之智不足以与之也。就令能之，而议院由国家立者，未见其为真议院也。徒多盈廷之莠言，于国事究何裨乎？"④

第三，民贫引致民智和民德缺失，并最终导致国贫。严复关注民生，他认为民众的富有程度是提升民智、民德的基础。严复认为当今中国之大患在于民贫和国贫。国家和民众的一切弊端都可以从"贫"中找到，他说："其智之不瀹，以贫故；其力之不奋，以贫故。问何污秽而不蠲，贫也；问何作伪而售欺，贫也。疠疫之所以流行，盗贼之所以充斥，官吏之所以贪婪，兵卒之所以怯弱，乃至民视其国之存亡若胡越之相视其肥瘠，外人入境甘为前驱，甚或挽其长留以为吾一日之慈母，无他，举贫之为患而已矣。"⑤ 因此严复认为当今救国之急在于去贫而求富。

严复认为民众生活富足快乐是教化的基础，正如孟子所说"仓廪实而知礼节，衣食足而知荣辱。礼生于有，而废于无"。所以严复认为："是故理富之术，在一国之母财支费，相酌剂为盈虚。支费非不可多也，实且以多为贵，

① 甄克思. 社会通诠［M］. 严复，译. 北京：商务印书馆，1981：126.
② 甄克思. 社会通诠［M］. 严复，译. 北京：商务印书馆，1981：126.
③ 甄克思. 社会通诠［M］. 严复，译. 北京：商务印书馆，1981：125.
④ 严复.《原富》按语［M］//王栻. 严复集：第四册. 北京：中华书局，1986：884.
⑤ 严复. 读新译甄克思《社会通诠》［M］//王栻. 严复集. 北京：中华书局，1986：148.

而后其国之文物声明，可以日盛，民生乐而教化行也。夫求财所以足用，生民之品量，与夫相生相养之事，有必财而后能尽其美善者。……由此观之，国之务富者，所以辅民善治也；家之务富者，所以厚生进种也。"① 由此可知民生的重要性。严复认为"民德之厚薄，民智之明暗，民力之贫富，与夫民品之贵贱，而皆所未逮者矣。大抵至治之世，其民势均而才殊。势均所以泯其不平，才殊而后有分功之用。夫而后分各足而事相资，而民乃大和"②。民众贫富均衡并各有分工这是民众祥和的社会景象。

严复认为中国民生困顿，与中国法律的束缚和缺失是有关系的。"治体之顺逆良楛，其因；而国势之强弱，民生之贫富，其果。"③ 中国法律束缚了民众的自由，他说："盖法术未有不侵民力之自由者。民力之自由既侵，其收成自狭。收成狭，少取且以为虐，况多取乎！"④ 而英国则恰恰相反，"所谓业联徒限择业移工诸事，今亦听民自由，无为沮梗者。此可以见英国政令之日以宽大，与其国富之所由来"⑤。从对比中可知中国民众的贫穷与政令的束缚是分不开的，同时政令的缺失也同样不利于民众的生活，如严复指出由于政府不为民众制定规章制度，致使民众在商业交换中没有规则可以遵守，"此之流极，必至民不相任，商贾不行，勤愿者失依，巧伪者得计，物大腾贵，息利不论而后已"⑥，造成中国民众在商业交换中不讲诚信，"售欺长伪，丛弊启奸，所以为民德风俗之祸者尤钜。吾不意中国号为文明者四千余年，而于民生最急之端，坏乱至于此极"⑦。严复发出感慨，认为这是国家政令和教育的缺失造成的，民众的聪明才智在学习和运用中逐渐增长，他指出："夫如是之民，谓微斯密氏之书，犹昧于食货之理者，吾不信也。故吾中国之处今日，其常忧于无救，而卒为棕黑二种之续者，病在自黜聪明，不察理实已耳。至于专利顾私之害，犹其轻焉者也。"⑧ 同时期发表的《论中国商业不发达之原

① 严复.《原富》按语［M］//王栻.严复集：第四册.北京：中华书局，1986：880.
② 严复.《原富》按语［M］//王栻.严复集：第四册.北京：中华书局，1986：870.
③ 严复.读新译甄克思《社会通诠》［M］//王栻.严复集.北京：中华书局，1986：147.
④ 严复.《原富》按语［M］//王栻.严复集：第四册.北京：中华书局，1986：888.
⑤ 严复.《原富》按语［M］//王栻.严复集：第四册.北京：中华书局，1986：864.
⑥ 严复.《原富》按语［M］//王栻.严复集：第四册.北京：中华书局，1986：861.
⑦ 严复.《原富》按语［M］//王栻.严复集：第四册.北京：中华书局，1986：886.
⑧ 严复.《原富》按语［M］//王栻.严复集：第四册.北京：中华书局，1986：886.

因》一文中总结，中国商业不发达的原因在于：视商太贱、视商太易、不通商情、不重商信、无商报、无商会、无汽船会社与银行、无奖励与保护，作者最后指出中国商务不兴是中国灭亡的重要原因。① 这有力地印证了严复的观点和看法所具有的时代性。

第三节　国民与民族合二为一思想的分歧与质疑

正如在第一章中所阐述的，甲午中日战争的失败惊醒了国人，中国传统的天下观念最终退潮，而以华夏为中心的万国观也随之去中心化，中国只是世界众多国家中的一员，并且是一个贫弱的国家。戊戌变法的失败使国人通过变法达到国家富强的希望破灭，庚子事变和随后签订的《辛丑条约》使中国的国际地位陷入低谷，全面学习西方，引进西方的各种思想学说成为国人的共识，正是在这种时代背景下西方近代民族、民族主义的观念通过日本传入中国。

西方民族主义认为，近代国家都是由民族构成的，任何一国的国民总是隶属于一定的民族，民族主义成为近代国家存在的支撑性因素。近代国家要实现长治久安的目标，一定要全体国民都有同一民族国家的认同，至少也要有同一国家的认同，认同和效忠同一个国家。② 早期的民族主义作为一条政治原则，认为政治和民族单位应该是一致的。③ 但是，同一民族同一国家在实践中实现的可能性是很少的，如果严格按照这一政治原则，整个世界恐怕将会被分为成千上万个独立的国家。而在传统国家中并不存在民族认同问题，虽然传统国家中有某一种族或地域共同体联合起来对抗其他种族和地域共同体的入侵行为，但是民族认同并没有成为构建政治共同体的原则。传统中国的夷夏之辨并不是基于严格的民族划分，而是基于文化来区分的，如康有为所

---

① 论中国商业不发达之原因 [M] //张枬，王忍之. 辛亥革命前十年间时论选集. 北京：生活·读书·新知三联书店，1960：468-471.

② 吴文程. 政治发展与民主转型：比较政治学理论的检视与反思 [M]. 长春：吉林人民出版社，2008：162.

③ 盖尔纳. 民族与民族主义 [M]. 韩红，译. 北京：中央编译出版社，2002：2.

言"中国而为夷狄则夷之，夷而有礼义则中国之"①，实际上，民族如同国家一样，也是人类历史上相当晚近的新现象。"民族"的建立是基于构建主权国家的需要，人为因素在其中有着相当的重要性，比如，激发民族情操的宣传与设计等，可以说，并不是民族创造了国家和民族主义，而是国家和民族主义创造了民族。② 盖尔纳有个著名的观点，即民族主义造就了民族，而不是民族造就了民族主义。在盖尔纳看来："当总的社会条件有利于那种统一的、相似的、集中维持的高层次文化时，当这种条件遍及全社会的人口，而不仅仅遍及为数很少的精英分子时，就会出现一种局面，即定义明确的，由教育作后盾的、统一的文化单位构成了人们自愿并且往往热情认同的近乎唯一的一种组织单位。"③ 这就是民族的最终形成。安德森关于民族最著名的观点："它是一种想象的政治共同体——并且，它是被想象成为本质有限的，同时也享有主权的共同体。"④ 可以看出，二人都强调民族、民族主义产生上的人为建构作用。也就是说，民族、民族主义并非与生俱来的，而是后天人们在意识上的建构。当社会不再被视为有机体后，人类将面临认同危机，而"民族主义是人类对认同危机的响应，即民族国家的兴起，实为不得不用某一种属性（或符号）来重新界定'我们'的结果"⑤。杜赞奇在研究中国民族主义时的根本立足点实际上就是民族、民族主义的人为建构性。他也把民族看成一种身份认同，并且在研究中试图揭示的就是民族主义话语对民族的建构作用、民族主义话语所建构的历史对其他历史的压抑，以及其他话语对民族主义话语的反抗。⑥ 戊戌之后思想家对民族问题的争论和分歧也正反映了这个问题。

　　中国民族主义的形成既受西方民族主义思想的影响，又受国内形势、国内思想观念和日本对民族理解的影响。根据金观涛、刘青峰对中国近现代重

---

① 康有为. 辨革命书［M］//张枬，王忍之. 辛亥革命前十年间时论选集（第一卷）. 北京：生活·读书·新知三联书店，1960：213.

② 霍布斯鲍姆. 民族与民族主义［M］. 李金梅，译. 上海：上海人民出版社，2000：10.

③ 盖尔纳. 民族与民族主义［M］. 韩红，译. 北京：中央编译出版社，2002：73.

④ 安德森. 想象的共同体：民族主义的起源与散布［M］. 吴叡人，译. 上海：上海人民出版社，2005：5.

⑤ 金观涛. 探索现代社会的起源［M］. 北京：社会科学文献出版社，2010：21.

⑥ 韦磊. 美国的近现代中国研究［M］. 北京：北京师范大学出版社，2010：122.

要政治术语数据库的考察，"民族"一词到 1900 年后被广泛使用，而"民族主义"一词最早见于 1901 年的《国民报》中。1898 年戊戌政变后，梁启超在翻译的小说《佳人奇遇》中使用过"中国民族"，应该是中国人最早使用"民族"来表达近代民族观念的，但当时类似的用法还是很少见的。① 说明正是在 1900 年，中国的民族观念和民族主义开始孕育并随后发展形成。根据金观涛、刘青峰的研究可知，中国的民族主义是以"世界"命名的社会组织的蓝图孕育产生的，"世界"一词是取代"万国"而出现的，万国观是静态的，而"世界"具有流变的性质。"世界"是流变和演化的，它最终将指向绝对平等、取消一切差别的大同世界，它与当时流行的中国的社会达尔文主义正好相合，它在现实中的运行机制是进化论，是物竞天择的，各国处在竞争的世界，必须努力争自主、争权利、求富强，否则将会被其他国家灭亡。当国家主权与国家的定义紧密联系时，为国家主权提供正当性的民族主义就由此产生了，中国民族主义的思想观念就是在这种互相矛盾的价值理念中起源的。② 同时金观涛、刘青峰在研究中还注意到中国民族主义的出现还与"世纪"一词同步，他们通过数据库检测发现："用'世纪'来指涉百年，几乎是跟'世界'成为政治术语（开始代替万国）同时发生的。……故民族主义最早出现在'世界'和'世纪'语境中，实为进化机制对社会组织蓝图的界定。"③ 正如梁启超所说的，只有在生存竞争和国力进步中来展望未来百年中的世界，民族国家和民族主义才是必不可少的。④

中国民族主义和民族国家观念在形成的过程中还受到日本的广泛影响。正如王珂先生所考察的，中国近代思想家所接受的"民族"概念来自日本，日本的"民族"词汇翻译自西文 Nation，但日本的国粹主义者根据日本的状况把"民族"理解为"其实就是作为政治共同体的'日本国民'之'民'与

① 金观涛，刘青峰．观念史研究：中国近代重要政治术语的形成［M］．北京：法律出版社，2009：243-244.

② 金观涛，刘青峰．从"天下""万国"到"世界"：晚清民族主义形成的中间环节［J］．二十一世纪，2006（94）：40-53.

③ 金观涛，刘青峰．从"天下""万国"到"世界"：晚清民族主义形成的中间环节［J］．二十一世纪，2006（94）：40-53.

④ 梁启超．新史学［M］//林志均．饮冰室合集·文集（第四册）：第九卷．北京：中华书局，1989：70.

作为文化、血缘共同体的'大和民族'之'族'的结合"，从而强化日本国民中"一个国家就是一个民族"的思想。① 这种思想通过中国近代思想家传入中国后，就使原本希望通过民族主义唤醒国民，以民族打造国民国家的思想家在实践中却走向了打造民族和民族国家的道路，从而走向了"单一民族建立国家"的努力之路。《民族主义之教育——此篇据日本高材世雄所论而增益之》一文中说："顾国民云者，以国家为民族之范围。""是故民族建国者，以种族为立国之根据地。以种族为立国之根据地者，则但与本民族相提携，而不能与异民族相提携，与本民族相固著，而不能与异民族相固著"② 正表达了国民以民族相统一，民族又与种族相一致的观念。王珂先生在研究中得出结论，民族主义传入中国以来，中国的民族主义的目标实际就演变成建立一个单一民族国家的过程。③ 笔者认为这是有待商榷的。本节主要阐述这一时段思想界关于中国的民族国家观念和民族主义的认识和纷争。

一、国际视野的民族主义立国思想与国内的大民族主义思想

梁启超在《国家思想变迁异同论》中引述了政治学大家伯伦知理关于国家的思想，其中新时期欧洲国家思想中国家与人民的关系大略为：国家为人民而立，君主为国家之一支体，其为人民而立，故人民为国家之主体。国家与人民一体，全体国民没有等级之分，人人平等，统治者对人民负责任，统治权是人民授予委托代理的。国家承担公众教育的权利和义务，立法权在于全体国民，全体国民皆受治于法律。④ 梁启超认为今日欧美的国家思想处于民族主义与民族帝国主义相嬗时代。对欧洲而言，民族主义全盛于 19 世纪，而

① 中国近代思想家开始大举登陆日本之日，正是日本国粹主义流行之时，一些日后成为民族主义思想家的人物，许多都与日本国粹主义者有过实际的接触。如孙中山、梁启超等，这对解释中国近代民族主义思想家追求一个民族一个国家，以及孙中山要在中国实现一个汉族的民族国家的问题，都具有不可忽视的重要意义。参见王珂. 民族：一个来自日本的误解 [J]. 二十一世纪，2003（77）：73-83.

② 民族主义之教育 [M] //张枬，王忍之. 辛亥革命前十年间时论选集（第一卷）：上册. 北京：生活·读书·新知三联书店，1960：404-405.

③ 王珂. 民族：一个来自日本的误解 [J]. 二十一世纪，2003（77）：73-83.

④ 梁启超. 国家思想变迁异同论 [M] //饮冰室文集点校. 吴松，卢云昆，王文光，等点校. 南京：江苏教育出版社，2001：763-765.

萌芽于 18 世纪下半叶，民族帝国主义全盛于 20 世纪，而萌芽于 19 世纪下半叶，今日之世界，是民族主义和民族帝国主义之时代。"十八、十九两世纪之交，民族主义飞跃之时代也。法国大革命，开前古以来未有之伟业，其《人权宣言书》曰：'凡以己意欲栖息于同一法律之下之国民，不得由外国人管辖之；又其国之全体乃至一部分，不可被分割于外国。盖国民者，独立而不可解者也。'"① 这是民族主义发起的根源。接着梁启超阐述民族主义的发展和演变过程：

> 民族主义者，世界最光明正大公平之主义也。不使他族侵我之自由，我亦毋侵他族之自由。其在于本国也，人之独立；其在于世界也，国之独立。……民族主义发达之既极，其所以求增进本族之幸福者，无有厌足，内力既充，而不得不思伸之于外。故曰：两平等者相遇，无所谓权力，道理即权力也；两不平等者相遇，无所谓道理，权力即道理也。由前之说，民族主义之所以行也，欧洲诸国之相交则然也；由后之说，帝国主义之所以行也，欧洲诸国与欧外诸国之相交则然也。……新帝国主义之既行，不惟对外之方略一变而已，即对内之思想，亦随之而大变。盖民族主义者，谓国家恃人民而存立者也，故宁牺牲凡百之利益以为人民；帝国主义者，言人民恃国家而存立者也，故宁牺牲凡百之利益以为国家，强干而弱枝，重团体而轻个人。……今之政府，以全国民为主体，故其帝国者，民族帝国也。凡国而未经过民族主义之阶段者，不得谓之为国。譬诸人然，民族主义者，自胚胎以至成童所必不可缺之材料也；由民族主义而变为民族帝国主义，则成人以后谋生建业所当有事也。②

梁启超阐述欧洲民族主义的发展和演变，"是出于考虑中国如何才能够在弱肉强食的国际政治中生存下去的目的"③，意在使我国国民比较并且自我反

---

① 梁启超. 国家思想变迁异同论［M］//饮冰室文集点校. 吴松，卢云昆，王文光，等点校. 南京：江苏教育出版社，2001：766.

② 梁启超. 国家思想变迁异同论［M］//饮冰室文集点校. 吴松，卢云昆，王文光，等点校. 南京：江苏教育出版社，2001：767-768.

③ 王珂. 民族：一个来自日本的误解［J］. 二十一世纪，2003（77）：73-83.

省，明确我国所处的阶段，我国的民族主义还未形成，国家思想还未孕育，如果将政府万能之学说移植于中国，"则吾国将永无成国之日矣，知他人以帝国主义来侵之可畏，而速养成我所固有之民族主义以抵制之，斯今日我国民所当汲汲者也！"① 在《新民说》中，梁启超又进一步解释了民族主义和民族帝国主义的含义，他说："十六世纪以来（约三百年前），欧洲所以发达，世界所以进步，皆由民族主义所磅礴冲激而成。民族主义者何？各地同种族同言语同宗教同习俗之人，相视如同胞务独立自治，组织完备之政府，以谋公益而御他族是也。此主义发达既极，驯至十九世纪之末乃更进而为民族帝国主义。民族帝国主义者何？其国民之实力，充于内而不得不溢于外，于是汲汲焉求扩张权力于他地，以为我尾闾。"② 根据欧洲民族国家发展和演变的过程，梁启超指出，"至于中国，盖必先经民族主义时代，乃能入民族帝国主义时代。今泰西诸国，竞集权于中央者，集之以与外竞也。然必集多数有权之人，然后国权乃始强，若一国人民皆无权，则虽集之，庸有力乎？……故医今日之中国，必先使人人知有权，人人知有自由。然后可"③，从而指出当时中国之急务在于建立一个真正的民族国家，而建立民族国家与兴民权是息息相关、相辅相成的。梁启超在论述民族主义兴起的原因时曾指出："（卢梭等）平权派之言曰：人权者出于天授者也，故人人皆有自主之权，人人皆平等；国家者，由人民之合意结契约而成立者也，故人民当有无限之权，而政府不可不顺从民意，是即民族主义之原动力也。"④ 正所谓处于"民族主义立国之今日，民弱者国弱，民强者国强"⑤。从梁启超关于民族的阐述可知，他把国民与民族相互联系起来，希冀通过民族主义实现具有凝聚力的强大的国民国家的目的。

1902 年梁启超在《论民族竞争之大势》一文中又阐述了欧洲各国近世强

---

① 梁启超 . 国家思想变迁异同论［M］//饮冰室文集点校 . 吴松，卢云昆，王文光，等点校 . 南京：江苏教育出版社，2001：768.

② 梁启超 . 新民说［M］. 郑州：中州古籍出版社，1998：50.

③ 梁启超 . 答某君问法国禁止民权自由之说［M］//饮冰室文集点校 . 吴松，卢云昆，王文光，等点校 . 南京：江苏教育出版社，2001：2199.

④ 梁启超 . 国家思想异同论［M］//饮冰室文集点校 . 吴松，卢云昆，王文光，等点校 . 南京：江苏教育出版社，2001：766.

⑤ 梁启超 . 新民说［M］. 郑州：中州古籍出版社，1998：56.

大的原因在于民族主义，认为"民族主义者，实制造近世国家之原动力也"。① 民族国家形成之后在世界范围内形成激烈的竞争，而20世纪民族的竞争又集中在工商政界方面，此种竞争的兴起是由于民族的膨胀、民族主义和国家主义的兴起，因此今日欲救处于危难中的中国必先建设一个民族主义的国家，"以地球上最大之民族，而能建设适于天演之国家，则天下第一帝国之徽号，谁能篡之？而特不知我民族有此能力焉否也。有之则莫强，无之则竟亡，间不容发，而悉听我辈之自择"②。梁启超之殷殷期望跃然纸上，激励我国民建立强大的民族国家，从而使我民族能屹立于世界民族之林。在梁启超民族主义的论述中，除了国际视野，还有关于国内民族问题的思考，1902年4月，他在写给康有为的信中说道：

今日民族主义最发达之时代，非有此精神，决不能立国，弟子誓焦舌秃笔以倡之，决不能弃去者也。而所以唤起民族精神者，势不得不攻满洲。日本以讨幕为最适宜之主义，中国以讨满为最适宜之主义。③

梁启超清楚地表达了他坚定的"以民族主义立国"的思想，虽然他为了唤起民族精神而攻击"满洲"，但是他以"讨满"与日本的"讨幕"相提并论，说明他"民族主义的目标是在中国推翻清王朝，而并非从中国驱除其他民族"。④ 这与他在1903年提出的排满的疑问是有关联的。

二、维护多民族国家统一观照下的民族主义思想

康有为的民族思想主要是针对革命派及梁启超等提出的排满而提出的。他说："夫以二百年一体相安之政府，无端妄引法、美以生内讧，发攘夷别种

---

① 梁启超. 论民族竞争之大势 [M] //饮冰室文集点校. 吴松，卢云昆，王文光，等点校. 南京：江苏教育出版社，2001：787.

② 梁启超. 论民族竞争之大势 [M] //饮冰室文集点校. 吴松，卢云昆，王文光，等点校. 南京：江苏教育出版社，2001：802.

③ 梁启超. 与夫子大人书（光绪二十八年四月）[M] //丁文江，赵丰田. 梁任公先生年谱长编. 北京：中华书局，2010：140.

④ 王珂. 民族：一个来自日本的误解 [J]. 二十一世纪，2003（77）：73-83.

之论，以创大难，是岂不可已乎？"① 康有为是针对革命派引用西方国家的民族主义从而将满族化为异种异族的看法所提出的批评，他认为这是不应该的，并且有可能"创大难"。

第一，他认为中国的夷夏之别在于文化差别，正所谓"中国而为夷狄则夷之，夷而有礼义则中国之"。康氏解释为"春秋当此之时，惟德是亲，然则孔子之所谓中国夷狄之别，犹今所谓文明野蛮耳，故中国夷狄无常辞，从变而移，当其有德，则夷狄谓之中国，当其无道，则中国亦谓之夷狄。将为进化计，非为人种计也"②。而清政府入关已经二百多年，与汉族组成一个国家，团结为一个整体，满汉教育文化都从周孔，国家的礼乐典章都从汉、唐、宋、明等朝代，因此满汉几乎没有差别了，如果政治上的君主专制有不善的地方的话，那也是沿袭了汉、唐、宋、明朝代的旧制，而不是清政府的特制。因此满汉已经成为一体、一国了。康有为的这一论述是借助中国传统文化民族观点的，是与中国的传统认识基本一致的。

第二，康氏认为"国朝之制，满汉平等，汉人有才者，匹夫可为宰相"③。他历数清王朝统治时期汉族人所拥有的权力，并且把该时期一直存在的满汉分缺也解释为"恐满大臣权大，至使汉人无官，有若元时，故特分满汉之缺。然则所以分之之故，盖专为汉人计也"④。解释虽然非常牵强，但表达了他认为满汉平等并且共同执政的观感。并且他认为"满洲"合于汉族，是有益于中国的。通过皇上的变法自强，是能够达到公天下、开议院的目的的，因此中国四万万同胞可以不通过革命而获得民权自由。满族中最该痛恨的是太后、荣禄一二人，而不是"满洲"全籍之人，因此将一二人之罪过强加于全籍人头上，是大错而特错。

---

① 康有为．辨革命书［M］//张枬，王忍之．辛亥革命前十年间时论选集（第一卷）．北京：生活·读书·新知三联书店，1960：212.

② 康有为．辨革命书［M］//张枬，王忍之．辛亥革命前十年间时论选集（第一卷）．北京：生活·读书·新知三联书店，1960：213.

③ 康有为．辨革命书［M］//张枬，王忍之．辛亥革命前十年间时论选集（第一卷）．北京：生活·读书·新知三联书店，1960：214.

④ 康有为．辨革命书［M］//张枬，王忍之．辛亥革命前十年间时论选集（第一卷）．北京：生活·读书·新知三联书店，1960：214.

第三，康有为针对革命派引用扬州十日和两王入粤之事来煽动民族复仇情绪的说法提出批评，他认为这种事情"盖古时文明未开，敌国相攻之常。……故在开国之时，万国未通之日，分别内外，犹之可也"①。而如今大地既通，诸种族已经相遇，合成一国，并成一家，就应该举全国之力，同舟共济，以实现国家的自强。当今的中国外患频仍，内部既散又弱，如果"不顾外患，惟事内讧，同室操戈，他人入室，无端生此大波，立此乱说，于伦理为悖而不顺，于时势为反而非宜""国人今日所当忧者，不在内讧而在抗外也"②。因此康氏认为只有"满汉不分，君民共体"，只有所谓的中国，而没有满汉之分，只有君民相通，上下同心，才能真正走向国家的富强。

康有为关于满汉民族问题的认识得到同时代人杨度的认同。杨度认为在中国的民族问题上应该保持满汉的平等并建立保留清朝皇帝的君主立宪制，从而维护多民族国家的统一。杨度的这一认识建立在他对清朝多元政治体制的安排上。"满洲"入关时，对不同民族实行不同的管理形式：

> 在政治和法律制度上，清朝对明制多有承继，并官修明史，从而获得多数汉人士大夫的认同……1635 年，皇太极……获得蒙古人的认同，还确立了在西藏的统治地位。1727 年，雍正在西藏设立驻藏大臣；1750 年，乾隆在西藏实行政教合一、达赖喇嘛与驻藏大臣协同管理的噶厦体制。1760 年，清朝征服新疆地区，根据蒙古、汉族和维吾尔族等不同聚居区的情况，朝廷分别实行蒙旗制、郡县制和伯克制。③

可见，清朝是一个名副其实的多民族帝国，并且为了适应多民族的多元特点，清朝被迫采取了复杂的、杂糅了郡县制和封建制的多种统治体制，在这种统治体制下，清帝具有了多民族"共主"的地位，成为中国这一多民族帝国统一的维系和象征。在此认识基础上杨度认为"民族问题的解决关系到

---

① 康有为. 辨革命书［M］//张枬，王忍之. 辛亥革命前十年间时论选集（第一卷）. 北京：生活·读书·新知三联书店，1960：216.
② 康有为. 辨革命书［M］//张枬，王忍之. 辛亥革命前十年间时论选集（第一卷）. 北京：生活·读书·新知三联书店，1960：216.
③ 郭绍敏. 君主立宪与中国民族国家建设［J］. 二十一世纪，2011（127）：67-75.

中国的统一和富强，一个五族分立、四分五裂的中国不能称之为'中国'"①。因此他反对排满，认为排满会招致国家的分裂和随之而来的国家灭亡。杨度对民族的理解是与国民的理解相重合的。他在《〈游学译编〉叙》中说过：

> 国民云者，对外族而言之也。族与族相争竞，故谋国也不仅使人人有国民之资格，尤必使人人有军国民之资格。

> 夫民族竞争之世，非各鼓其国民独立之精神，飞入于世界活剧之场，以快活之心，迎困难之事，而毫不反顾。

> 当民族相争，国界未破，则必积国民之劳动力，以成国家之劳动力，积国民之竞争力，以成国家之竞争力，各挟其实利主义，以对外来最强最智之民族相遇，而后能同享世界之利益。②

从以上杨度关于国民和民族的论述可以看出，他把民族和国民的范围等同起来，在国与国的竞争中，国民与民族是合二为一的，民族的分裂等同于国民的分裂和减少，也就意味着国家竞争力的降低。杨度的这种民族国家思想在当时是有代表性的。从杨度民族国家思想中可以看出日本民族国家观念的影响，但杨度的高明之处在于他能结合中国多民族帝国的现状变通引进的理论，从而更加有助于国家的统一和富强。这是非常值得肯定的。

三、民族主义是一把双刃剑思想

戊戌之后中国的民族主义兴起。中国民族主义的兴起既表现为建立独立的"大民族主义"的民族国家，又表现为建立单一汉族的民族国家。关于这两种民族主义严复持怀疑和否定的态度。

---

① 郭绍敏. 君主立宪与中国民族国家建设 [J]. 二十一世纪, 2011 (127)：67-75.
② 杨度. "游学译编"叙 [M] //张枏, 王忍之. 辛亥革命前十年间时论选集（第一卷）. 北京：生活·读书·新知三联书店, 1960：251-252.

首先，严复认为中国尚未进入民族国家的阶段，中国尚处在宗法社会兼军国社会阶段，因此此时兴起的民族主义是种族思想的显现。宗法社会制定法律以种族为界限而不以国家为界限，如"观满族得国几三百年，而满、汉种界，厘然犹在；东西人之居吾土者，则听其有治外之法权；而寄籍外国之华人，则自为风气，而不与他种相入，可以见矣"①。宗法社会的种族思想深厚而国家观念薄弱，并且这种宗法社会的社会观念影响民众日久，因而其深入人心也日深，因此当今虽然有新旧两个党派，但是"虽有新旧之殊，至于民族主义，则不谋而皆合。今日言合群，明日言排外，甚或言排满，至于言军国主义，期人人自立者，则几无人焉。盖民族主义，乃吾人种智之所固有者，而无待于外铄，特遇事而显耳。虽然，民族主义，将遂足以强吾种乎？愚有以决其必不能者矣"②。严复认为当时流行的民族主义都是宗法社会中种族思想的显现，是种族思想在时局下的反映，无论是改良派的合群建立民族国家还是革命派的排满建立汉民族国家，他认为都是宗法社会中排外的一种表现。他对民族主义能否使中国强大表现出否定的态度。

其次，严复认为民族主义在中国不足以救亡图存。原因在于他认为中国之民还是宗法社会之民，他在《社会通诠》自序中阐述了天下之群的演化过程：

> 夫天下之群众矣，夷考进化之阶级，莫不始于图腾，继以宗法，而成于国家。方其为图腾也，其民渔猎，至于宗法，其民耕稼，而二者之间，其相嬗而转变者以游牧。最后由宗法以进于国家，而二者之间，其相受而蜕化者以封建。方其封建，民业大抵犹耕稼也。独至国家，而后兵、农、工、商四者之民备具，而其群相生相养之事乃极盛而大和，强立蕃衍而不可以克灭。③

① 甄克思. 社会通诠 [M]. 严复，译. 北京：商务印书馆，1981：115.
② 甄克思. 社会通诠 [M]. 严复，译. 北京：商务印书馆，1981：115.
③ 严复.《社会通诠》自序 [M] // 王栻. 严复集：第一册. 北京：中华书局，1986：135.

对照天下之群的演化阶段，即图腾、宗法和国家三阶段，严复认为中国自秦至今，"籀其政法，审其风俗，与其秀杰之民所言议思惟者，则犹然一宗法之民而已矣"①。他认为宗法社会之民没有不乐于排外的，这是不用教就具有的。因此"中国自与外人交通以来，实以此为无二惟一之宗旨"②。但是在排外的过程中，由于中国政府不了解西方国家，因而屡次失败。"至庚子之役，使通国三十年以往之财力，捆载输之外洋，而国愈不救矣。至今物极者反，乃有媚外之象。然其外媚之愈深，其内排之益至，非真能取前事而忘之也。而自谓识时者，又争倡民族之主义。"③严复认为中国民族主义的兴起是在排外一再失败的情况下出现的，因此"夫民族主义非他，宗法社会之真面目也"④。严复指出民族主义其实是一把双刃剑，它有可能成为国家强大的基础，也可能成为国家分裂的根源，其最终的结果要看民众的品质如何。他说："虽然，处今之日，持是义以与五洲之人相见，亦视其民品为何如耳。使其民而优，虽置此义，岂至于灭？使其民而劣，则力持其义者，将如昔商宗之计学，以利国不足，而为梗有余。不佞闻救时明民之道，在视其所后者而鞭之。民族主义，果为吾民所后者耶？此诚吾党之所不及者矣。"⑤以此可知严复依然坚持认为法与民是相辅相成的，正如他说过的："故法之行也，亦必视民而为之高下。方其未至也，即有至美之意，大善之政，苟非其民，法不虚行；……法可因民而日修，而民亦因法而日化；夫而后法与民交进，上理之治，庶几可成。"⑥因此严复认为："中国之不兴，宗法之旧为之梗也。……使中国必出以与天下争衡，将必脱其宗法之故而后可。……彼徒执民族主义，而昌言排外者，断断乎不足以救亡也。"⑦

严复对待民族主义的态度也体现在他对排外的态度上，他认为无论是野蛮的排外还是文明的排外都是不应该的。他认为徒倡排外是无益的，"果文明

①　严复.《社会通诠》自序［M］//王栻.严复集：第一册.北京：中华书局，1986：136.
②　严复.读新译甄克思《社会通诠》［M］//王栻.严复集.北京：中华书局，1986：148.
③　严复.读新译甄克思《社会通诠》［M］//王栻.严复集.北京：中华书局，1986：148.
④　严复.读新译甄克思《社会通诠》［M］//王栻.严复集.北京：中华书局，1986：148.
⑤　严复.读新译甄克思《社会通诠》［M］//王栻.严复集.北京：中华书局，1986：148.
⑥　严复.日本宪法义解序［M］//王栻.严复集.北京：中华书局，1986：96.
⑦　严复.读新译甄克思《社会通诠》［M］//王栻.严复集.北京：中华书局，1986：151.

乎，虽不言排外，必有以自全于物竞之际；而意主排外，求文明之术，傅以行之，将排外不能，而终为文明之大梗"①。从而他认为排外将会阻塞文明进化之路，因此任何形式的排外都是不应该的。

第四节　塑造中国之民的种种努力

戊戌之后的世纪之交，中国进入灾难频仍、中外交融的时代。中国思想界受西方和日本思想的影响更加广泛，在此基础上，中国先进的知识分子在致力于建设强大民族国家的前提下，在批驳中国民性的同时又致力于中国之民的塑造努力，他们从不同的角度提出塑造中国之民的途径和目标，并采取各自不同的行动，为打造适应时代的中国国民而提出不同的方案。本节主要介绍不同派别思想家关于塑造中国之民的种种努力。

一、国强观照下塑造新民的思想

戊戌政变后流亡到日本的梁启超通过阅读日本书籍而了解了许多西方的政治学说，特别是西方的国家学说，他很快发现中国人不知有国，从而爱国心薄弱，中国人不知有民权，因而不把自己当国民，而把自己当奴隶。这是中国积弱的重要根源，因而中国要强大，必须建立强大的国家；而要建立强大的国家，必须有强大的国民，所谓"民弱则国弱，民强则国强"。这一时期梁启超虽然仍然认为中国民众存在的弱点是由数千年来的君主专制政体造成的，但是戊戌维新时期他认为通过自上而下的政体改革可以实现民智的提高和国家的富强，而在戊戌之后梁启超认为需要先通过教育实现民权和民智，需要先培养中国人的国民德性，才能实现政体的改变。正如黄宗智所指出的梁启超在1898年以前已经声言，称许可以通过代议制度实现"人民政治权威"和"民治"。直到戊戌变法失败以前，他一直相信能自上而下地实现这种民主改革。到1898年年底，他在日本东京办了一种报纸。他用人民"权利"

① 严复.论教育书［M］//张枬，王忍之.辛亥革命前十年间时论选集.北京：生活·读书·新知三联书店，1960：107.

的字眼代替了仅仅是人民"权威"的字眼，他认为"权利"不能等待着朝廷
赐予，"权利只能由每个公民寸步不让地奋力争取到手"①。因此梁启超把塑
造新民看作建立强大国家的先决条件。

1899 年梁启超在《文野三界之别》一文中指出："故西儒云：国家之政
事，譬之则寒暑表也；民间之风气，譬之犹空气也。空气之燥湿冷热，而表
之升降随之，丝毫不容假借。故民智、民力、民德不进者，虽有英仁之君相，
行一时之善政，移时而扫地以尽矣，……故善治国者，必先进化其民。"② 在
《记斯宾塞论日本宪法语》中他又介绍了社会有机体论的观点，指出政治进步
程度"一依其国民智德力之程度以为定"③。1901 年梁启超在《清议报》上
发表了《立宪法议》一文，文章中他把世界的政体划分为君主专制政体、君
主立宪政体和民主立宪政体三种。他认为："君主立宪者，政体之最良者
也。……立宪政体，亦名为有限权之政体，……有限权云者，君有君之权，
权有限；官有官之权，权有限；民有民之权，权有限。"④ 梁启超认为当今的
世界是专制和立宪相互嬗变的时代，地球各国必将进化到立宪政体时代。但
是当被问及中国今日是否可以实行立宪政体时，梁启超却认为不能，他说：
"立宪政体者，必民智稍开而后能行之。日本维新在明治初元，而宪法实施在
二十年后，此其证也，中国最速亦须十年或十五年，始可以语于此。"⑤ 以此
可见，梁启超在这一时期把塑造新民看作第一位，是实现立宪政体的基础。
梁启超不仅是这样思考的，而且是这样去实践的。梁启超在《立宪法议》中
第一次提出了"预备立宪"的主张，此后康、梁一派政治活动的口号由原来

①　HUANG Z Z. Liang Qichao and Liberalism in Modern China ［M］. Washington：University of
　　Washington Press，1972：26，28-30，60.
②　转引自俞祖华. 深沉的民族反省：中国近代改造国民性思想研究 ［M］. 济南：山东人
　　民出版社，1996：19.
③　转引自俞祖华. 深沉的民族反省：中国近代改造国民性思想研究 ［M］. 济南：山东人
　　民出版社，1996：19.
④　梁启超. 立宪法议 ［M］//饮冰室文集点校. 吴松，卢云昆，王文光，等点校. 南京：
　　江苏教育出版社，2001：920.
⑤　梁启超. 立宪法议 ［M］//饮冰室文集点校. 吴松，卢云昆，王文光，等点校. 南京：
　　江苏教育出版社，2001：923.

的"尊皇""剿匪勤王"转变为争取实现"预备立宪"。① 关于如何实现"预备立宪",梁启超认为重要的是提高国民的文明程度,养成国民良好的德性。

随后梁启超在《清议报》上发表了《过渡时代论》,文章中首先指出"今日之中国,过渡时代之中国也"。过渡时代的中国既有无限的希望,又存在严重的危险,中国今日的现状正处于"两头不到岸之时","语其大者,则人民既愤独夫民贼愚民专制之政,而未能组织新政体以代之,是政治上之过渡时代也;士子既鄙考据词章庸恶陋劣之学,而未能开辟新学界以代之,是学问上之过渡时代也;社会既厌三纲压抑虚文缛节之俗,而未能研究新道德以代之,是理想风俗上之过渡时代也"②,而此时正是需要全国民众,共同努力而实现顺利过渡的时代。过渡时代需要英雄,而英雄拥有三种不可缺少的德性,即冒险性、忍耐性和别择性,也即过渡时代的人物,"当以军人之魄,佐以政治家之魂"。最后梁启超指出国民拥有此三种德性的重要性,他说:"凡一国之进步也,其主动者在多数之国民,而驱役一二之代表人以为助动者,则其事罔不成;其主动者在一二之代表人,而强求多数之国民以为助动者,则其事鲜不败!故吾所思所梦所祷祀者,不在轰轰独秀之英雄,而在芸芸平等之英雄!"③ 梁启超对国民德性的期望可见一斑。而对于国民德性的宣传和倡导梁启超有自己独到的认识,他认为文明时代的道德素质非常繁杂并且各有用处,如果提倡不得法,有可能使很好的德性名目成为巨大流弊。因此作为倡导者"必当平其心,公其量,不可徇俗以自画,不可惊世以自喜"④。梁启超根据自己的读书思索,提出十种人类所不可缺少的德性,它们虽然形质看似相反,但精神相辅相成,它们是独立与合群,自由与独裁,自信与虚心,利己与爱他,破坏与成立。倡导这些德性时要公允而不虚夸,真正做到"知有合群之独立,则独立而不轧轹;知有制裁之自由,则自由而不

---

① 丁守和. 辛亥革命时期期刊介绍: 第一集 [M]. 北京: 人民出版社, 1982: 23.

② 梁启超. 过渡时代论 [M] //饮冰室文集点校. 吴松, 卢云昆, 王文光, 等点校. 南京: 江苏教育出版社, 2001: 711.

③ 梁启超. 过渡时代论 [M] //饮冰室文集点校. 吴松, 卢云昆, 王文光, 等点校. 南京: 江苏教育出版社, 2001: 713.

④ 梁启超. 十种德性相反相成论 [M] //饮冰室文集点校. 吴松, 卢云昆, 王文光, 等点校. 南京: 江苏教育出版社, 2001: 691.

乱暴；知有虚心之自信，则自信而不骄盈；知有爱他之利己，则利己而不偏私；知有成立之破坏，则破坏而不危险。所以治身之道在是，所以救国之道亦在是"①，显示了梁启超倡导国民德性的慎重和对于国人的期望。

1902年2月，梁启超创办了《新民丛报》，在其创刊号《本报告白》中宣布了其办报宗旨："取《大学》新民之义，以为欲维新吾国，当先维新吾民。中国所以不振，由于国民公德缺乏，智慧不开；故本报专对此病而药治之。务采合中西道德以为德育之方针，广罗政学理论以为智育之原本。"② 从而指出他塑造新民的目的在于维新国家。随后梁启超在《新民丛报》上发表他著名的《新民说》。他指出他的"新民"取义于《大学》"作新民"："《大学》曰作新民，能去其旧染之污者谓之自新，能去社会旧染之污者谓之新民。若是者非悔末由。悔也者，进步之原动力也。""故真能得力于悔字诀者，常如以一新造之人立于世界，《大学》所谓"日日新"者耶。一人如是，则一身进步；国民如是，则一国进步。"③ 文章中系统地阐述了他塑造新民的理论。

首先，塑造新民的缘由在于国家的内治和外交。梁启超认为，地球上的国家能够强大并屹立于世界之林在于民众强大，"国也者，积民而成，国之有民，犹身之有四肢、五脏、筋脉、血轮也。未有四肢已断，五脏已瘵，筋脉已伤，血轮已涸，而身犹能存者；则亦未有其民愚陋怯弱，涣散混浊，而国犹能立者。故欲其身之长生久视，则摄生之术不可不明，欲其国之安富尊荣，则新民之道不可不讲"④。民强则国强，欲国强则先使民强，而此时中国之民弱，必须通过教育塑造新民。当今中国的第一急务在于新民，其缘由在于内治和外交。关于内治，在于一国国民的文明程度是与国家的治理成正比例的，"国民之文明程度低者，虽得明主贤相以代治之，及其人亡则其政息焉，……国民之文明程度高者，虽偶有暴君污吏虐刘一时，而其民力自能补救之而整

① 梁启超. 十种德性相反相成论［M］//饮冰室文集点校. 吴松，卢云昆，王文光，等点校. 南京：江苏教育出版社，2001：696.
② 梁启超. 新民说［M］. 郑州：中州古籍出版社，1998：44.
③ 梁启超. 梁启超谈修身［M］. 南昌：百花洲文艺出版社，2019：83.
④ 梁启超. 新民说［M］. 郑州：中州古籍出版社，1998：46.

顿之，……然则苟有新民，何患无新制度？无新政府？无新国家？"① 而泰西国家富强、政治治理良好的原因在于人民能够自治自立，中国应该仿效并达到中国民众自新的效果。关于外交，当今的世界是由民族主义而相嬗为民族帝国主义时代，欧洲列强以民族帝国主义侵略中国，中国必须合吾民族全体而抵制，"故今日欲抵挡列强之民族帝国主义，以挽浩劫而拯生灵，惟有我行我民族主义之一策，而欲实行民族主义于中国，舍新民未由""为中国今日计，……必其使吾四万万人民之民德、民智、民力，皆可与彼相埒，则外自不能为患"②。中国处于当今世界中，欧洲民族帝国主义以强力对中国进行侵略和瓜分，中国欲强大，也必须建立一个民族国家，而民族国家的国民与中国原有民众的差距是中国积弱的原因，因此塑造新民就成为中国的当务之急。

其次，关于新民的途径。梁启超指出："新民云者，非欲吾民尽弃其旧以从人也。新之义有二：一曰淬厉其所本有而新之，二曰采补其所本无而新之。二者缺一，时乃无功。"③ 他认为一个国家能够存在于世界，其国民必定有独具的特质，这是民族主义的源泉。中国人能够在亚洲大陆立国数千年，必定具有宏大高尚的特质，如果能够"濯之拭之，发其光晶；锻之炼之，成其体段；培之浚之，厚其本原。继长增高，日征月迈，国民之精神于是乎保存，于是乎发达"④，即梁氏所谓"淬厉其固有而已"。中国人"有部民资格而无国民资格"，虽然国民资格未必优于其他，但是由于今日之世界，是一个列国并立、弱肉强食、优胜劣败的时代，如果缺少了国民资格，必定不能自立于世界之中，"故今日不欲强吾国则已，欲强吾国，则不可不博考各国民族所以自立之道，汇择其长者而取之，以补我之所未及"⑤。而其中民德、民智、民力实际是政治、学术、技艺的本原，因此更新民众道德、智识应该重视。

最后，关于塑造新民的内容。第一，新民应该具有民族主义和国家思想，这是塑造新民的前提基础。在民族主义立国的今日，民强则国强。关于国家

---

① 梁启超. 新民说 [M]. 郑州：中州古籍出版社，1998：48.
② 梁启超. 新民说 [M]. 郑州：中州古籍出版社，1998：51.
③ 梁启超. 新民说 [M]. 郑州：中州古籍出版社，1998：54.
④ 梁启超. 新民说 [M]. 郑州：中州古籍出版社，1998：54.
⑤ 梁启超. 新民说 [M]. 郑州：中州古籍出版社，1998：55.

思想梁启超认为"有国家思想、能自布政治者，谓之国民。天下未有无国民而可以成国者也"。而国家思想者何，他说"一曰对于一身而知有国家，二曰对于朝廷而知有国家，三曰对于外族而知有国家，四曰对于世界而知有国家"①。作为国民，应该从为我、为朝廷、为天下的观念中解脱出来，建立民族主义基础上的国家观念。第二，新民应该具有公德和合群的德性。"人人独善其身者谓之私德，人人相善其群者谓之公德，二者皆人生所不可缺之具也。无私德则不能立，……无公德则不能团。"② 因此公德以利群为目的，在不同的群体中有不同的道德要求，但都是以"固其群、善其群、进其群"为目的。"是故公德者，诸国之源也，有益于群者为善，无益于群者为恶，此理放之四海而准，俟诸百世而不惑者也。至其道德之外形，则随其群之进步以为比例差。"③ 生于当今之世，当今之群，知道有公德，则新道德出现了，新民也就出现了。梁启超的公德思想具有一种集体主义和进化的特征，即"就他所称的道德的基本功能来说，是集体主义的；就他所称的道德的本质规律来说，则是进化的"④。还有的学者认为梁启超的公德"一方面指有利于国家总体利益的行为，一方面则指有利于一般社会公益的行为"⑤。合群的德性，需要有公共观念，真正拥有公共观念者，常常能够不惜牺牲自身的私利以拥护公益；需要内外界限分明，群中皆吾友也；需要有规则有法律维持之，"小而一地一事之法团，大而一国之议会，莫不行少数服从多数之律，而百事资以取决；……善为群者，必委立一首长，使之代表全群，执行事务，授以全权，听其指挥"⑥。正如张灏所指出的梁启超"合群思想的一个重要含义，即团结一致的团体精神的进一步发展，群指一个近代国家的公民对他的同胞怀有一种强烈的团结意识，以及具有组织公民社团的能力"⑦。第三，新民应该具有

① 梁启超. 新民说 ［M］. 郑州：中州古籍出版社，1998：68.
② 梁启超. 新民说 ［M］. 郑州：中州古籍出版社，1998：64.
③ 梁启超. 新民说 ［M］. 郑州：中州古籍出版社，1998：65.
④ 张灏. 梁启超与中国思想的过渡（1890—1907）［M］. 崔志海，葛夫平，译. 北京：新星出版社，2006：103.
⑤ 陈弱水. 公共意识与中国文化 ［M］. 北京：新星出版社，2006：6.
⑥ 梁启超. 新民说 ［M］. 郑州：中州古籍出版社，1998：146.
⑦ 张灏. 梁启超与中国思想的过渡（1890—1907）［M］. 崔志海，葛夫平，译. 北京：新星出版社，2006：105.

权利和义务、自由和自治的德性。梁启超把国民与权利的关系形容为母子关系，得之不易其保护之也甚。而权利生于强，因此"人人务自强以自保吾权，此实固其群、善其群之不二法门也"①。为培养国民的权利思想，需要全民的努力，即：

> 为政治家者，以勿催压权利思想为第一义；为教育家者，以养成权利思想为第一义；为一私人者无论士焉农焉工焉商焉男焉女焉，各以自坚持权利思想为第一义。国民不能得权利于政府也则争之，政府见国民之争权利也则让之。欲使吾国之国权与他国之国权平等，必先使吾国中人人固有之权皆平等，必先使吾国民在我国所享之权利与他国民在彼国所享之权利相平等。②

这是梁启超为培养国民的权利观念所开出的药方。权利和义务是相辅相成的，人人生而有应得之权利，人人生而有应尽之义务。政治学中所言的国民义务主要有纳租税和服兵役。"欧西人民对于国家之义务，不辞其重，而必要索相当之权利以为之偿。中国人民对国家之权利不患其轻，而惟欲逃应尽之义务以求自逸。……权利、义务两思想，实爱国心所由生也。"③ 梁启超指出中国人无权利思想是恶果，而中国人无义务思想是恶因，中国国民与国家关系浅薄，都是因为无义务思想，从而造成也无权利思想。因而在提倡国民的权利思想的同时也应该提倡国民的义务思想。国民的权利是一种责任，而义务也是一种责任，二者是相辅相成的，正如梁启超所说："吾国民一分子也，凡国民皆有监督其公仆之权利，吾不敢放弃此权利。吾又业报馆也，凡报馆皆有代表国民监督其公仆之责任，吾不敢放弃此责任。""报曰《新民》则报之言非为诸公言也。虽然，民亦有广狭二义：以狭义言之，则诸君官也，民之对待也，故本报之论著，向不欲与诸君有一语之交涉；以广义言之，则

①　梁启超. 新民说 [M]. 郑州：中州古籍出版社，1998：89.
②　梁启超. 新民说 [M]. 郑州：中州古籍出版社，1998：96.
③　梁启超. 新民说 [M]. 郑州：中州古籍出版社，1998：180.

诸君亦国民之一分子也，而乌可歧视之，故不辞唐突，进一言焉。"① 梁启超以国民的责任要求自己，既尽了国民应有的义务，又体现了国民的权利。关于自由，梁启超认为"自由者，天下之公理，人生之要具，无往而不适用者也"。而国民欲享受文明真自由，必须知道自由之含义，自由包括四个方面："一曰政治上之自由，二曰宗教上之自由，三曰民族上之自由，四曰生计上之自由。"② 中国国民存在的自由问题主要是参政问题和民族建国问题，而自由必须有一定的界限，即"人人自由，而以不侵人之自由为界"，"文明自由者，自由于法律之下。……故真自由必能服从，服从者何？服法律也"③。梁启超在《服从释义》中具体阐述了服从的原则，"不可服从强权，而不可不服从公理；不可服从私人之命令，而不可不服从公定之法律；不可服从少数之专制，而不可不服从多数之决议；……故欲合大群，不可不养其服从之美性"④。而要养成文明真自由，还须去除心中之奴隶，而去除之道在于勿为古人之奴隶、勿为世俗之奴隶、勿为境遇之奴隶、勿为情欲之奴隶。从梁启超对自由的阐述中可以看出，他关注的是国家群体的自由和国民参与的自由，"不管这些自由思想是如何流行，它们与近代自由主义思想的主流无关。……这些思想与古代希腊政治思想所理解的自由是相似的"⑤。但是有的学者认为梁启超也非常重视个人人格的重要性，"他以为社会是由个人集合而成，每一个人的知识能力与道德品质集合成群体的特质"⑥。在此笔者更倾向于认同黄克武先生的看法，认为梁启超重视达到群体利益与个人利益的平衡。第四，新民应该具有进取、冒险、有毅力的精神和求进步、尚武的德性。梁启超把进取冒险名之曰"浩然之气"，这种"浩然之气"生于希望、生于热诚、生于智慧、生

① 梁启超. 敬告当道者［M］//饮冰室文集点校. 吴松，卢云昆，王文光，等点校. 南京：江苏教育出版社，2001：2214.
② 梁启超. 新民说［M］. 郑州：中州古籍出版社，1998：98.
③ 梁启超. 新民说［M］. 郑州：中州古籍出版社，1998：102-103.
④ 梁启超. 服从释义［M］//饮冰室文集点校. 吴松，卢云昆，王文光，等点校. 南京：江苏教育出版社，2001：718-720.
⑤ 张灏. 梁启超与中国思想的过渡（1890—1907）［M］. 崔志海，葛夫平，译. 北京：新星出版社，2006：138.
⑥ 黄克武. 一个被放弃的选择：梁启超调适思想之研究［M］. 北京：新星出版社，2006：86.

于胆力。尚武是国民之元气，欲养成国民的尚武德性，也需要心力、胆力和体力。生活在这样一个竞争的世界，国民必须争取进步，必须有毅力。人不可无希望，但是希望常常与失望相倚，养成希望之心需要有毅力。一人如此，一国也是如此，伟大的民族必须有一个远大的目标，国民需要养成坚强的毅力，承担大丈夫的责任。梁启超关于毅力、进取冒险的论述体现了他"力本论"① 的思想，但他关于力的概念"更接近于近代西方'理性地征服世界'的思想，而不接近于儒家'理性地适应世界'的思想"②。梁启超追求进步的途径是破坏主义，反映了他此时激进革命的价值观念。

二、国体政体观照下培育公民思想

戊戌之后康有为流亡到海外，游历了欧美、亚非等地的众多国家，每到一个国家他都非常关注国家的政体结构和古籍文物。他结合各国状况于1902年撰写了《公民自治篇》，文章中阐述了他关于培育公民的建议。

首先，关于何谓公民，康有为认为"人人有议政之权，人人有忧国之责，故命之曰公民。人人皆视其国为己之家，其得失肥瘠皆有关焉"③。他认为培育公民有四大好处：

> 一、爱国之心日热，一、恤贫之举交勉，一、行己之事知耻，一、国家之学开智。加以报馆之终日激扬，大众之互相鼓励，日进而愈上。行己知耻，则风俗日美，而犯罪少；恤贫交勉，则仁心日长，而贫民有托；

---

① 张灏认为力本论在梁启超流亡前的几年里便是他人格理想的核心，梁的社会达尔文主义世界观必然导致他接受这一思想——竞争是自然界和人类社会一个无情的事实。显然梁摒弃了为传统所称颂的谦逊平和的价值观，而接受了竞争的价值观。但是他关注的基本问题是群、集体的能力和群体的凝聚力。他对社会达尔文主义真正感兴趣的是它设想的人类群体陷入一场殊死的生存竞争的世界意象。但梁所关注的是他所称的国家间的竞争。参见张灏. 梁启超与中国思想的过渡（1890—1907）[M]. 崔志海，葛夫平，译. 北京：新星出版社，2006：114—115.

② 张灏. 梁启超与中国思想的过渡（1890—1907）[M]. 崔志海，葛夫平，译. 北京：新星出版社，2006：124.

③ 康有为. 公民自治篇 [M] //张枏，王忍之. 辛亥革命前十年间时论选集（第一卷）. 北京：生活·读书·新知三联书店，1960：173.

爱国热心，则公益日进，而国事有赖；学识开进，则才能日练，而人地升进。是以举国之民而进化之，而后能以举国之政事风俗而进化之。①

公民的这四大益处正好弥补当今中国的不足，当今之世不在于争一君一相一将的才干，而在于争举国之民的才能学识和举国之政之学的良善。而中国衰弱的原因在于中国无公民，因为无公民，则散四万万人为数人，因为无公民，则"不独抑民之资格，塞民之智慧，遏民之才能，绝民之爱国，导民之无耻已也"②。中国民众人数多，如果能够善待并发挥他们的才能，培育他们成为公民，发挥公民的益处，那么中国民众将会有大的长进，中国国家将日渐强大。

其次，关于公民的实行形式。康有为了解到"欧美、日本各国之立公民也，使人人视国为己，而人人公讲其利害而公议之，故上之有国会之议院，下之有州、县、市、乡之议会，故其爱国之心独切，亲上之心甚至"③。结合中国的民情，康氏认为"今中国民智未开，虽未能遽立国会，而各省、府、州、县、乡、村之议会，则不可不立矣。且今各省、府、州、县，常有公局，有绅士聚而议之，又有大事则开明伦堂而公议，有司亦常委人焉，是议会中国固行之矣"④。康有为对公民实行形式的设计既参照了西方国家的议会形式，又考虑到中国的民情和中国固有的社会结构形式，可以说是二者的结合。正如康有为对《孟子》的解读中所说的："孟子特明升平授民权，开议院之制。盖今之立宪体，君民共主法也。今英、德、奥、意、日、葡、比、荷皆行之，左右者行政官及元老顾问官也。诸大夫，上议院也。一切政法以下议院为与民共之。"⑤ 对于有关孟子"民为贵，社稷次之，君为轻"之语的解

① 康有为. 公民自治篇［M］//张枬，王忍之. 辛亥革命前十年间时论选集（第一卷）. 北京：生活·读书·新知三联书店，1960：175.
② 康有为. 公民自治篇［M］//张枬，王忍之. 辛亥革命前十年间时论选集（第一卷）. 北京：生活·读书·新知三联书店，1960：175.
③ 康有为. 公民自治篇［M］//张枬，王忍之. 辛亥革命前十年间时论选集（第一卷）. 北京：生活·读书·新知三联书店，1960：174.
④ 康有为. 公民自治篇［M］//张枬，王忍之. 辛亥革命前十年间时论选集（第一卷）. 北京：生活·读书·新知三联书店，1960：174.
⑤ 康有为.《孟子微》总论［M］//康有为. 康有为文集. 北京：线装书局，2009：308.

读，康有为认为：

> 孟子立民主之制，太平法也。盖国之为国，聚民而成立。天生民而利乐之。民聚则谋公共安全之事。故一切礼乐政法，皆以为民也。但民事众多，不能一一自为。公共之事必举公人任之。所谓君者，代众民任此公共保全……之东人，君者乃聘雇之司理人耳。民为主而君为客，民为主而君为仆。故民贵而君贱，易明也。众民所归，乃举为民主。①

可见康有为认为中国古代的民俗和思想中具有地方自治和开议会的公议形式。

再次，关于公民资格和公民权利的问题。康有为考察了西方国家的状况，"凡公民之制，美国则男子年二十无过犯，人人得为之，德则有租三千，纳税十二马克，英则纳四十喜林，……公民者，担荷一国之责任，共其利害，谋其公益，任其国税之事，以共维持其国者也"②。康氏结合诸国情况，规定了中国的公民之制：

> 今中国举公民之制，凡住居经年，年二十以上，家世清白，身无犯罪，能施贫民，能纳十元之公民税者，可许为公民矣。凡为公民者，一切得署衔曰公民，一切得与齐民异，如秦汉之爵级然矣。既为公民，得举其乡、县之议员，得充其乡、县、府、省之议员，得举为其乡、市、县、府之官。不为公民者，不得举其乡之议员，不得举充乡、县、府、省之议员，不得举充乡、市、县、府之官，一切权利，不得与公民等，如此则荣辱殊绝矣。民将皆发愤为公民，民将皆自爱而重犯法而期为公民，民将皆务施舍而为公民，民将皆以清白贻子孙而为公民，民将皆勉输十元而为公民，民将皆好学而期为议员为乡官之公民，其未能为公民

---

① 康有为.《孟子微》总论 [M] //康有为. 康有为文集. 北京：线装书局，2009：308.
② 康有为. 公民自治篇 [M] //张枬，王忍之. 辛亥革命前十年间时论选集（第一卷）. 北京：生活·读书·新知三联书店，1960：176.

者，皆将有进愤愧耻之心；其已为公民者，皆将有爱国施舍自重好学之志。①

公民资格与公民权利相互结合，激发民众努力提升以达到公民的资格，如此则相互激励、相互进步，如此则民众之爱国心、公益心、好施乐善之心以及学识都将提高。其公民必将形成。

康有为在不同的时期培育公民的目标也不尽相同，但最终是达到大同世界。正如他在对《春秋》的解读中说过："孔子之道，其本在仁，其理在公，其法在平，其制在文，其体在各明名分，其用在与时进化。夫主乎太平则人人有自主之权，主乎文明则事事去野蛮之陋。主乎公则人人有大同之乐，主乎仁则物物有得所之安，主乎各明权限则人人不相侵，主乎与时进化则变通尽利。"② 指明在太平世将达到人人都有自主之权，人人都平等自由的目标。

最后，关于培育公民的制度设计，康有为认为应该实行地方自治。康氏论述欧美国家的状况，"欧美之日强，人民之日智，地利之日出，学校之日盛……乃由于举国之公民，各竭其力，尽其智，自治其乡邑，深固其国本故也"③。明治维新后的日本也实行地方自治，并且中国三代时期、汉、晋和六朝时也实行过地方自治。世界各国实行地方自治，从地方的户籍、死生、婚姻、卫生、警察、保卫、治安等各方面的地方行政都由民自治，而各方面的民自治则能够激发民众的爱心、学识并能长其精神。中国的民俗也不缺乏实行自治的能力，因此实行地方自治是培育公民的制度保障。康有为认为国家制度的设计是保障民生、民性、民权的重要程序，"国以民为本，则以治民事为先。民事之先，莫若民身。民身之事一曰户籍，二曰卫生，三曰救恤。户籍者凡民之生皆察焉，既有生矣则当保卫，不能自养者则救恤之，此国家之

---

① 康有为. 公民自治篇［M］//张枬，王忍之. 辛亥革命前十年间时论选集（第一卷）. 北京：生活·读书·新知三联书店，1960：176.

② 康有为. 春秋笔削大义微言考序［M］//汤志钧. 康有为政论集：上册. 北京：中华书局，1981：468.

③ 康有为. 公民自治篇［M］//张枬，王忍之. 辛亥革命前十年间时论选集（第一卷）. 北京：生活·读书·新知三联书店，1960：180.

责任也"①。民生既然已经保障，就需要"育民德教民智"，既可以使人成才自立，国家又可以得人才。同时民生还需要更加富裕，因此需要加强农工商矿等各业，如此民身已保、民智已开、民生已富，还需要民能够参与行政之权利，"及百数十年来宪法大行，各国皆有上下议院，其先仅为议财政以便公民担荷，民权日盛，则兼及庶政，民出其利，君酬以权，于是遂为立法之司，一国政事之本焉"②，如此国家之民就可以成为公民。

三、民族国家观照下培育独立国民的呼吁

革命派在揭露中国人的奴隶根性时，曾经呼吁"种吾民革命之种子，养吾民独立之精神，而可一言以蔽之曰：民权而已"③，并倡导中国同胞"万众一心，支体协力，以求为中国之国民，并以播国民之种子"④，可见革命派是以兴民权和培育国民为最终目标的。

邹容在《革命军》中提出了野蛮之革命和文明之革命的区分。他说："野蛮之革命，有破坏无建设，横暴恣肆，适足以造成恐怖之时代……为国民增祸乱。文明之革命，有破坏有建设，为建设而破坏，为国民购自由平等独立自主之一切权利，为国民增幸福。"⑤ 他认为革命是国民的事情，是为国民除祸害求幸福的事情，因此在革命之前需要致力于民众革命的教育，在革命之后也需要继续推进此教育。其民众革命教育主要有以下几个要点：第一，必须"剖清人种"⑥，"当知中国者中国人之中国也。中国之一块土，为我始祖黄帝所遗传，子子孙孙，绵绵延延，生于斯，长于斯，衣食于斯，当共守而

① 康有为. 官制原理篇 [M] //张枬，王忍之. 辛亥革命前十年间时论选集（第一卷）. 北京：生活·读书·新知三联书店，1960：348.
② 康有为. 官制原理篇 [M] //张枬，王忍之. 辛亥革命前十年间时论选集（第一卷）. 北京：生活·读书·新知三联书店，1960：350.
③ 二十世纪之中国 [M] //张枬，王忍之. 辛亥革命前十年间时论选集（第一卷）. 北京：生活·读书·新知三联书店，1960：69.
④ 说国民 [M] //张枬，王忍之. 辛亥革命前十年间时论选集（第一卷）. 北京：生活·读书·新知三联书店，1960：77.
⑤ 邹容. 革命军 [M] //张枬，王忍之. 辛亥革命前十年间时论选集（第一卷）. 北京：生活·读书·新知三联书店，1960：665.
⑥ 邹容. 革命军 [M] //张枬，王忍之. 辛亥革命前十年间时论选集（第一卷）. 北京：生活·读书·新知三联书店，1960：668-670.

勿替。有染指于我中国，侵占我皇汉民族之一切权利者，吾同胞当不惜生命，共逐之，以复我权利"①。剖清人种是建立民族国家的基础，是为国民资格划定边界的。第二，"去奴隶根性"②，去奴隶根性是确立民权的基础，是让"人人当知平等自由之大义有生之初，无人不自由，即无人不平等，初无所谓君也，所谓臣也。若尧、舜；若禹、稷，其能尽义务于同胞，开莫大之利益，以孝敬于同胞，故吾同胞视之为代表，尊之为君，实不过一团体之头领耳，而平等自由也自若"③。同胞知道了人人拥有平等自由的权利，那么今日的革命就是共同驱逐"君临我之异种，杀尽专制我之君主"，从而恢复国民天赋的权利。第三，教育同胞当有政治法律的观念。他说："政治者，一国办事之总机关也，非一二人所得有之事也。……法律者，所以范围我同胞，使之相无过失耳。"④ 以上三点是民众革命教育的主要方面，通过教育还将使国民拥有以下方面的道德：

> 一曰，养成上天下地，惟我独尊，独立不羁之精神。
> 一曰，养成冒险取进，赴汤蹈火，乐死不辟之气概。
> 一曰，养成相亲相爱，爱群敬己，尽瘁义务之公德。
> 一曰，养成个人自治，团体自治，以进人格之人群。⑤

邹容的《革命军》在当时影响很大，当时章士钊在论及我国的教育普及时就说过："奴隶主义者，以其知识技能尽奴隶之职。国民主义者，以其知识技能尽国民之职。……居今日我国而言教育普及，惟在导之脱奴隶就国民。

---

① 邹容．革命军［M］//张枬，王忍之．辛亥革命前十年间时论选集（第一卷）．北京：生活·读书·新知三联书店，1960：667.
② 邹容．革命军［M］//张枬，王忍之．辛亥革命前十年间时论选集（第一卷）．北京：生活·读书·新知三联书店，1960：671-674.
③ 邹容．革命军［M］//张枬，王忍之．辛亥革命前十年间时论选集（第一卷）．北京：生活·读书·新知三联书店，1960：667.
④ 邹容．革命军［M］//张枬，王忍之．辛亥革命前十年间时论选集（第一卷）．北京：生活·读书·新知三联书店，1960：667.
⑤ 邹容．革命军［M］//张枬，王忍之．辛亥革命前十年间时论选集（第一卷）．北京：生活·读书·新知三联书店，1960：667.

脱奴隶就国民如何？曰革命。"① 从而指出我国普及教育的首要任务在于"脱奴隶就国民"，可见邹容的影响非常广泛，并且他直接评论《革命军》为"邹氏之'革命军'也，以国民主义为干，以仇满为用。拮扯往事，根极公理，驱以犀利之笔，达以浅直之词"②，从而给予邹容和《革命军》以很高的评价。

四、以渐进方式教育民众养成科学思维方法

戊戌之后的严复思想趋向稳健。在亲身经历了戊戌政变、庚子事件之后，严复对时局的变化深感失望，他希望通过教育培育民众，通过渐进的方式提升民智、民德。

首先，严复指出教育是国家的职责，需要国家投资兴办，从近处看似乎教育无利可言，可是从长远来看教育有"大利"，他评论斯密的如下言论：

> 故国家启迪下民，即其事无所利，其天职犹不容已，况乎其有大利存也。盖使小民之受教弥深，则其为邪说谰言之所蛊也弥不易。愚民之国，往往以妖妄鬼神诞诡无稽之谣，驯至大乱。而国或以亡者，正坐逸居而无教耳。被教有道之民，常乐循理而好絜清，人人自好，重其上而亦为其上之所重。善政之行也，如流水，不崇朝而治已成。即有朋党相阿，与上为忤，彼民亦有以辨其是非之真，审其公私之实，而奸民无由煽。③

严复对斯密的以上言论非常诚服，他认为斯密虽然是苏格兰人，但他似乎就是针对当今中国的状况所发的言论。他呼吁国家重视民众的教育，斯密的言论也从另一个角度说明愚民之"愚"在于教育的缺失。

① 爱读《革命军》者（章士钊）. 读《革命军》[M] //张枏，王忍之. 辛亥革命前十年间时论选集（第一卷）：下册. 北京：生活·读书·新知三联书店，1960：684.
② 爱读《革命军》者（章士钊）. 读《革命军》[M] //张枏，王忍之. 辛亥革命前十年间时论选集（第一卷）：下册. 北京：生活·读书·新知三联书店，1960：685.
③ 严复. 原富 [M] //王栻. 严复集：第四册. 北京：中华书局，1986：909.

其次，严复提出教育应该遵循教育的规律性和渐进性。他说：

> 窃谓中国处今，而欲自存于列强之中，当以教民知学为第一义。成
> 童入学之顷，不宜取高远之书授之，而以识字、知书、能算三者为目的。
> 十二以上，则课以地理诸书，先中国而后外邦；再进则课以粗浅最急之
> 养生、格物、几何、化学之类。如是而至十六，即辍而就工商之业，亦
> 有毕生受用之乐，其功效过于媲青配红者，殆相万也。①

关于教育的内容，针对当时大家极为关注的"中学"和"西学"，以及
由此引发的"尽去吾国之旧，以谋西人之新"的言论，严复引用英国人摩利
的话，即"变法之难，在去其旧染矣，而能别择其故所善者葆而存之"② 用
以说明保存旧有文化中优点的重要性，否则"其民之特色亡，而所谓新者从
以不固"。严复所提出的解决之法如下：

> 今吾国之所最患者，非愚乎？非贫乎？非弱乎？则径而言之，凡事
> 之可以愈此愚、疗此贫、起此弱者，皆可为。而三者之中，尤以愈愚为
> 最急。何则？所以使吾日由贫弱之道而不自知者，徒自愚耳。继自今，
> 凡可以愈愚者，将竭力尽气、胼手茧足以求之，惟求之为得，不暇问其
> 中若西也，不必计其新若故也。有一道于此，致吾于愚矣，且由愚而得
> 贫弱，虽出于父祖之亲，君师之严，犹将弃之，等而下焉者无论已；有
> 一道于此，足以愈愚矣，且由是疗贫起弱焉，虽出于夷狄禽兽，犹将师
> 之，等而上焉者无论已。③

在此严复把国家的富强放在了重要的位置，正如史华兹所说的，在这里
严复的思想发生了基本的改变，"对于价值观、制度、风俗、思想这些文化包

---

① 严复.《原富》按语［M］//王栻. 严复集：第四册. 北京：中华书局，1986：908.
② 严复. 论教育书［M］//张枬，王忍之. 辛亥革命前十年间时论选集. 北京：生活·读
　书·新知三联书店，1960：108.
③ 严复. 论教育［M］//张枬，王忍之. 辛亥革命前十年间时论选集. 北京：生活·读
　书·新知三联书店，1960：109.

含的所有内容，必须用一个尺度来衡量，即它是否维护和加强民族的国家，凡是阻碍达到这一目标的传统，没有什么会是神圣的"①。这可以说是严复选择教育内容的基本标准，在具体的教育内容上，严复主张中学和西学都不能偏废，学习西学是当务之急，并且认为学习西学应该使用西文和西语，如此才能获得西学真正的学问。

最后，严复强调教育的最终目的在于科学思维方法的养成。他认为学习西人的政治学说相对来说容易，而学习西人的科学方法和科学态度相对来说更难，并且如果一个人不通科学，没有科学的态度和科学的方法，对于政论知识的学习也将抓不住根本，而表现出骄嚣的态度，这对中国的前途未必真的有益。因此严复呼吁中国以后的教育应该着重于科学态度和方法的培养，从而"使学者之心虑沈潜，浸渍于因果实证之间，庶他日学成，有疗贫起弱之实力，能破旧学之拘挛，而其于图新也审，则真中国之幸福矣!"② 严复不仅是这样提倡的而且他自己也坚持这种科学的态度，这与他早年的教育经历有关。③

第五节　小　结

戊戌之后（1899—1904）这一时段，思想界的代表人物有的生活在国外如梁启超和康有为，有的部分时间生活在国外如革命派中的章太炎和邹容，有的完全生活在国内如严复，但是这段时间他们都广泛地接触到了西方的政治思想学说和日本观念，由于他们不同的人生阅历、学问造诣和生活处境，他们对西方的政治思想学说的接受和感悟也出现了差异。但是相同的时代背

---

① 史华兹. 寻求富强：严复与西方 [M]. 叶凤美，译. 南京：江苏人民出版社，1990：33.

② 严复. 论教育书 [M] //张枬，王忍之. 辛亥革命前十年间时论选集（第一卷）：上册. 北京：生活·读书·新知三联书店，1960：113.

③ 正如史华兹所说的："严复在福州、朴茨茅斯和格林威治所学的各种科学知识，其意义不仅在于各自的具体应用，还在于这些科学所牵涉到的方法包含着通向真理本身的钥匙。正是科学的修养使人们得以摆脱感情的迷雾。"（选自史华兹. 寻求富强：严复与西方 [M]. 叶凤美，译. 南京：江苏人民出版社，1990：23.）

景，如庚子之变、辛丑条约的签订、列强对中国主权的侵犯等使他们产生了共同的关注点：由思考中国积弱的原因而产生的对政府行为的不满；由追求中国富强而产生的建立民族国家的共同努力。处在天演和进化世界中的中国如何立足、如何成为一个独立强大的民族国家成为时代的主题，成为生活在这个时代的人们关注的中心。

在这一时代主题下，不同的思想家因思想观念、阅历处境的不同在对时代主题的思考和选择中会产生或相同或不同的方式和方法，即使同一个思想家随着对西方学说认识程度的加深他们的思想本身也会发生变化。因此本章在关注思想家这段时期的境遇和主要活动的基础上，主要从思想家对中国人种和民性、民族国家思想、塑造中国民众的努力三个方面考察他们这一时段的民论。通过考察，笔者发现，这一时段思想家民论的角度发生了变化，如果说戊戌维新时期思想家主要从民的知识结构上去开民智的话，那么戊戌之后思想家主要是从国家观念、国民责任等民族精神上去塑造新国民。这一时段思想家民论呈现出时代的特点，现总结如下：

关于中国人种和民性认识方面呈现的主要特点有：大约在 1899 年和 1900 年，刚刚出国的梁启超针对国外媒体对中国人种和民性的抵牾进行了反驳，阐述了中国人种的优点，但随着梁启超深入了解西方的国家思想，1901—1903 年梁启超开始在民族国家的视野中审视中国之民的特性和对国家积弱的思考，从中梁启超找出了中国积弱的原因在于中国无国民，中国之民无国民之责任，并且对中国民性中不符合国民应有品质的特点加以批驳，并认为是中国的专制政体造就了具有奴性的民众；同时期的革命派的青年知识分子也指出中国之民不知有国，没有民权，而具有奴隶根性，他们在认为是专制体制造成的结果的同时，特别强调了清政府的罪恶性，现实中出现的事情如中俄密约、新政中的官员腐败加强了他们对清政府的反动。这一阶段康有为大量接触华侨，游历了欧美众多国家，广泛考察了欧美国家的社会和政治，他认为中国民众是爱国的，中国人种具有优良的品性，中国之民久受专制的统治，没有独立自治的风俗习惯，因而在中国倡导民权自由为时过早，会有害于民众，因此他主张立宪而反对革命。正如同时代的黄遵宪也有同样的见解，他说："生长于吾国之民，咸以受治于人为独一无二之主义，其对于政府不知有权利，实由对于人群不知有义务也。以绝无政治思想之民，分之以权，授之以政，非特不能受，或且造邪说而肆谤诬，出死力以相抗拒。"① 这一时段的严复深切体会到言论过猛对时局和社会的危害，出于知识分子的高度责任感他言语趋于稳健，但对时局的深切担忧而又有无能为力之感，他专注于译书，他认为中国民性具有很大的潜力，只要开启民智，民众将具有强大民族的潜能，从而给消沉中的官员和民众也包括他自己以希望和信心。他认为民众的贫穷是制约民力、民智、民德的重要条件，因此这一时期他认为疗贫是中国的关键。

关于中国民族国家观念方面呈现的主要特点有：这一时期梁启超在日本广泛阅读了西方的国家思想学说，由此他认识到民族主义是西方民族国家建立的重要基础，是建立强大的民族国家的动力和黏合剂。于是梁启超不遗余力地宣传民族主义，希望通过它实现中国的"合群之道"，实现建立强大民族国家的愿望。但是中国思想家接受的民族主义受到日本国粹主义者的影响，他们接受的民族主义是一种单一民族建国的民族主义。宣传民族主义的结果是在国内掀起了排满的建立汉民族国家的民族主义，梁启超对此提出了疑问，并敏锐地意识到可能对国家建设造成危害，他提出了独创性的"大民族主义"学说。革命派提出了排满革命，大力宣扬"中国者，中国人之中国"的思想观念，他们认为民族主义就是一个民族建立一个国家，而不同的种族就是不同的民族。严复对民族主义也持否定的态度，他认为当时流行的民族主义是宗法社会下排外的种族思想，对于建立国家并无益处。可谓高屋建瓴之见。

关于中国近代民族主义和民族国家观念的产生和形成动力问题在学术界有一定的分歧。西方中心范式的方法论理念认为，中国的民族主义、民族国家在实际中和观念上兴起的动力主要是西方的冲击。一方面，在外来势力的冲击下中国产生了排外的民族主义；另一方面，外来的冲击也为中国带来了近代西方的民族国家观念，并进而在中国形成了以追求建立民族国家、培育国民忠于民族国家为表征的民族主义。② 正如费正清先生所认为的，传统中国

---

① 黄遵宪. 驳革命书 [M] //张枬，王忍之. 辛亥革命前十年间时论选集. 北京：生活·读书·新知三联书店，1960：330.
② 韦磊. 美国的近现代中国研究 [M]. 北京：北京师范大学出版社，2010：146.

的世界秩序是朝贡体系的，而"这套东西，同欧洲那种民族国家主权平等的国际关系传统大相径庭。近代中国在 19 世纪和 20 世纪难以适应民族国家为基础的国际秩序，部分是由于中国的世界秩序这个重要传统形成的"①，"我们会发现，传统中国的政治秩序，很难称它是'国际的'，因为参与的成员所应用的观念，同西方的'民族''主权'或'国家平等'等观念完全不符"。② 中国在与西方的接触中，西方的观念和思想也影响到中国的观念。费正清认为，在中国形成的民族主义观念就是这种改变之一，中国在与西方的接触中，"有远见的中国官员模仿学习，早在 1861 年就举出彼得大帝和其他国家创建者，以及土耳其的可资吸取教训的实例，这个话题一直继续到 1898年和以后。西方关于中国必然变为民族国家的设想便因此被中国人接受了过去。孙中山、蒋介石和毛泽东领导下的 20 世纪前半期政治史的中心问题，一直是争取建立一个民族国家，在国际秩序中能取得自己的地位"③。费正清先生对中国近代民族主义和民族国家观念形成的描述大体符合中国的状况，但是对于产生的动力是否就是西方的冲击是有待商榷的。从以上对这一时期主要思想家对民族问题的论述和认识中可以看出，近代中国思想家对民族主义、民族国家的认识既来自西方的冲击，又来自日本的观念影响和中国传统的夷夏观念、清末的种族思想的影响，同时还受到中国局势和环境的冲击。它是一个复杂的思想综合过程。

关于塑造中国之民的努力中呈现的主要特点：这一时期的思想家都注意到要塑造中国之民需要中西结合，这是难能可贵的稳健、中庸态度。梁启超提出的新民之法是"淬厉其所本有，采补其所本无"，并提出了新民应该具有的美德，从这些梁启超所设计的新民美德中，张灏先生认为梁启超的新民理想与儒家的人格理想是不同的，他认为："儒家的人格理想只适用于君子——社会中的道德精英分子。梁的新民理想意指政治共同体内的每一个成员。……儒家的人格理想基本上是精英主义，而梁的国民理想实质上是平等

---

① 陶文钊. 费正清集［M］. 林海，符致兴，等译. 天津：天津人民出版社，1992：7.
② 陶文钊. 费正清集［M］. 林海，符致兴，等译. 天津：天津人民出版社，1992：8.
③ 陶文钊. 费正清集［M］. 林海，符致兴，等译. 天津：天津人民出版社，1992：91-92.

主义。"① 张灏还认为梁启超的新民理想具有西方公民进取的精神，如弗里德里克曾说："美德不仅是统治者和领导者，而且也是一个共和国家的公民需要具有的一种优点。"它"包含了男子汉的气概，即胆力和勇敢，但同时也自我约束，有坚定不移的信念。美德指的是一种战斗的意愿，但同时也指一种为同胞献身的意愿。它意味着要有成功的决心，但也意味着承认应尽的公民义务"②。张灏还把梁启超的新民与西方近代民主制下的公民做了以下比较，他最后得出的结论是"梁的国民理想更接近于以集体主义取向为核心的古希腊的国民，而不接近于以个人主义作为一个重要因素的近代民主国家的国民"③。当时作为梁启超知己的黄遵宪对新民说中的内容也有评价，他认为"若权利、若自由、若自尊、若自治、若进步、若合群，皆吾腹中之所欲言，……然读至冒险进取破坏主义，窃以为中国之民，不可无此思想，然未可见诸行事也"④。康有为公民教育的思想也是中西结合的结果，他主张公民资格与公民权利的结合，从而激励民众积极争取成为公民，他主张通过实行地方自治实现公民的培育，这在当时是有一定代表性的。严复关于教育育民的见解也主张中学和西学不可偏废，学习中学是保持民族特色的基础，他重视教育规律和教育内容的选择，难能可贵的是他非常重视科学思维和科学方法的培育，这是作为学者的严复胜人一筹的地方，也是他作为学者承担社会责任的表现。对于革命派教育独立民众的呼吁，感情色彩更浓一些，带有强烈的情绪化，彰显了年轻知识分子的本色。这一时期思想家塑造中国之民所使用的概念和价值标准都已经超越了中国传统的民本思想，"意味着一种崭新的公民观念已经冲破传统观念的藩篱，开始向人们的意识中渗入"⑤。

① 张灏. 梁启超与中国思想的过渡（1890—1907）［M］. 崔志海，葛夫平，译. 北京：新星出版社，2006：146.
② 转引自张灏. 梁启超与中国思想的过渡（1890—1907）［M］. 崔志海，葛夫平，译. 北京：新星出版社，2006：147.
③ 张灏. 梁启超与中国思想的过渡（1890—1907）［M］. 崔志海，葛夫平，译. 北京：新星出版社，2006：149.
④ 黄遵宪. 驳革命书［M］//张枬，王忍之. 辛亥革命前十年间时论选集. 北京：生活·读书·新知三联书店，1960：331.
⑤ 刘泽华. 论从臣民意识向公民意识的转变［M］//刘泽华. 中国政治思想史集：第二卷. 北京：人民出版社，2008：269-270.

　　综上所述，这一时期思想家在时局和西方思想的刺激下，进一步认识到民众的国家认同对建设强大国家的重要性，他们从宣传民族主义和培育国民两个方面努力加强民众的国家认同，同时在培育国民中提升民众在国家政治生活中的地位从而倡导民权。这一时段思想家关于民权的认识、关于国民的认识都超过了前期，已经把"西方的民主同中国古代的仁政区别开来"，并且随着他们大力宣传国民思想，他们的国民意识开始觉醒，他们已经具有"人民主权"的观念。① 西方民族主义经过日本传入中国，激活了中国传统中的种族思想，加以时局造成的民众对清政府的强烈不满，在当时的中国形成了排满的民族主义的思潮。因此在这一时段，随着民众对国家认同观念的加强，清政府的合法性受到质疑，政府的合法性危机在中国的国家建设中出现。

---

　　① 耿云志. 西方民主在近代中国［M］. 北京：中国青年出版社，2003：75-77.

第四章

国家政体观照下民族与民权思想
（1905—1907）

    立宪运动前期即 1905—1907 年①，中国社会中两大政治派别都发展壮大并渐趋成熟。一是由传统士绅组成的立宪派，他们采取温和而与统治者接近的方式，希望通过劝告与要求，促使清政府积极改革，即"采取鞭策与监督的态度，欲以和平方式达成革新"；一是由受到革命思潮影响的激荡者组成的革命派，他们激烈且远离统治者，他们希望推翻清政府，建立一个汉民族的新政权，即"采取暴烈手段，不惜牺牲一切，从事根本而彻底的改造"②。不断壮大的立宪派和革命派在不断宣传扩大影响的同时，各自以报纸为基地展开了针锋相对的论战，他们发表各自对民族国家、政体选择、民生等问题的观点和策略，并相互进行批驳和论争，在社会上引起了极大的反响。正如张朋园先生所总结的，他发现这一场论战最主要的中心题目有三个：第一是民族问题。革命党排满，故而竭力强调民族主义；梁启超不主张排满，绝对不承认有狭义的民族问题存在。第二是民权问题。双方皆同意政治革命的必要，但革命党主张民主政体，梁启超主张承袭原有制度，加以改革。第三是民生问题。革命党认为土地国有，则民生问题即可解决。梁启超认为国家富强之道，必须发展国家与民间资本。③ 而孙中山所提出的三民主义也正是民族主

---

① 史学界以 1905 年为界将十年的清末新政分为两个时期：清末新政 1901—1905 年；立宪运动 1905—1911 年。本章取立宪运动前期即 1905—1907 年为研究范围。（参见徐中约. 中国近代史 [M]. 计秋枫，朱庆葆，译. 香港：香港中文大学出版社，2001：409—413.）

② 张朋园. 立宪派与辛亥革命 [M]. 长春：吉林出版集团有限责任公司，2007：7.

③ 张朋园. 梁启超与清季革命 [M]. 长春：吉林出版集团有限责任公司，2007：147.

义、民权主义和民生主义①。本章主要考察这一时段思想界关于民族主义、民权主义和民生主义的观点和认识。

第一节　政体变革的传播与立宪运动的兴起

1905 年，清政府的改革计划因日本在日俄战争中的胜利而发生了戏剧性的变化。对很多中国人来说，俄国——一个西方的大专制国家被东方的小君主立宪国打败，是立宪政体有效的有力证明。中国人还发现，差不多所有西方重要的强国，都实行立宪政府的政体模式，而且他们发现俄国人自己也在公众的要求下于 1905 年实行政体变革②，因此印象更加深刻，中国人相信自己终于找到了一种"生存模式"，一种适合本国的政体模式。由士人变成著名的工业家的张謇激动地说："日本的胜利和俄国的失败是立宪主义的胜利和专制主义的失败。"③ 立宪主义的思想突然流行起来，在士人、社会领袖和高瞻

---

① 孙中山的三民主义前后理论随时局变化有一定的差别，前期的三民主义主要是指他在同盟会章程、《民报》发刊词和《民报》周年纪念大会上的讲演阐述的有关三民主义的言论，以及在《民报》与《新民丛报》进行论争过程中主要《民报》撰稿人关于三民主义的思想言论。而后期的三民主义主要是民国十三年（1924 年）孙中山关于三民主义的讲义，主要内容参阅其《三民主义》一书。本文主要阐述前期三民主义的主要内容，通过前期三民主义内容的考察主要阐述立宪运动前期革命派关于民族、民权和民生的主要观点和认识，而不对孙中山的三民主义理论展开全面的论述。（参见朱浤源 . 同盟会的革命理论："民报"个案研究［M］//孙文 . 三民主义 . 台北：三民书局，2007.）

② 关于 1905 年俄罗斯发生的政体变革，即 1905 年俄罗斯革命，梁启超在《俄罗斯革命之影响》一文中详细阐述了俄罗斯革命的原因、革命之动机及其方针、革命之前途、革命之影响。在革命之影响于中国者中，梁启超指出："自此次战役，为专制国与自由国优劣之试验场，其刺激于顽固之眼帘者，未始不有力也。顾犹未也，若此次之要求能成，见夫赫赫积威之政府，遂不能不屈于其民，则夫老朽且死之长官，虽或若无赌焉，若乃次焉稍有人气者，其必腔然反视而有所鉴也。而人民之见有助我张目者，而神气加发扬焉，又无论矣。此其影响于我内治问题者又一也。"详见梁启超 . 俄罗斯革命之影响［M］///张枬，王忍之 . 辛亥革命前十年间时论选集（第二卷）：上册 . 北京：生活 · 读书 · 新知三联书店，1960：10-21.

③ 转引自徐中约 . 中国近代史［M］. 计秋风，朱庆葆，译 . 香港：香港中文大学出版社，2001：413.

远瞩的督抚中迅速传播开来。

立宪问题的宣传和鼓吹由来已久，其中自戊戌政变之后，在报刊上就曾发表过许多倡导立宪的文章，其中梁启超曾在《清议报》上发表《各国宪法异同论》《立宪法议》两篇文章，提出君主立宪的主张和实行立宪的次序问题。同时期在《国民报》上还登载了《二十世纪之中国》一文，以西方宪政的历史事实激励国人。张謇还写作了《变法平议》一文，主张仿效日本明治维新之制。1902年康有为写作《公民自治篇》主张实行地方自治，设立省府州县议会，其观点与张謇的主张略同。此后介绍议会制度①和宣传宪政思想渐渐成为时代的潮流，不仅报刊中经常出现，一些翻译作品也开始出现。② 黄遵宪也曾经在给梁启超的信中阐明他坚持君主立宪的主张。立宪运动通过报刊的宣传普及于全国上下，也广泛影响了清政府中的开明官僚，一些官僚开始上书建议清政府实行立宪。其中驻法公使孙宝琦的上书在当时最为轰动，此后立宪问题即成为舆论的中心话题，成为政治界和思想界关注的焦点，报刊、书籍、奏章中讨论立宪的与日俱增。"所谓立宪者，乃以开国会为目的；开国会者，即以'君民合治'为归宿。可见斯时已以平民参政为变法之先机。所谓平民，实指有产者而言，尚非大多数人之参政。"③

1904年前后立宪运动之所以能够掀起，"主要是由于下列诸因素激荡而成：（一）康梁诸人的不断鼓吹，（二）革命运动的刺激，（三）日俄战争的启示，（四）俄国革命运动的影响"④。轰轰烈烈的立宪宣传引起了朝野上下的注意，清政府做出了积极的回应。

---

① 关于议会的思想张朋园先生曾做过专门的研究，他认为议会思想进入中国可以分为四个时期：第一时期，1840—1870 年，这 30 年是知识性介绍时期；第二时期，1871—1895 年，这 25 年士人视议会代表"君民一体"，内可以团结民心，外可以抗拒强权；第三时期，1895—1904 年，民权说兴起，强调议会表现人民的权力；第四时期，1905年以后，议会思想根植国内，人民起而要求付诸实现。参见张朋园. 中国民主政治的困境（1909—1949）：晚清以来历届议会选举述论 [M]. 长春：吉林出版集团有限责任公司，2008：44-45.

② 其中广智书局曾经出过不少有关宪法的书，其中有《万国宪法志》《宪法精理》等，还有麦鼎华翻译的《政治汎论》。（详见张玉法. 清季的立宪团体 [M]. 台北："中央研究院"近代史研究所，1971：304-305.）

③ 汪荣祖. 晚清变法思想论丛 [M]. 北京：新星出版社，2008：92.

④ 张玉法. 清季的立宪团体 [M]. 北京：北京大学出版社，2011：224.

立宪派在广泛宣传立宪思想的同时，革命运动也在如火如荼地进行。革命活动可以追溯到 1894 年兴中会的成立，但是在戊戌维新时期他们的影响很少，革命活动在海内外进展缓慢。戊戌政变之后孙中山曾寻求与康梁联合但遭到拒绝，康梁在海外组织保皇会，这使孙中山的革命工作雪上加霜。1900 年趁着义和团事件发生之际，革命派组织了惠州起义，起义虽然失败了，但以孙中山为首的革命派的形象在国人特别是青年学生的眼里大大地改善了。他们不再被看作叛乱者，而是"为改善国民的境况而工作的爱国的、忠诚的革命者"①。这样国内的青年学生和留日学生开始支持革命活动，在日本的学生还发行了《国民报》和《二十世纪之支那》等报纸，以宣传革命事业。特别是 1903 年邹容在《苏报》上发表《革命军》一文，以激扬的文字宣传革命，攻击清政府，清政府以武力镇压，将邹容、章太炎逮捕，造成轰动的"苏报案"，以及随后年仅二十岁的邹容死于狱中，这都极大地激起了国人的愤怒，革命浪潮被迅速激起。在国内成立了一些支持革命活动的社团，如在上海蔡元培创立了光复会，在长沙黄兴组织了华兴会。到 1905 年的时候在孙中山的倡议下决定联合成立一个统一的组织，即中国同盟会，简称同盟会，同盟会选举孙中山为主席，黄兴为执行部庶务长，并有权在孙中山缺席时代行其职权，在成立仪式上约有七十人加入该会。至 1906 年，同盟会会员迅速增至 963 人，同盟会的支部也建立起来了。② 同盟会成立后，在他们的机关报《民报》③ 上与梁启超展开了激烈的论战④，因为当时梁启超支持君主立宪而反对革命。《民报》的主要撰稿人

---

① 徐中约. 中国近代史［M］. 计秋枫，朱庆葆，译. 香港：香港中文大学出版社，2001：467.

② 徐中约. 中国近代史［M］. 计秋枫，朱庆葆，译. 香港：香港中文大学出版社，2001：469.

③ 同盟会成立时，黄兴将《二十世纪之支那》转变为同盟会的机关刊物，但是不久，由于《二十世纪之支那》刊发了一篇题为《日本政客之经营中国谈》的文章，触怒了敏感的日本政府而被停刊，革命党人于是将之改名为《民报》，《民报》就成为同盟会的机关刊物。（参见徐中约. 中国近代史［M］. 计秋枫，朱庆葆，译. 香港：香港中文大学出版社，2001：469.）

④ 这场论战带有很大的情绪性和人身攻击性，其中列文森记录了梁启超在政闻社第一次大会上讲话时被革命派围攻的事情。（参见列文森. 梁启超与中国近代思想［M］. 刘伟，刘丽，姜铁军，译. 成都：四川人民出版社，1986：99.）

有章太炎、胡汉民、汪精卫等，他们激烈地辩称，中国必须推翻清政府并建立民主共和国，他们奋斗的热情和才智使革命的影响逐渐扩大。声势不断浩大的革命浪潮引起了清政府的恐慌，间接推动了清政府的预备立宪活动。

朝野上下轰轰烈烈的立宪思想宣传，使立宪自治成为时势所趋；革命排满浪潮的掀起，以及挑起的与梁启超的论争，使时势更加激荡。慈禧太后对革命的痛恨程度远远超出了对君主立宪的厌恶，于是她决定支持为害较轻的立宪运动。1905 年慈禧太后召见端方，问他说："新政皆已举行，当无复有未办者？"端方说："尚未立宪。"慈禧说："立宪如何？"端方说："立宪则皇上可世袭罔替。"慈禧颇动心。① 端方是"满洲"白旗人，光绪八年（1882 年）的举人，是清廷中的开明官僚，戊戌维新时期就倾向维新，与梁启超素有书信来往，梁启超曾经为他代草请立宪并赦免党人等请定国是一类的奏折。② 1905 年 8 月，清政府派遣五大臣③考察欧洲各国宪法，"临行，炸弹发于车站，伤毙送行者十余人。是时革命之说甚盛，事变亦屡见。……十一月，宗室载泽、端方、戴鸿慈、尚其亨、李盛铎等复出洋考察宪法。先是铁良、徐世昌辈于宪法亦粗有讨论，端方入朝召见时，又反复言之，载振又为之助，故有五大臣之命"④。1906 年 7 月五大臣回国，代表团汇报了各国宪法的状况，他们表达了对英国、德国政府体制的良好印象，但是最后他们断定由于中日之间的相似性，日本宪法体制更加适合中国。使团的领导人载泽个人建议，在五年内采用宪法，他指出，一个规划良好的宪法能成为政权的工具，为中央政府提供中央集权。他的建议得到了皇室调查团的支持和太后于 1906 年 9 月 1 日的签署，但她精明地

---

① 转引自张玉法. 清季的立宪团体［M］. 台北："中央研究院"近代史研究所，1971：311-312.

② 丁文江，赵丰田. 梁任公先生年谱长编：初稿［M］. 北京：中华书局，2010：182.

③ 五大臣是在"满洲"贵族载泽领导下的五人考察团，其中三人访问日本、英国、法国和比利时，而其他两人前往美国、德国、奥地利和意大利。使团于 1905 年 12 月 11 日出发，第二年 7 月回国。（参见徐中约. 中国近代史［M］. 计秋枫，朱庆葆，译. 香港：香港中文大学出版社，2001：414.）

④ 转引自丁文江，赵丰田. 梁任公先生年谱长编：初稿［M］. 北京：中华书局，2010：182.

"遗漏"了指定颁布的日期。①

1906 年 7 月 13 日清政府应考察宪政大臣的奏请，下诏宣示预备立宪。《申报》发表了《预备立宪上谕》全文，上谕中指明了这次举动的原委：

> 光绪三十二年七月十三日（1906 年 9 月 1 日）奉上谕：朕钦奉慈禧皇太后懿旨，我朝自开国以来，列圣相承，谟烈昭垂，无不因时损益，著为宪典。现在各国交通政治法度，皆有彼此相因之势，而我国政令积久相仍，日处阽危，忧患迫切，非广求智识，更订法制，上无以承祖宗缔造之心，下无以慰臣庶治平之望，是以前简派大臣分赴各国，考查政治。现载泽等回国陈奏，深以国势不振，实由于上下相睽，内外隔阂，官不知所以保民，民不知所以卫国，而各国之所以富强者，实由于行宪法，取决公论，军民一体，呼吸相通，博采众长，明定政体，以及筹备财政，经画政务，无不公之于黎庶。……但目前规制未备，民智未开，徒饰空文，何以对国民而昭大信。故廓清积弊，明定责成，必从官制入手，亟应先将官制分别议定，次第更张，并将各项法律详慎厘订，而又广兴教育，清理财政，整顿武备，普设巡警，使绅民明悉国政，以预备立宪基础。著内外臣工，切实振兴，以求成效。俟数年后，规模粗具，查看情形，参用各国成法，妥议立宪实行期限，再行宣布天下。视进步之迟速，定期限之远近。著各省将军督抚晓谕士庶人等，发愤为学，各明忠君爱国之义，合群进化之理；勿以私见害公益，勿以小忿乱大谋；尊崇秩序，保守和平，以预储立宪国民之资格，有厚望焉。②

预备立宪上谕的发布，使各界欢欣鼓舞，北京学界及上海学界、商界、报界都为政府的预备立宪开会庆祝，学部则编写白话教育歌，颁发各省，

---

① 参见徐中约. 中国近代史［M］. 计秋枫，朱庆葆，译. 香港：香港中文大学出版社，2001：414.
② 转引自丁文江，赵丰田. 梁任公先生年谱长编：初稿［M］. 北京：中华书局，2010：187.

以开发民智。梁启超也曾在给蒋观云先生的信中谈及对立宪上谕的感想，他说："知立宪明诏已颁，从此政治革命问题可告一段落。此后所当研究者，即在此过渡时代之条理如何。"① 预备立宪的上谕中指出从改革官制入手，于是政府官员中开始为改革官制做准备。1907 年 8 月，清廷成立了制宪局，并发布了设立资政院的上谕；1907 年 9 月委派三名官员到日本、英国和德国学习立宪政体，并发布了设立谘议局的上谕；任命一满一汉两个人来为国会实行筹备；命令成立省、地、县议会。② 清廷为了宣传立宪思想，于 1907 年 9 月创刊《政治官报》。该报不仅刊载有关预备立宪及政治改革的条陈，而且大量登载各国政况，介绍各国宪法、议院、政党的文章。③ 清政府的预备立宪虽然是在内外情势的激荡下不得已而采取的措施，但是清廷的预备立宪上谕一方面壮大了在野立宪派的势力，立宪团体纷纷成立；另一方面则激起了革命派的奋发图强，他们越来越频繁地发动起义。④

第二节　国家建构基础上的民族主义思想

由第三章关于中国民族主义产生的考察可知，中国民族主义是在社会进化论的世界环境中产生的，是思想精英在意识到中国处在优胜劣汰的生存竞争世界中，为使中国成为强大的民族国家而引进的先进思想观念。他们大力宣传民族主义是希望中国如同其他西方国家一样，通过民族主义建立强大的近代民族国家，从而在优胜劣汰的竞争世界中能够不被淘汰。但是由于民族主义在传入中国的过程中受到日本民粹主义的影响，也由于受到中国种族思想的影响，民族主义在中国国内产生了排满的民族主义。随

---

① 梁启超. 致蒋观云先生书［M］//丁文江，赵丰田. 梁任公先生年谱长编：初稿. 北京：中华书局，2010：187.

② 徐中约. 中国近代史［M］. 计秋风，朱庆葆，译. 香港：香港中文大学出版社，2001：415.

③ 张玉法. 清季立宪团体［M］. 台北："中央研究院"近代史研究所，1971：313.

④ 张玉法. 清季立宪团体［M］. 台北："中央研究院"近代史研究所，1971：315.

着国内外形势的恶化和中国国家主权的进一步丧失，特别是以 1903 年的拒俄运动为契机，中国的革命派势力大增，青年留日学生纷纷举起排满的民族主义大旗，他们大力宣传排满，要建立一个汉族的民族国家。在这种时局下，一些思想精英看到排满有可能对中国建立近代民族国家的危害，纷纷发表言论进行纠正，如梁启超在《政治学大家伯伦知理学说》中对"大民族主义"观念的提出、康有为在《辨革命书》中对排满革命的批驳和严复在《社会通诠》按语中对民族主义的质问都对排满的民族主义提出过疑问。1905 年当分散的革命组织建立了统一的组织——中国同盟会之后，他们开始在同盟会的机关报——《民报》上发表文章阐述他们的民族观念，并对以康梁为首的立宪派展开了理论和观念上的论争。本节主要阐述1905—1907 年思想界关于民族主义的观念和认识。

一、排满的民族国家思想

（一）孙中山以兴中会和同盟会为组织的革命活动

孙中山于 1866 年 11 月 12 日出生于珠江三角洲的香山县翠亨村，名文，字帝象。孙中山的父亲以务农为生，家庭贫穷。由于家境贫寒，孙中山没有接受传统的正规教育，在村里只受过启蒙教育，读过四书五经，但是对经典缺乏全面的学习。十三岁后到夏威夷并开始在外国人办的学校里接受系统的西方教育。后来孙中山进入英美教会办的学校——广州博济医校学医。他在学医的时候就认识到中国政治的困境，"据他自己回忆说，早在1884 年他就下决心为推翻清王朝而奋斗"①。后来孙中山转入何启办的西医书院，他在香港度过了五年（1887—1892 年），这是他一生中最富有成果的一段时间。在香港，孙中山结识了陈少白、杨鹤龄和尤列，他们经常一起讨论政治问题，孙中山本人因为钦佩太平天国的领袖，曾被起了个"洪秀全"的绰号。② 在香港他还受到何启博士的影响，何启与胡礼垣所写的

---

① 史扶邻．孙中山与中国革命的起源［M］．丘权政，符致兴，译．北京：中国社会科学出版社，1981：16.

② 史扶邻．孙中山与中国革命的起源［M］．丘权政，符致兴，译．北京：中国社会科学出版社，1981：21.

《新政真诠》以及其他文章对孙中山的思想形成和此后很长时间都有影响。① 在西医书院毕业后，孙中山在澳门执业行医，1894年孙中山给李鸿章上书，但孙中山的上书并没有得到回应，他也没有得到期盼中的接见，"此行的失败，终于促使他不再犹豫了。改良主义的可能性已被消除。从此以后，他唯一的目标就是推翻清朝的统治"②。1894年秋天孙中山赴檀香山，于11月24日组建了中国第一个革命团体兴中会，提出振兴中华，挽救危局；以"驱除鞑虏，恢复中国，创立合众政府"为秘密誓词。③ 1895年到香港和广州设立兴中会分会，并在广州策划发动起义，后来起义泄露，孙中山亡走香港又转到日本。1896年孙中山赴美国旧金山、纽约等地进行革命宣传，后来到达伦敦被诱至清驻英使馆，被拘禁，是为"伦敦被难"。④ 1897年孙中山由英国赴加拿大，后来赴日本横滨，并筹建横滨中西学校。1898年戊戌政变后康梁先后到达日本，孙中山欲与康梁联合但并未成功。1899年兴中会在日本印制革命宣传品，用"中国合众政府社会"名义，寄发给在美洲、檀香山、加拿大等地的党人，鼓动中国人起义，反对清政府。⑤ 10月，兴中会、哥老会及三合会首领在香港成立兴汉会，大家公推孙中山为总会长。⑥ 1900年兴中会的机关报《中国报》发刊，孙中山在日本组织了国民同盟会。1901年在日本横滨接待来访的留日学生吴禄贞、钮永建和马君武等人。1902年在日本横滨与章太炎、秦力山等人讨论土地问题，并初步形成革命程序论，此时革命派与改良派矛盾激化，分歧日渐明显。东京留日学生组织革命团体青年会，该会以"民族主义为宗旨，以

---

① 史扶邻. 孙中山与中国革命的起源［M］. 丘权政，符致兴，译. 北京：中国社会科学出版社，1981：22.

② 史扶邻. 孙中山与中国革命的起源［M］. 丘权政，符致兴，译. 北京：中国社会科学出版社，1981：33.

③ 陈锡祺. 孙中山年谱长编：上册［M］. 北京：中华书局，1991：74.

④ 孙中山在伦敦被难的原因、被禁的经过、求援营救过程和英府的干预等详情记录在孙中山写的《伦敦被难记》中，此书是孙中山在被营救出狱后在伦敦撰写的，1897年1月其英文版在英国出版。（转引自陈锡祺. 孙中山年谱长编：上册［M］. 北京：中华书局，1991：126-128.）

⑤ 陈锡祺. 孙中山年谱长编：上册［M］. 北京：中华书局，1991：185.

⑥ 陈锡祺. 孙中山年谱长编：上册［M］. 北京：中华书局，1991：188.

破坏主义为目的"①。1903 年孙中山前往希腊，组织中华革命军。也就是从这一年开始，留日学生的革命风潮汹涌澎湃。1904 年孙中山在檀香山致公堂国安会馆加入洪门，受"洪棍"之职。② 在檀香山组织中华革命军，在他的努力下，檀香山的华侨革命情绪高涨，保皇党的势力日益萎缩。为配合孙中山扫荡保皇派的斗争，革命派在香港、上海等地所办《中国日报》《广东日报》《世界公益报》《警钟日报》《大陆报》等加紧抨击保皇立宪，鼓吹革命排满。③ 1905 年孙中山赴东京，分别与黄兴、杨度、邓家彦等会晤，筹划成立同盟会，又与宋教仁、陈天华在《二十一世纪之支那》杂志社会晤。7 月·30 日召开中国同盟会筹备会议，会上孙中山被推为主席，演说革命理由、革命形势和革命方法等，并经过讨论最后定名为"中国同盟会"。孙中山又提议本会的宗旨为"驱除鞑虏，恢复中华，创立民国，平均地权"。④ 8 月 20 日孙中山出席中国同盟会正式成立大会，大会上发布中国同盟会章程，章程规定以孙中山的十六字纲领为宗旨，以东京为同盟会本部所在地，设总理一人，由会员投票公举，任期四年，可连选连任，握有全权。⑤ 11 月《民报》发刊，孙中山在发刊词上提出了民族主义、民权主义和民生主义三大革命纲领。1906 年 4 月，孙中山回东京，赴《民报》社，"提出与《新民丛报》辩驳之纲领十二条，标举两派的根本分歧所在。此后，两派论战更为激烈"⑥。秋冬间，孙中山与黄兴、章太炎等在东京编制《革命方略》以适应国内革命运动的需要。12 月出席《民报》周年纪念大会，并做了《三民主义与中国民族前途》的讲演，专门阐述了三民主义和五权宪法的含义。1906 年萍浏醴起义失败后，孙中山希望传檄十八省会党，联络声气，再次准备起事。当时梁启超希望两派停止论战，但遭到孙中山的拒绝，论战继续。是年，孙中山主要在河内与越南人交往，寻求越南人的支持。

---

① 陈锡祺．孙中山年谱长编：上册［M］．北京：中华书局，1991：284-285.
② 陈锡祺．孙中山年谱长编：上册［M］．北京：中华书局，1991：303.
③ 陈锡祺．孙中山年谱长编：上册［M］．北京：中华书局，1991：306.
④ 陈锡祺．孙中山年谱长编：上册［M］．北京：中华书局，1991：343.
⑤ 陈锡祺．孙中山年谱长编：上册［M］．北京：中华书局，1991：350.
⑥ 陈锡祺．孙中山年谱长编：上册［M］．北京：中华书局，1991：369.

（二）《民报》初期主要撰稿人的境况和主要活动

作为同盟会机关报的《民报》，第1期于1905年11月26日出刊，所谓《民报》初期主要是指1905—1907年。《民报》初以张继为主编。1906年夏，因《苏报》案而入狱的章太炎刑满获释来到东京，《民报》从第6期起由章太炎为主编，直到第18期（1907年12月25日出版），章太炎因脑病就医，由张继续编一期。《民报》初期的主要撰稿人有胡汉民、汪兆铭、朱执信、陈天华等，他们作文立论，都以阐发孙中山的三民主义为己任。胡汉民的文章多秉承孙中山的观念，并且是孙中山所署名的"发刊词"的实际撰写者，他代同盟会的领导核心撰写了《"民报"之六大主义》。他钻研孙中山的所谓民生主义的真意，撰写成代表同盟会民生主义观点的《告非难民生主义者》一文，论理明晰而犀利，是孙中山主义的首要代言人。①汪兆铭1883年出生，1903年考取留日法政速成科官费生，入日本法政大学，专攻宪法。1904年毕业，再入该校法政专门科。两年后毕业，得法学学士学位，名列全校第二。②汪兆铭才思敏捷，对欧美政治学知识了解颇多，他以"精卫"为笔名，成为《民报》中与《新民丛报》展开论争的第一号主将，他写作的根据除了法政大学所教授的理论，还受到孙中山思想的影响。朱执信与汪精卫和胡汉民都在1904年考取官费留日，而朱执信是录取官费生名单上的榜首，也与胡、汪同时在法政大学的法政速成科就读。因为数学特好，专治经济学。1906年毕业时在同期毕业的234名学生中，成绩列为甲等第五名。③朱执信是个社会主义者，他对孙中山的民生主义阐述较多，但他很少称其理论为"民生主义"，而是称为"社会主义"。陈天华是华兴会的创始人之一，是个种族主义者，1903年东渡日本，作《警世钟》和《猛回头》两篇名著，是一位典型的民族主义热血青年，1905年投

---

① 朱浤源. 同盟会的革命理论："民报"个案研究 [M]. 台北："中央研究院"近代史研究所，1995：37.

② 转引自朱浤源. 同盟会的革命理论："民报"个案研究 [M]. 台北："中央研究院"近代史研究所，1995：38.

③ 转引自朱浤源. 同盟会的革命理论："民报"个案研究 [M]. 台北："中央研究院"近代史研究所，1995：38.

海自尽，来表达其执着的民族感情，呼吁国人继起奋斗。① 从《民报》初期主要撰稿人的经历可以看出，他们大多数是才智很高，并在日本受到西方国家思想的影响，他们怀抱着救国救民的热情全身心地投入论争中。

（三）光复汉民族之国家的民族主义思想

在第三章有关戊戌之后革命派民族国家的认识一节中，曾论述了1899—1904 年革命派民族主义的形成和发展。正如美国学者史扶邻所说的"在民族主义者的著作中，特别是在邹容、陈天华、杨守仁、刘师培和林獬的著作中，对暴力的肯定是那样的极度狂热，以致使人感到有一种革命至上的倾向"②。并且史扶邻认为这些人的民族思想都远远走在了孙中山的前面，他还认为在 1903 年《新民丛报》的一篇未署真名的文章中，可以看到与孙中山的三民主义更为近似的论述。③ 这说明孙中山的三民主义思想是时代思潮的反映和总结，是当时众多年轻民族主义思想的共同特征。"孙中山，这个学生民族主义者如此痛恨的帝国主义者的伙伴、传教士和买办的徒弟，最后竟成为他们的领袖，这是中国革命令人惊奇的转折之一。它表明民族主义者迫切要求一种简化了的救国之术。它也表明孙中山有着迅速取得成就的能力。"④ 1905 年 8 月中国同盟会的成立，是孙中山把在任何条件下都不愿接受清王朝统治的各种组织联合起来的结果，是一个新的革命团体。在这里民族主义者和革命者找到了他们的领袖，而孙中山则建立了他十多年来梦寐以求的革命事业。⑤

① 朱浤源. 同盟会的革命理论："民报"个案研究 [M]. 台北："中央研究院"近代史研究所，1985：39.
② 史扶邻. 孙中山与中国革命的起源 [M]. 丘权政，符致兴，译. 北京：中国社会科学出版社，1981：259.
③ 作者所指的文章是《近世欧人之三大主义》，署名为"雨尘子"，文章中论述近世欧人有三大主义：多数人之权利、租税所得之权利和民族的国家. 详见张枬，王忍之. 辛亥革命前十年间时论选集（第一卷）：上册 [M]. 北京：生活·读书·新知三联书店，1960：343-348.
④ 史扶邻. 孙中山与中国革命的起源 [M]. 丘权政，符致兴，译. 北京：中国社会科学出版社，1981：261.
⑤ 参见史扶邻. 孙中山与中国革命的起源 [M]. 丘权政，符致兴，译. 北京：中国社会科学出版社，1981：317.

1905 年在《同盟会宣言》中孙中山指出："今之满洲，本塞外东胡，昔在明朝，屡为边患；后乘中国多事，长驱入关，灭我中国，据我政府，迫我汉人为其奴隶，有不从者，杀戮亿万……中国者，中国人之中国，中国之政治，中国人任之，驱除鞑虏之后，光复我民族的国家。敢有为石敬瑭、吴三桂之所为者，天下共击之！"① 从而阐述了他关于国内民族的认识。孙中山在《民报》发刊词中阐明民族主义、民权主义、民生主义三大革命纲领时，明示他是以欧美社会进化历程为蓝本来设计三民主义的，他说：

> 余维欧美之进化，凡以三大主义：曰民族，曰民权，曰民生。罗马之亡，民族主义兴，而欧洲各国以独立。洎自帝其国，威行专制，在下者不堪其苦，则民权主义起。十八世纪之末、十九世纪之初，专制仆而立宪政体殖焉。世界开化，人智益蒸，物质发舒，百年锐于千载，经济问题继政治问题之后，则民生主义跃跃然动，二十世纪不得不为民生主义之擅场时代也。是三大主义皆基本于民，递嬗变易，而欧美之人种胥冶化焉。②

指出欧美社会是按照民族主义—民权主义—民生主义的顺序天演进化形成的，而中国几千年的专制统治，"异族残之，外邦逼之，民族主义、民权主义，殆不可以须臾缓，而民生主义欧美所虑积重难返者，中国独受病未深而去之易"③，所以"不可不并时而弛张之"。三民主义的宗旨也包含在《民报》的社章所标举的六大宣传目标中，这六大宣传目标是（一）颠覆现今之恶劣政府；（二）建设共和政体；（三）土地国有；（四）维持国家之真正和平；（五）主张中国日本两国之国民联合；（六）要求世界列强赞成

---

① 孙中山. 同盟会宣言［M］//孙中山选集. 北京：人民出版社，1956：68-69.
② 中山大学历史系孙中山研究室. 孙中山全集：第 1 卷［M］. 北京：中华书局，1981：288.
③ 中山大学历史系孙中山研究室. 孙中山全集：第 1 卷［M］. 北京：中华书局，1981：288.

中国之革新事业。① 胡汉民在《民报》第三号上发表《"民报"之六大主义》一文，对六大主义进行了阐发，他解释"倾覆现今之恶劣政府"部分说道："以吾多数优美之民族，钳制于少数恶劣民族之下，彼不为我同化，而强我同化于彼，以言其理则不顺，以言其势则不久，是故排满者，为独立计，为救亡计也……所谓恶劣之政府，谓以恶劣之民族而篡据我政府，其为恶也，根据于种性，无可剪除，无可增饰，且不指一二端之弊政而云然。"②

在《民报》第一号中，汪兆铭发表了《民族的国民》一文，针对梁启超的《政治学大家伯伦知理学说》和康有为的《辨革命军》中的民族主义的观点进行反驳。他首先阐述了民族同化的公例。他说："民族云者，人种学上之用语也，其定义甚繁，今举所信者，曰：民族者同气类之继续的人类团体也。"③ 他解释其含义：

> （一）同气类之人类团体也。兹所云气类，其条件有六：一同血系，二同语言文字，三同住所，四同习惯，五同宗族，六同精神体质。此六者皆民族之要素也。
>
> （二）继续的人类团体也。民族之结合，必非偶然，其历史上有相沿之共通关系，因而成不可破之共同团体，故能为永久的结合。偶然之聚散，非民族也。④

孙中山在日本东京《民报》创刊周年纪念会上的演说中指出，"民族主义，并非遇着不同种族的人，便要排斥他，是不许那不同种族的人，来夺我民族的政权，因为我们汉人有政权才是有国，假如政权被不同种族的人

① 转引自张玉法. 清季的革命团体［M］. 北京：北京大学出版社，2011：278.

② 汉民（胡汉民）. "民报"之六大主义［M］//张枬，王忍之. 辛亥革命前十年间时论选集（第二卷）：上册. 北京：生活·读书·新知三联书店，1960：374-375.

③ 精卫（汪兆铭）. 民族的国民［M］//张枬，王忍之. 辛亥革命前十年间时论选集（第二卷）：上册. 北京：生活·读书·新知三联书店，1960：83.

④ 精卫（汪兆铭）. 民族的国民［M］//张枬，王忍之. 辛亥革命前十年间时论选集（第二卷）：上册. 北京：生活·读书·新知三联书店，1960：83.

所把持，那就虽是有国，却已经不是我汉人的国了"①。他指出有人说民族革命是要灭绝"满洲"民族，这是大错特错的，他说："民族革命的缘故，是不甘心满洲人灭我们的国，主我们的政，定要扑灭他的政府，光复我们民族的国家。"② 从而把民族主义与狭隘的种族革命进行了区分。同时在这篇演说中孙中山的观点是有所矛盾的，如他首先说"满洲"的统治使中国人变成了"亡国之民"，"想起我们汉族亡国时代，我们祖宗是不肯服从满洲的"。然后他又说道："今日中国正是万国耽耽虎视的时候，如果革命家自己相争，四分五裂，岂不是自亡其国。近来志士都怕外人瓜分中国，兄弟的见解，却是两样，外人断不能瓜分我中国，只怕中国人自己瓜分起来，那就不可救了。"③ 关于"亡国与不亡国"问题上的矛盾和混乱，来自革命党人对"民族与民国、民权"关系问题上的理论底气的不足，来自他们从狭隘民族主义、种族主义去宣传反满，把帝国主义侵略、压迫的矛盾摆到了不适当的地位。④

二、梁启超大民族主义的理论

（一）主持《新民丛报》及开展与革命派的论争

梁启超自 1903 年年底从美洲归来后，政治思想发生一大转变，以前所深信的"革命排满"和"破坏主义"的主张，自此完全放弃，开始转向渐进主义并以君主立宪为目标主张开展立宪运动。正如黄遵宪在写给梁启超的信中所说的："公自悔功利之说、破坏之说之足以误国也，乃壹意反而守旧，欲以讲学为救中国不二法门。公见今日之新进小生，造孽流毒，现身说法，自陈己过，以匡救其失，维持其弊可也。"⑤ 日俄战争爆发后，梁启超对俄国的情况极为关注，对俄国虚无党之暴动的新闻消息均极注意搜集，1905 年在《新民丛报》上发表《俄罗斯革命之影响》一文，有力地推动了

① 孙中山．三民主义与中国前途［M］//孙中山选集．北京：人民出版社，1956：73.
② 孙中山．三民主义与中国前途［M］//孙中山选集．北京：人民出版社，1956：74.
③ 孙中山．三民主义与中国前途［M］//孙中山选集．北京：人民出版社，1956：75.
④ 刘大年．评国外看待辛亥革命的几种观点［J］．近代史研究，1980（3）：40-76.
⑤ 丁文江，赵丰田．梁任公先生年谱长编：初稿［M］．北京：中华书局，2010：175.

立宪运动的开展。是年，梁启超曾为端方代草"考察宪政，奏请立宪，并赦免党人，请定国是一类的奏折，逾二十余万言"①。这一年梁启超的主要著作有《德育鉴》《节本明儒学案》两书，论时事方面的文章有《评政府对于日俄和议之举动》《自由乎死乎》《自由死自由不死》《中国民族之观察》《世界将来大势论》等数篇。

1906 年梁启超仍然居住在横滨，主持《新民丛报》的事务。这一年梁启超与革命派辩论立宪共和主张最激烈，等到 7 月清政府下诏预备立宪的上谕后，梁启超开始转入组织建党的实际行动中。在致康有为的信中曾述及将保皇会改名，在海外称帝国立宪会，在国内称帝国宪政会。并且拟定其纲领："（一）尊崇皇室，扩张民权。（二）巩固国防，奖励民业。（三）要求善良之宪法，建设有责任之政府。"② 信中还述及了革命党的势力问题，他说：

> 革党现在东京占极大之势力，万余学生从之者过半。前此预备立宪诏下，其机稍息。及改革官制有名无实，其势益张，近且举国若狂矣。东京各省人皆有，彼播种于此间，而蔓延于内地，真腹心之大患，万不能轻视者也。近顷江西、湖南、山东、直隶到处乱机蜂起，皆彼党所为。今者我党与政府死战，犹是第二义；与革命党死战，乃是第一义。有彼则无我，有我则无彼。③

说明以康梁为首的立宪派与革命派之间竞争相当激烈，也由此可知随着时势的变化革命派此时势力大增。1905—1906 年，是立宪派与革命派争辩最激烈的时期，立宪派以《新民丛报》为言论机关，革命派以《民报》为言论机关，双方壁垒森严，展开针锋相对的争论。是年梁启超的政论文章主要有《开明专制论》《申论种族革命与政治革命之得失》《答某报第四号对于本报之驳论》《暴动与外国干涉》《杂答某报》《中国不亡论》《现政

① 丁文江，赵丰田. 梁任公先生年谱长编：初稿［M］. 北京：中华书局，2010：182.
② 丁文江，赵丰田. 梁任公先生年谱长编：初稿［M］. 北京：中华书局，2010：191.
③ 丁文江，赵丰田. 梁任公先生年谱长编：初稿［M］. 北京：中华书局，2010：192.

府与革命党》《再驳某报之土地国有论》等。

1907年3月，《新民丛报》上海支店与《时报》报馆同时失火，7月，《新民丛报》被迫停刊。8月，清廷有设立资政院的上谕，9月，清廷有设立谘议局的上谕。9月，梁启超一直在忙碌组织政团的事情终于有了结果，政闻社在日本东京成立。杨度单独组织了宪政公会。杨度在给梁启超的信中曾谈及宣传组织政党的舆论问题，杨度认为：

> 夫政党之事万端，其中条理非可尽人而喻，必有一简单之事物以号召之，使人一听而知，则其心反易于摇动而可与言结党共谋，以弟思之，所谓简单之事，莫开国会若也，……弟意《新民报》及《时报》等合力专言开国会事，事事挟此意以论之，如此者二三月，则国会问题必成社会上一简单重要之问题，人人心目中有此一物，而后吾人起而乘之，即以先谋开国会为结党之第一要事，斯其党势必能大张，盖先举事而后造舆论，不若先造舆论而后举事。

> 吾辈若欲胜之，则亦宜放下一切，而专标一义，不仅使脑筋简单者易知易从，并将使脑筋复杂者去其游思，而专心于此事，我辈主张国会之理由，但有一语曰，国民举代表人以议国事，则政府必负责任而已。①

信中杨度还指出梁启超近日在报刊中文章的立论问题，杨度建议梁启超在立论中当以注意政府为好，每期都有关于政府的言论可以唤起同情，"若专驳革命党，批评国民，实为失策。弟以为国会未成立之先，国民实无服从此等政府之义务，虽一切反对之，不足为激。且我辈既为民党，则但有号召国民从我以反对政府，不能立于裁判政府与国民之地位，为公平之议论"②。从而指明建立政党的宗旨问题，并指出梁启超言论中失当的地方。梁启超在回复杨度的信中表示同意他专门提倡开国会的建议，他说：

---

① 丁文江，赵丰田. 梁任公先生年谱长编：初稿 [M]. 北京：中华书局，2010：206.
② 丁文江，赵丰田. 梁任公先生年谱长编：初稿 [M]. 北京：中华书局，2010：209.

"至专提倡开国会，以简单直捷之主义，求约束国民心理于一途，以收一针见血之效，诚为良策。"① 是年 6 月 8 日梁启超在给康有为的一封信中谈及革命党的势力问题，他说：

> 革命党之势力，在东京既已销声匿迹，民报社各人相互噬啮，团体全散，至于并报而不能出，全学界人亦无复为彼所蛊惑者，盖自去年《新民丛报》与彼血战，前后殆将百万言，复有《中国新报》《大同报》助我张目，故其势全熄，孙文亦被逐出境，今巢穴已破，吾党全收肃清克复之功，自今以往，决不复能为患矣。吾党今后但以全力对待政府，不必复有后顾之忧，武侯所谓欲为北征而先入南也。②

政闻社成立后，即发行《政论》杂志，梁启超在《政论》发表宣言书，阐述成立该社的原因，并提出政闻社必须坚持的四条主义，即"一、实行国会制度，建设责任政府；二、厘订法律，巩固司法权之独立；三、确立地方自治，正中央地方之权限；四、慎重外交，保持对等权利"③。政闻社的成立，使立宪派的势力大增，此后便大批派社员回国在国内各地活动，这些社员除联络各界增加社员，他们最大的目标在于要求速开国会。是年，梁启超的主要著作有《现政府与革命党》《再驳某报之土地国有论》《政治与人民》《政治上之监督机关》等。

（二）梁启超的大民族主义理论

第三章第三节中论述了梁启超关于民族主义的主张和认识，正当梁启超大力倡导西方民族主义观念，以使中国能在弱肉强食的竞争世界中生存下去的时候，在国内却产生了排满的民族主义者，他们以排满为手段，以建立汉族的民族国家为宗旨，掀起了轰轰烈烈的排满浪潮。针对这种排满思潮，梁启超于 1904 年发表了《政治学大家伯伦知理学说》一文，文章中梁启超结合伯伦知理的民族学说和中国的现实民族状况，提出了他独特的

---

① 丁文江，赵丰田.梁任公先生年谱长编：初稿［M］.北京：中华书局，2010：204.
② 丁文江，赵丰田.梁任公先生年谱长编：初稿［M］.北京：中华书局，2010：212.
③ 丁文江，赵丰田.梁任公先生年谱长编：初稿［M］.北京：中华书局，2010：217.

"大民族主义"的理论，并对排满的民族思想进行了批判。1905 年《民报》创刊以来，革命派对梁启超的观点进行了批驳和论争，前文对他们的观点已经有所阐述。针对革命派的批驳梁启超也积极回应，梁启超在《申论种族革命与政治革命之得失》一文中对《民族的国民》一文进行了论争，对于《民族的国民》一文中表述的民族六要素的论述是根据近世学者的学说，他是乐意承认的，然后他根据这六要素观察汉族人与满族人的相互关系。他认为在语言文字方面，满族虽然有本来的语言文字，但是已经久废不用了，而在政治方面，汉族的国语国文占绝对的优胜地位；在满汉的住所方面，"满洲"本土之地汉族人居者十有八九，而满族人亦散居在北京及内地的十八省之中，至今不能做出绝对的区别；满汉在习惯方面，虽然不是完全相同，但是主要方面满族人皆同化于北省之人，其他杂居于外省的，也大略同化于其省；在满汉的宗教方面，汉族人中大多数迷信"似而非的佛教"，满族人亦然，汉族人中有少数利用"似而非的孔教"，满族人亦然，满汉都是极其吻合的；在精神体质方面满汉是否相同是人种学的专门研究，血系方面满汉是否相同属于历史学的专门研究，双方都不能独自下结论。最后梁启超得出结论"谓以社会学者所下民族之定义以衡之，彼满洲人实已同化于汉人，而有构成一混同民族之资格者也"①。对于《民族的国民》一文关于民族同化四大公例的论述，梁启超也是承认的，但是梁启超认为"满洲"在中国处在第四例，即"少数征服者为多数被征服者所同化"。他说："满洲自二百余年前，不能认之为与我同族，此公言也，其顺、康、雍、乾间诸雄主，不欲彼族之同化于我，亦其本心也。无奈循社会现象之公例，彼受同化作用之刺戟淘汰，遂终不得不被同化于我。虽彼不欲之，而固无如何，而事实之章明较著者，则今既若是矣。"② 并且梁启超认为如果一旦实行立宪的话，则国家政治只是国民个人能力的竞争，而不再是两大民族的竞争，所以满汉两民族谁占优势的问题也就不复存在了。文章中

---

①　梁启超. 申论种族革命与政治革命之得失［M］//张枏，王忍之. 辛亥革命前十年间时论选集（第二卷）：上册. 北京：生活·读书·新知三联书店，1960：225-226.

②　梁启超. 申论种族革命与政治革命之得失［M］//张枏，王忍之. 辛亥革命前十年间时论选集（第二卷）：上册. 北京：生活·读书·新知三联书店，1960：226-227.

梁启超还批驳了革命派认为只有先经过种族革命才能达到政治革命的主张，梁启超认为"政治革命者，革专制而成立宪之谓也，无论为君主立宪，为共和立宪，皆谓之政治革命。……种族革命者，民间以武力而颠复异族的中央政府之谓也"①。所以"人民以武力颠复中央政府"的种族革命，与以"君主立宪制"为目的的政治革命，没有任何因果关系，梁启超经过逻辑论证认为种族革命并不能达到政治革命的目的，而除去种族革命还存在其他达到政治革命的手段。梁启超还认为："中国汉族而外虽尚有满、蒙、藏、回、苗诸族，然汉族占大多数，即尽合群族以相对，犹不能当我十之一。藉此雷霆万钧之力，无论何族而不得不与我同化。即不同化，而既立宪以后，断不能缘此而危及国家基础。故民族复杂云者……在中国绝不能成政治上之问题也。"②"满洲"既然已经与汉族同化为同一民族，而国内的其他少数民族由于人数少，即使不同化，对政治问题也构不成威胁，因此梁启超指出在中国种族革命并不能成为政治革命的障碍。同时梁启超警告说，中国当前最大的危险是外国列强，是帝国主义，而不是清政府，中国目前最大的问题是"救国"，"苟以救国为前提，无论从何方面观之，而种族革命总不能为本身手段，为直接手段"③，中国目前最需要的不是汉族对满族的武力讨伐，而是国内各民族人民的团结和整合，这使中国成为一个强大的民族国家。民族主义是民族国家形成的动力，是激发民众对民族国家认同的重要思想观念，但是如果如同革命派一样，把民族主义理解为排异族，把国民主义理解为排专制，则即使民族主义昌明，而国民主义如果未深入人心的话，则民众也只知道忠君而不知道爱国。所以梁启超认为，爱国心是国家成立的必要条件，如果昌明民族主义而犹不知爱国，则民族主义不仅与共和无关系，而且与国家的成立也无关系。因此民族主义必须与国民

---

① 梁启超.申论种族革命与政治革命之得失［M］//张枬，王忍之.辛亥革命前十年间时论选集（第二卷）：上册.北京：生活·读书·新知三联书店，1960：199.

② 梁启超.申论种族革命与政治革命之得失［M］//张枬，王忍之.辛亥革命前十年间时论选集（第二卷）：上册.北京：生活·读书·新知三联书店，1960：199.

③ 梁启超.饮冰室文集［M］.北京：中华书局，1989：29.

主义相结合才能产生爱国心，才能有利于民族国家的建立。①

三、国家与种族差异思想及国家有机体学说

（一）严复担任高等学堂监督及支持立宪运动

1905 年 1 月，严复与张翼到达伦敦办理开平矿案。此时孙中山自纽约抵达伦敦，特意造访严复。严复认为："中国的根本问题在于教育，革命并非当务之急。说：'中国民品之劣，民智之卑，即有改革，害之除于甲者将见于乙，泯于丙者将发之于丁。为今之计，惟急从教育上着手，庶几逐渐更新乎！'"孙中山反驳说："俟河之清，人寿几何？君为思想家，鄙人乃实行家也。"由于双方立场不同，会谈没有结果。② 在伦敦严复见到留英学生，他认为留学欧洲的学生胜过留学日本的学生，"学子皆知学问无穷，尚肯沈潜致力，无东洋留学生叫嚣躁进之风耳"③。回到上海后严复与张謇、熊希龄、萨镇冰、熊元鄂、袁希涛等 28 名社会名流被聘为复旦公学校董。此后，帮助马相伯创建复旦公学。6 月在沪学会月会上发表演说，认为"国民宜尚武及感动政府速变法"④。是年夏，严复应上海青年会的邀请系统讲演西方政治学，其讲演的目的是为当时盛行的立宪运动普及西方的政治学知识和理解国家思想，后来编辑为《政治讲义》一书，严复在书中除了系统介绍西方政治学知识，还发表了他自己的主张。8 月《中外日报》发表了严复的《论抵制工约之事必宜通盘筹划》一文，文章中严复对抵制美货的具体方法表示异议，他认为抵制美货对小民妇孺来说只是奔走相告不用美货，是轻而易举的爱国事业，可是真正受损失的是商人，因此倡导做此事的诸君禁止对这些受损失的商人进行指责和恐吓是必要的，抵制美货的事情是需要全面筹划的，特别是美国没有割中国尺寸之地，在八国联军中又是最不骚扰的，"今使吾国人民缘工约一端，用海客之说，而与汹汹，设

---

① 梁启超. 答某报第四号对于本报之驳论［M］//张枬，王忍之. 辛亥革命前十年间时论选集（第二卷）：上册. 北京：生活·读书·新知三联书店，1960：256.

② 转引自孙应详. 严复年谱［M］. 福州：福建人民出版社，2003：233.

③ 孙应详. 严复年谱［M］. 福州：福建人民出版社，2003：233.

④ 孙应详. 严复年谱［M］. 福州：福建人民出版社，2003：236.

此后有若丁酉之事，以一教士之被害而即夺吾上等之军港，踞一省之路矿权，如某国者；……诸君将何以处之？愿寄语诸君少安勿躁可耳！"① 严复的文章一经发表，似乎触犯了"众怒"，立刻招致了许多的批评。其实，正如严复自己所说："仆以为抵制是也，顾中国民情暗野，若鼓之过厉，将抉藩破防，徒授人以柄，而所其不成，则语以少安勿躁。"② 可见严复思考的深入和周全，以及言论的稳健是青年学生所无法比拟的。此后针对报纸上的批评文章，严复连续发表文章进行反驳，在反驳中严复指出作为记者应该自知责任重大，应该"念社会生计之艰难，思中国民智之幼稚，而一切郑重而出之"③。

日俄战争结束后，严复发表《原败》一文，指出俄国失败的真正原因在于："是故东方之溃败，于俄国非因也，果也。果于何？果于专制之末路也。"④ 从而通过俄国的失败指出专制的弊端。9月又发表《论国家于未立宪以前有可以行必宜行之要政》一文，表达了自己的政见，认为："甲辰日俄之战，此非俄日之战也，乃立宪、专制二治术之战也，自海陆交绥以来，日无不胜，俄无不败。至于今，不独俄民群起而为立宪之争也，即吾国士夫，亦知其事之不容已。"⑤ 从而为当时正兴起的立宪运动张目，同时严复积极为实行名副其实的立宪做准备，他在文章中还指出中国在立宪之前应该实行的"要政"：一是货币制度必须确立；一是听讼制度必须改良；一是各省地图必须详细测绘；一是治外法权必须图谋逐渐收回。⑥ 10月严复被安徽巡抚聘为安徽高等学堂监督。

1906年，严复担任安徽高等学堂监督。1月在上海环球中国学生会讲《教育与国家之关系》，文章指出德育、智育和体育在教育中的重要性，从而教育学生以德育为重，树立为国家建设做贡献的目标。2月在《外交报》上发表《一千九百五年寰瀛大事总述》一文，评述当时世界的形势。3月

① 孙应详．严复年谱［M］．福州：福建人民出版社，2003：242.
② 孙应详．严复年谱［M］．福州：福建人民出版社，2003：236.
③ 孙应详．严复年谱［M］．福州：福建人民出版社，2003：250.
④ 孙应详．严复年谱［M］．福州：福建人民出版社，2003：247.
⑤ 孙应详．严复年谱［M］．福州：福建人民出版社，2003：250.
⑥ 孙应详．严复年谱［M］．福州：福建人民出版社，2003：251-254.

在《中外日报》上发表《论铜元充斥病国病民不可不急筹挽救之术》一文，反对沿江沿海各省督抚广造铜元的行为。同时在《外交报》上发表《论南昌教案》，对刚刚发生的南昌教案进行评论。在中国环球学生会上发表题为《有强权无公理此理信欤》的演说，对世界有强权无公理的论调进行批评。9月，在《政艺通报》上发表《女子教育会章程序》，在《外交报》上发表《论英国宪政两权未尝分立》和《续论英国宪政两权未尝分立》，两篇文章详细阐述了宪政两权的关系。12月，在安庆高等学堂演说《宪法大义》，主张缓行君主立宪。

1907年上半年继续担任安徽高等学堂监督，并担任复旦公学监督。1月出席安徽高等学堂师范生毕业典礼，发表演说。6月辞去安徽高等学堂监督一职，受两江总督端方之聘到南京主持苏、皖、赣三省官费留美学生考试。10月在写给夫人朱明丽的信中说，官场应酬极为讨厌，"大抵黑暗糊涂，不大异三年前，立宪变法，做面子骗人而已"①。是年，严复翻译的《法意》第六册由商务印书馆出版。

这一时期严复除了继续翻译《法意》，还发表了大量的时论文章，阐述了他对时局的认识和主张，他坚持稳健而不急躁的态度，并支持立宪运动。

（二）国家有机体学说与国家和种族并非重合思想

在前一阶段，严复在《社会通诠》的按语中曾表达过当时国内流行的民族主义并不利于国家的建设的观点，他认为国内流行的民族主义是宗法社会中的种族观念，这种观念在宗法国家是联合民众的重要力量，但是在真正的国家建设中则是不利的。在1905年讲授的《政治讲义》中，严复辨明当时流行观点的错误，他认为："夫谓同国之民，无异同种，而国家即可作种族观者，此其说误也。"他引用英、法国家作为例证，"试入英、法之境，其中非种之民，不可数计。而英、法国家，可于其身，责取无穷之义务。然则国非种族明甚"②。同时他又纠正另一观点："但将谓今之国家，无分种族，直无异商业之公司，以保护利益而后合。且其为合，纯由法典，

---

① 孙应详. 严复年谱［M］. 福州：福建人民出版社，2003：314.

② 严复. 政治讲义［M］//王栻. 严复集：第五册. 北京：中华书局，1986：1251.

无天属之可言，此其说亦非。盖今之国家，一切本由种族，演为今形，出于自然，非人制造。然则国家非非种族又以明矣。"① 从而既指明国家并非与种族重合，又点明了国家是由种族演化而来的自然演化过程。

关于国家，严复认同国家有机体学说，他认为国家是天演的演化过程，是自然演化形成的，并不是人为创造的，他认为："国家为物，在天事人功杂成之交，不得纯以人兽草木为拟，顾其中有纯出自然而非人力所能及者。故其存立，天运司之。天运之行，无目的也。故斯宾塞诸公，以国群为有生之大机体，生病老死，与一切之有机体平行。"② 作为有机体的国家将随着民众智力程度的发展而自动发生变化，他说："但今所可言者，必社会中文明人愈众，此等分数愈多。若我中国今日之众，其中识字之民，十不得一，则一切全在气运中流转，能者当事，仅能迎其机而导之耳。"③ 国家是一个有机体，是天演的，从古到今，国家分为三种类别，即宗法国家、神权国家和真正国家，他认为："宗法之国家，其合也以同种族故、同祖宗故。神权之国家，其合也以同信奉故，同宗教故。至于真正国家，其合也以同利益故，同保护故。是三者，其为合不同，而一合之后，其为合皆至坚。"④ 每一类别的国家其结合民众的观念不同，但是其结合力都是非常坚固的。三种国家的区分不是绝对的，它们是可以相互转化，也可以相互共存的，他说："若夫宗法国家，欲进而为军国国家，固有经千载而未能，亦有历百年而即至者，但看事势所遭如何。故前言三种国家，直无异言同此国家，而有三等天演阶级而已。非绝然三物不得相企者也。尤有异者，所言三种，往往同时并见于一社会之中，而论者但取其最显著者，定其应归何类。"⑤ 三种类别国家的演化主要是事势作用的结果，当一个国家处在如下处境中时，"外有敌国强邻，内有贼民民贼，其民人有屠戮之惧，其国土有蹙削之忧，甚且为人所全胜而克服之。于此之时，全国之民身与子孙皆

① 严复.政治讲义［M］//王栻.严复集：第五册.北京：中华书局，1986：1251.
② 严复.政治讲义［M］//王栻.严复集：第五册.北京：中华书局，1986：1254.
③ 严复.政治讲义［M］//王栻.严复集：第五册.北京：中华书局，1986：1254.
④ 严复.政治讲义［M］//王栻.严复集：第五册.北京：中华书局，1986：1263-1264.
⑤ 严复.政治讲义［M］//王栻.严复集：第五册.北京：中华书局，1986：1264.

奴虏矣。是故除非一统无外，欲为存国，必期富强，而徒以宗法、宗教系民者，其为政，轻重之间，往往为富强之大梗"①。这时国家将"不得不尽去拘虚，沛然变为军国之制，而文明国家以兴"。这时国家的目的在于"但能永其秩序治安，而真能为民保性命财产足矣。至于扶植民德，演进文明，此等事任民自为可也。不必为大匠斫也"②。严复认为国家的目的也是随着时势发生变化的，正所谓"古之所是，往往今之所非；今日之所祈，将为来日之所弃"③。而真正的国家体制在于"至于历久之余民，识合群之利，知秩序之不可以不明，政府之权不可以不尊，夫而后有以维持其众也，于是公益之义起焉，保民之责重焉"④。从而指明真正的国家维持秩序的重要性，以及保民和维护公益的重大责任。

严复通过国家有机体学说和国家与种族的关系说明他的关于民族主义的见解，他认为中国处在列强林立、主权沦丧的危难时刻，中国要追求富强，必须由宗法国家演化为军国国家即真正国家的阶段，而要进入真正国家必须摈弃宗法国家中的种族观念，种族观念在宗法国家是国家结合力的强大动力，但在真正国家阶段将是国家富强的阻力，真正的国家是可以由不同的种族组成的，它是由共同的利益和保护为动力组成的。由此指明同一国家即同一民族或种族观念的错误，和它们对国家建设的危害。

第三节　政体选择基础上的民权主义思想

立宪运动前期（1905—1907），无论是立宪派还是革命派对政治革命都持赞成的态度，而政治革命则是"革专制而成立宪之谓也"，即由专制政体转变为立宪的政体，其转变的原因在于保障民权的实现。可见随着民族国家思想观念的传播和深化，国民在国家公共事务中享有一定权利的思想已

---

① 严复. 政治讲义 [M] //王栻. 严复集：第五册. 北京：中华书局，1986：1265.
② 严复. 政治讲义 [M] //王栻. 严复集：第五册. 北京：中华书局，1986：1253.
③ 严复. 政治讲义 [M] //王栻. 严复集：第五册. 北京：中华书局，1986：1254.
④ 严复. 政治讲义 [M] //王栻. 严复集：第五册. 北京：中华书局，1986：1268.

经深入人心，通过政治革命实现民权是立宪派和革命派的共识，他们的分歧在于通过什么样的方式和什么样的政治制度实现民权的问题。立宪派希望通过渐进改良的方式实现君主立宪政体，而革命派希望通过武力革命的方式实现民主共和政体。为此双方展开了激烈而全面的论争。本节主要论述这一时段不同思想家关于民权主义的思想和认识。

一、以民主立宪为目标培育国民行宪能力思想

首先，革命派认为政治革命的宗旨就是实现民权，但是实现的途径需要经过三个阶段，即军政、训政、宪政三阶段。孙中山在《同盟会宣言》中指出其革命的实质是国民革命，其一贯的精神是实现民众的自由、平等、博爱，他说："我等今日与前代殊，於驱除鞑虏、恢复中华之外，国体民生，尚当与民变革，虽经纬万端，要其一贯之精神，则为自由、平等、博爱。故前代为英雄革命，今日为国民革命。所谓国民革命者，一国之人皆有自由、平等、博爱之精神，即皆负革命之责任，军政府特为其枢机而已。"① 随后他提出了同盟会的四大纲领，其中"建立民国"阐述了实行民权的制度设计，"建立民国。今者由平民革命以建国民政府，凡为国民皆平等以有参政权。大总统由国民共举。议会以国民公举之议员构成之，制定中华民国宪法，人人共守。敢有帝制自为者，天下共击之！"② 在宣言中孙中山还提出了实现的三个步骤，即第一期为军法之治，第二期为约法之治，第三期为宪法之治，他说："此三期，第一期为军政府督率国民扫除旧污之时代；第二期为军政府授地方自治权於人民而自总揽国事之时代；第三期为军政府解除权柄，宪法上国家机关分掌国事之时代。俾我国民循序以进，养成自由平等之资格，中华民国之根本，胥於是乎在焉。"③ 汪精卫在《民报》第一号的《民族的国民》一文中阐述了"军政、训政、宪政"的三个步骤，文中说：

① 孙中山．同盟会宣言［M］//孙中山选集：上册．北京：人民出版社，1956：68.
② 孙中山．同盟会宣言［M］//孙中山选集：上册．北京：人民出版社，1956：69.
③ 孙中山．同盟会宣言［M］//孙中山选集：上册．北京：人民出版社，1956：70.

先生之言曰：革命以民权为目的，而其结果，不逮所蕲者非必本愿，势使然也。革命之志，在获民权，而革命之际，必重兵权，二者常相抵触者也。使其抑兵权欤，则脆弱而不足以集事；使其抑民权欤，则正军政府所优为者，宰制一切，无所掣肘，于军事甚便，而民权为所掩抑，不可复伸，天下大定，欲军政府解兵权以让民权，不可能之事也。……察君权民权之转掺，其枢机所在，为革命之际，先定兵权与民权之关系。盖其时用兵贵有专权，而民权诸事草创，资格未粹，使不相侵，而务相维，兵权涨一度，则民权亦涨一度。逮乎事定，解兵权以授民权，天下晏如矣。定此关系厥为约法。革命之始，必立军政府，此军政府既有兵事专权，复秉政权。譬如既定一县，则军政府与人民相约，凡军政府对于人民之权利义务，人民对于军政府之权利义务，其荦荦大者悉规定之。军政府发命令组织地方行政官厅，遣吏治之，而人民组织地方议会，其议会非遽若今共和国之议会也，第监视军政府之果循约法与否，是其重职。他日既定乙县，则甲县与之相联，而共守约法。推之各省各府亦如是。使国民而背约法，则军政府可以强制，使军政府而背约法，则所得之地咸相联合，不负当履行之义务，而不认军政府所有之权利。如是则革命之始，根本未定，寇氛至强，虽至愚者不内自戕也。洎乎功成，则十八省之议会，盾乎其后，军政府即欲专擅，其道无繇。而发难以来，国民瘁力于地方自治，其缮性操心之日已久，有以陶冶其成共和国民之资格，一旦根本约法，以为宪法，民权立宪政体，有磐石之安，无漂摇之虑矣。①

从而体现了孙中山的由军事扫除障碍，进而以约法训政、培养国民的政治能力，最后达成立宪政治的三阶段论。陈天华在《论中国宜改制民主政体》一文中也表达了这种阶段论，他说："满不去则中国不能以复兴。此吾侪之所以不欲如日本之君主立宪，而必主张民主立宪者，实中国之势宜尔也。……吾侪既认定此主义，以为欲救中国惟有兴民权改民主，而入手

---

① 精卫（汪兆铭）. 民族的国民［M］//张枬，王忍之. 辛亥革命前十年间时论选集（第二卷）：上册. 北京：生活·读书·新知三联书店，1960：112-113.

之方，则先之以开明专制，以为兴民权改民主之预备，最初之手段则革命也。"① 从而表达了他欲养成国民的行宪能力，需要先经过开明专制的阶段训练。

其次，革命派从人民的程度阐述通过民主共和政体实现民权的可能性。陈天华认为现在中国民众的政治能力如同"未成年者"，他说："中国经二十余朝之独夫民贼，闭塞其聪明，钳制其言论，灵根尽去，锢疾久成，是虽块然七尺之躯乎，而其能力之弱，则与未成年者相差无几。"② 这是中国民众政治能力的现状，这种现状能否解决呢？他提出了三个前提："第一，能力果绝对不可回复乎？抑尚可以回复乎？第二，回复之时期，能以至短之期限回复之乎？抑必须长久之岁月乎？第三，回复之后，即能复有完全之权利乎？"③ 然后他对每一个问题进行了阐述。对于第一前提，他认为："吾民族之聪与明，天所赋与也，于各民族中，不见其多逊……吾民族处野蛮政府之下，其自治团体之组织，有可惊者。朝廷既无市町村制之颁，而国民亦不克读政法之学，徒师心创造，已能默合如是，使再加以政治思想、国家思想，其能力岂可限制耶？"④ 对于第二前提，他认为我民族"醒悟之后，发奋自雄，五年小成，七年大成，孰能限制之！"⑤。对于第三前提，他认为："中国民族既具条顿民族、大和民族之所长，则其能享二族所有之权利无疑也。"⑥ 最后作者得出结论，中国国民的政治能力可以回复，并且可以在极短的时间内回复，回复之后中国民众就可以享有完全的政治权利，欧美国家的国民可以享有民权，中国国民也可以享民权。孙中山也曾指出：

① 思黄（陈天华）. 论中国宜改创民主政体［M］//张枬，王忍之. 辛亥革命前十年间时论选集（第二卷）：上册. 北京：生活·读书·新知三联书店，1960：125.
② 思黄（陈天华）. 论中国宜改创民主政体［M］//张枬，王忍之. 辛亥革命前十年间时论选集（第二卷）：上册. 北京：生活·读书·新知三联书店，1960：120.
③ 思黄（陈天华）. 论中国宜改创民主政体［M］//张枬，王忍之. 辛亥革命前十年间时论选集（第二卷）：上册. 北京：生活·读书·新知三联书店，1960：120-121.
④ 思黄（陈天华）. 论中国宜改创民主政体［M］//张枬，王忍之. 辛亥革命前十年间时论选集（第二卷）：上册. 北京：生活·读书·新知三联书店，1960：121.
⑤ 思黄（陈天华）. 论中国宜改创民主政体［M］//张枬，王忍之. 辛亥革命前十年间时论选集（第二卷）：上册. 北京：生活·读书·新知三联书店，1960：122.
⑥ 思黄（陈天华）. 论中国宜改创民主政体［M］//张枬，王忍之. 辛亥革命前十年间时论选集（第二卷）：上册. 北京：生活·读书·新知三联书店，1960：123.

"中国之文明，已著于五千年前，此为西人所不及，……然近今十年思想之变迁，有异常之速度，以此速度推之，十年二十年之后，不难举西人之文明而尽有之，即或胜之焉，亦非不可能之事也。"① 从而认为中国国民能力可以尽快提高，并指出中国可以直接进入民主共和的先进政体。

最后，革命派认为经过革命的三阶段，中国民众的政治能力有所提高，中国最终将建立民主共和制的近代国家。革命派认为要推翻六千年来的君主专制政治，必须实行国民革命，如汪精卫说：

> 国民者何？构成国家之分子也。以自由平等博爱相结合，本此精神，以为国法。法者，国民之总意也。政府者，国法所委托者也。故曰"法治国"，故曰"立宪政体"。由之而政治根本与专制大异。自国家机关观之，专制则以一机关用事，而无他之机关与之分权；立宪则其机关为统一的分科，立于分功之地位，而非立于越俎之地位者也，立于关系之地位，而非立于铃制之地位者也。自个人权力观之，专制必不认人民之自由，故国家对于个人，只有权利，而无义务，个人对于国家，只有义务，而无权利；若立宪，则国家与个人，皆有其权利，有其义务者也。此其相去，何啻径庭。而立宪政体，有君权立宪、民权立宪二种。语君权立宪之由来，大抵其政体本为君权专制，迫国民主义日发达，政府人民互相反抗，而求相调和，乃立宪法，是故立宪君权国之宪法，其中根据事实而不合法理之污点，皆国民所未尝以血涤而去之者也。我民族而持民族主义与国民主义以向于吾国之前途也，则其结果，必为民权立宪政体，可预决也。②

从以上对君主立宪和民权立宪政体的解释中可以看出他们对两种政体本质差别的误解，但明确表达了革命派放弃君主立宪而建立民主共和政体

---

① 孙文. 在东京留学生欢迎会上的演说［M］//张枬，王忍之. 辛亥革命前十年间时论选集（第二卷）：上册. 北京：生活·读书·新知三联书店，1960：126.
② 精卫（汪兆铭）. 民族的国民［M］//张枬，王忍之. 辛亥革命前十年间时论选集（第二卷）：上册. 北京：生活·读书·新知三联书店，1960：111.

的主张。陈天华也曾指出现政府由于历史和种族，不可能与民众一起建立新政府以实现民权，因此中国民众只能通过革命的方式建立民主共和的政体，从而最终实现民权。孙中山也认为"各国皆由野蛮而专制，由专制而君主立宪，由君主立宪而始共和，次序井然，断难躐等；中国今日，亦只可为君主立宪，不能躐等而为共和"的说法是错误的，他说："世界立宪亦必以流血得之，方能称为真立宪。同一流血，何不为直截了当之共和，而为此不完不备之立宪乎？"① 从而表达中国可以直接进入共和的主张。

二、以开明专制途径提升民众政治能力思想

1905—1907 年，梁启超认为政体选择的目标是君主立宪政体，立宪政体是实现和保障民权的制度设计。但是梁启超又认为现阶段中国应该先实行开明专制，以作为实现立宪政体的过渡阶段，梁启超主要是从中国所处的历史地位和人民的程度来考虑的。

首先，梁启超认为中国现阶段应该先实行开明专制。梁启超给开明专制所下的定义为"以所专制之客体的利益为标准"，"然所谓客体，亦可析而为二：其一，即法人之国家。其二，则组成国家之诸分子（人民）也。故前哲学说之主张开明专制者，亦分为二：其一，则偏重国家之利益者；其他则偏重人民之利益者也"②。梁启超认为开明专制的学说在西方已经被摒弃二百年了，在西方 17、18 世纪流行的学说表明国家是为人民的利益而设立的，人民是目的，国家是手段。而 19 世纪流行的学说则认为："国家固为人民而存在，人民亦同时为国家而存在。国家于一方面为人民谋利益，于一方面亦为自身谋利益；若人民利益与自身利益不两立，则宁先自身而后人民。故国家者，目的也；而人民则有时可以为供此目的之手段也。"③这是数十年来思想变迁的潮流，虽然纯粹的开明专制已经绝迹于世界，但

---

① 孙文. 在东京留学生欢迎会上的演说［M］//张枬，王忍之. 辛亥革命前十年间时论选集（第二卷）：上册. 北京：生活·读书·新知三联书店，1960：127.
② 梁启超. 开明专制论［M］//饮冰室文集点校. 吴松，卢云昆，王文光，等点校. 南京：江苏教育出版社，2001：1392.
③ 梁启超. 开明专制论［M］//饮冰室文集点校. 吴松，卢云昆，王文光，等点校. 南京：江苏教育出版社，2001：1396.

是变相的开明专制依然存在，而变相的开明专制最适合的国家社会环境，即：

> 当国家民智幼稚之时，此学说最有力。以人民未有立法之智识，且未有自治之能力也；当国家贵族横恣之时，此学说最有力。以国权不统一，宜生破裂，且为被制者计，以其被制于多人，毋宁被制于一人也；当国家外竞剧烈之时，此学说最有力。以非有强大的中央政府，则不能厚集国力以对外，且行政机关不敏活，易致失败也。①

通过考察，梁启超还认为在中国历史上，"凡开明专制之政，大率起于外竞相逼，非此不足以自存。故吾中国惟列国并立时代常见之，若大一统时代，则绝无仅有"②。梁启超认为普通国家经过开明专制时代，时间不必太长，即进于立宪，这是国家进步的顺序，如果不能进入立宪，则必将产生革命，而革命之后，又将经过开明专制再次进入立宪，"故开明专制，实立宪之过渡也，立宪之预备也"③。既然开明专制是立宪的过渡阶段，那么开明专制的主要目的在于通过国家政策实行对民众的教育，使民众养成自治和行宪的能力，从而为立宪做准备。所以梁启超说：

> 吾以为一日不行开明专制，一日不行政治革命，则教育一日不普及，而人民一日不能得共和之程度。……不先利用国家之强制力，以实行一切行政法规，则教育断无普及之理。大多数之人民，其眼光无从射及国家，虽以一部分人抵抗政府，而哀号者自哀号，嬉笑者自嬉笑耳。

---

① 梁启超. 开明专制论 [M] //饮冰室文集点校. 吴松，卢云昆，王文光，等点校. 南京：江苏教育出版社，2001：1396.
② 梁启超. 开明专制论 [M] //饮冰室文集点校. 吴松，卢云昆，王文光，等点校. 南京：江苏教育出版社，2001：1397.
③ 梁启超. 开明专制论 [M] //饮冰室文集点校. 吴松，卢云昆，王文光，等点校. 南京：江苏教育出版社，2001：1402.

夫要求必须与国民实力相待，无待言也。然实力必须养之而后成，吾以为养之之途，分两方面：开明专制其一也，政治革命思想之普及其二也。

吾主张将来之政治革命，同时主张今日之行开明专制。开明专制行得一分，则国民实力增得一分。

尤当知开明专制与教育相倚，政治革命与教育相倚，经此两阶级后，则虽民族主义缘兹普及焉可也，虽共和资格缘兹养成焉可也。而不然者，则岂惟共和资格不能养成，即民族主义亦安从普遍也？①

梁启超引用西方学者笕克彦的话加以论证，他说："夫开明专制，非不美之名词也。笕克彦曰：'开明专制，以发达人民为目的者也。'又曰：'开明专制，与立宪同一状况，而为立宪所由之阶级也。'又曰：'开明的专制一立宪制度，皆已实行，但未公开宪法耳。'"② 最后梁启超指出中国在未能立宪和革命之前实行开明专制是最合适的，应该担心的是专制是否能真正做到开明，而不是对开明专制提出疑问，梁启超呼吁普天下的爱国君子认真思考。

其次，梁启超认为今日中国不能实行共和立宪政体。梁启超认为中国今日实行的是君主专制政体，因此要变革为共和立宪政体的话，必然要实行革命，"然革命决非能得共和而反以得专制"。这个道理是德国人波伦哈克在《国家论》中阐述的，梁启超引述道：

波氏曰：共和国者，于人民之上别无独立之国权者也。故调和各种利害之责任，不得不还求之于人民自己之中，必无使甲之利害，能强

---

① 梁启超. 答某报［M］//饮冰室文集点校. 吴松，卢云昆，王文光，等点校. 南京：江苏教育出版社，2001：1449-1451.

② 梁启超. 答某报［M］//饮冰室文集点校. 吴松，卢云昆，王文光，等点校. 南京：江苏教育出版社，2001：1448.

压乙之利害，而诸种之关系，常克相互平等，而自保其权衡。若此者惟彼盎格鲁撒逊人种，富于自治性质，常肯裁抑党见以伸公益，以故能行之而绰绰有余。若夫数百年卵翼于专制政体之人民，既乏自治之习惯，又不识团体之公益，惟知持个人主义以各营其私，其在此等之国，破此权衡也最易，既破之后而欲人民以自力调和平复之，必不可得之数也。……对于国民而负责任，他皆无之。虽然，所谓责任者，亦宪法上一空文耳。夫既已以永续世袭之最高权，委托之于彼，此后而欲纠问其责任，则亦惟视其力所能及，更破坏此宪法而移置其主权耳。质而言之，则舍再革命外，无他途也。要之此专制民主犹在，而欲与彼立宪君主政体之国民与纯粹共和政体之国民，享同等自由之幸福，势固不能。①

从波氏的理论可知，通过革命绝不能达到建立共和立宪政体的目的。从中国历史上看，如刘邦、朱元璋等无不以共和为口号，则最后都不能达成共和立宪的政体。对于革命派提出的革命经过"军政、训政、宪政"三阶段，最终实现民主共和政体的途径设计，梁启超质疑道：

彼首难革命者，其果能有此优美高尚之人格，汲汲于民事乎？若非其人，则一切成反对之结果矣。……佐命者果皆能有此优美高尚之人格乎？皆能一此人之心为心乎？吾见其百人千人而不得一也。……万一彼破我约法以凌踏吾民，奈何？……夫人民所有区区之权利，出自军政府之殊恩，非自初有所挟，而使军政府不得不予我者也，军政府欲夺回之，随时可以夺回之，此正波氏所谓猫口之鼠之权利也。人民所恃以抵抗唯一之武器，毋过不纳租税，即论者所谓不负当履行之义务也，而军政府屯一小队以督收，其何术以不应？②

---

① 梁启超. 开明专制论 [M] //张枬，王忍之. 辛亥革命前十年间时论选集（第二卷）：上册. 北京：生活·读书·新知三联书店，1960：165-168.
② 梁启超. 开明专制论 [M] //张枬，王忍之. 辛亥革命前十年间时论选集（第二卷）：上册. 北京：生活·读书·新知三联书店，1960：169.

通过革命建立的军政府不可能保障民权，并且通过革命也并不能教育民众使其具备共和国民的资格，而中国国民的程度还不足以培育完美的政党，"今之中国无三人以上之团体，无能支一年之党派，虽今后或者少进乎，然亦仅矣！"所以梁启超得出结论："今日中国国民未有可以行议院政治之能力者也。……故今日中国国民，非有可以为共和国民之资格者也；今日中国政治，非可采用共和立宪制者也。"①

最后，梁启超认为今日中国尚未具备实行君主立宪政体的条件。梁启超认为中国今日不能实现共和立宪政体，当然也不能继续实行君主专制政体，那就只有实行君主立宪政体一条路径了，并且君主立宪也是立宪派一直所标举的。但是，中国今日还不能立刻实行君主立宪政体，梁启超认为中国在两个方面还没有做好充分的准备，一是现今人民的程度还未及格，一是施政机关还未整备。关于人民的程度问题，梁启超认为实行君主立宪政体，必定要有议院，议院作为国家机关，具有监督政府的责任，它既具有法律上应享有的权利，又必定有法律上应尽的义务，如国务大臣对议会负责任、议会具有法律预算权、议员内部的自治和人民的选举权，具有鉴别政治得失的能力等，这些都需要议员具有非常的学识和政治能力，"夫学识幼稚之民，往往沐猴而冠，沾沾自喜，有权而滥用焉，其常态矣。故吾以为今日中国之民，非稍经训练后，其必不免此弊也"②。况且议员在制定政策和讨论问题时经常会有争论，而程度幼稚之民，往往因为辩论而生意见，又因意见而生仇恨，从而使问题无法得到妥善的解决。这是议员应该具有的政治能力，而普通民众也需要有一定的程度，如人民之选举权，既是权利又是义务，不可以放弃；选举必须是选民自由意志的表达，而幼稚之民可能会受到贿赂而被胁逼，其投票未能表达其真意；选举必须以正当的手段展开竞争，而程度幼稚之民可能使用武力以致破坏秩序；议员为代议士，是代表人民总体的意见，非代表个人之意见，而幼稚之民则因私人

① 梁启超．开明专制论［M］//饮冰室文集点校．吴松，卢云昆，王文光，等点校．南京：江苏教育出版社，2001：182．

② 梁启超．开明专制论［M］//张枏，王忍之．辛亥革命前十年间时论选集（第二卷）：上册．北京：生活·读书·新知三联书店，1960：192．

之利害而对议员相怨相仇。① 因此梁启超认为无论是议员还是普通民众的政治能力都有待教育训练。而关于施政机关方面，梁启超认为现今中国义务教育未实行，选举区未划定，地方自治未颁布，铁路不多交通不便，各种法律如民法、刑法、行政法等还未制定，而这些都是立宪政体必须具备的机关，中国今日还未具备，因此不能立刻实行君主立宪政体。

从梁启超关于民权主义的论述中可以看出，他认为今日的中国民众还没有实行立宪国民的资格，因此还不能实行君主立宪，只有先通过开明专制实行教育以提升民众的政治能力。但是在1907年他与《民报》的论争告一段落后不久，梁启超又主张速开国会，他的这次转变受到了杨度的影响，前文在引述杨度给梁启超的信中曾阐述过杨度关于速开国会的思考和主张。同时梁启超的这次转变也有他观念的一些变化，1906年之前梁启超在论述议院和国会时认为中国民众的政治能力尚不足以实行立宪，因为他认为民众还不具有制定宪法等法律的能力，也即民众还没有能力实行立法权，这在上文分析人民程度尚未及格部分曾论述过。但是1907年之后，梁启超特别关注改造政府的问题，"改造政府者，亦曰改无责任之政府，为有责任之政府云尔"。而如何改造政府，梁启超认为"斯则在国民也已矣"②，也即通过国民的监督改造政府，正如李晓东先生所说的，"梁启超不再把讨论的重点放在立法权和宪法上，而是放在国会的监督机能上，他主张通过国会的监督，使政府成为一个'有责任的政府'"③。不仅如此，梁启超认为政府和国民可以相互促进，立宪政治是一种国民政治，要使立宪政治成为现实必须求诸国民，如上文所阐述的须国民具有立宪的能力，他说："夫国民必备此三种资格，然后立宪政治乃能化成，又必先建设立宪政治，然后国民此三种资格乃能进步。谓国民程度不足，坐待其足然后立宪者妄也；但

---

① 梁启超. 开明专制论 [M] //张枬，王忍之. 辛亥革命前十年间时论选集（第二卷）：上册. 北京：生活·读书·新知三联书店，1960：193-194.

② 梁启超. 政闻社宣言书 [M] //张枬，王忍之. 辛亥革命前十年间时论选集（第二卷）：下册. 北京：生活·读书·新知三联书店，1960：1055.

③ 李晓东. 东亚的民本思想与近代化：以梁启超的国会观为中心 [M]. 台北："中央研究院"东北亚区域研究，2001：35.

高谈立宪，而于国民程度不一厝意者，亦妄也。"① 以此梁启超把"实行国会制度建设责任政府"作为政闻社的第一大纲，从而立宪运动请愿提出了"速开国会"的政治口号。梁启超的这一转变，固然与对政府的不信任有关，"国民程度说，尚为无责任之政府所借口，思假此以沮其（立宪）进行，则与国民相提挈以一雪此言，其事更刻不容缓"②。同时也与传统的民本思想具有密切的关联，为了使君主政府成为有责任的政府，人民必须自己联合起来对政府进行监督，而国会在梁启超看来正是发挥了这一作用，"在这个意义上，国会对梁启超来说，是克服传统民本思想的缺陷，使民本思想制度化的机关"③。

三、以君主立宪政体为目标的民权主义思想

（一）游历欧美并主持国民宪政会活动

1905 年，康有为继续他的欧美游历，并为宪政会演述大同之义，他"日睹各国物质文明，一日千里，而中华守旧不改，难与世界争锋，作《物质救国论》二十节，为暮鼓晨钟也"④。此后遍历美国华盛顿、费城、波士顿等地。1906 年，游历墨西哥，"先君为宪政党开银行、筑铁路、置地十里，建二石楼为移民基础"⑤。然后在此开始他的著书生活。康有为曾说过："中国民贫由于人民之多，故养生不精而种族以弱，欲富民强种，非移殖不可。"⑥ 并且经过他的考察，他认为墨西哥、巴西的气候与中国相近，

---

① 梁启超. 政闻社宣言书［M］//张枬，王忍之. 辛亥革命前十年间时论选集（第二卷）：下册. 北京：生活·读书·新知三联书店，1960：1059.

② 梁启超. 政闻社宣言书［M］//张枬，王忍之. 辛亥革命前十年间时论选集（第二卷）：下册. 北京：生活·读书·新知三联书店，1960：1063.

③ 李晓东. 东亚的民本思想与近代化：以梁启超的国会观为中心［M］. 台北："中央研究院"东北亚区域研究，2001：41.

④ 康同璧. 南海康先生年谱续编［M］//康有为. 康有为自编年谱：外二种. 北京：中华书局，1992：125.

⑤ 康同璧. 南海康先生年谱续编［M］//康有为. 康有为自编年谱：外二种. 北京：中华书局，1992：129.

⑥ 康同璧. 南海康先生年谱续编［M］//康有为. 康有为自编年谱：外二种. 北京：中华书局，1992：129.

移民最适宜。康有为在墨西哥居留半年，游历南北，广泛考察政治风俗。之后再次渡过大西洋到达欧洲。再游德国，到达柏林著有《来因河观垒记》，记曰："来因河畔则接目皆古战垒。五十年前之欧民何罪何辜，而二千年蒙此惨酷，吾至今犹为欧民哀之也。吾国民生于一统之国，万千里无一战垒，民多老死不见兵革，父子夫妻相保以长子抱孙，岂识欧人之苦哉？"① 1907 年，在纽约受到宪政会各分会代表的欢迎，这一年，"海外亚、非、美、欧、澳五洲二百埠中华宪政会侨民公上请愿书，先君属稿，大意开国会、迁新都、除汉满、裁阉宦、练海军、改民兵、造船牧马、制铁铸械，以图自强"②。这一年的元旦，康有为为呼应清政府的立宪准备，将保皇会易名为国民宪政会，企图提携国内的立宪势力，推动国会的早日召开。这一时期的康有为通过对欧洲各国的游历，继续致力于中国国内产业的发展，物质救国论的认识更加深入。③ 同时对各国的宪法制度进行了深入的考察，对君主立宪制的内涵有了进一步的理解，康有为继续积极倡导君主立宪制，并配合国内的立宪运动积极推动国会的召开。

（二）由地方自治到君主立宪政体保障民权的思想

第三章第四节曾论述了康有为关于公民自治的有关内容，康有为认为实现公民自治的制度设计在于地方自治，即设立省府县乡的议院。他认为实行地方自治，开始省府县乡议院是保障民权公议的重要制度设计，是今日中国最急者，是解决中国问题的万事之本，况且当今中国革命党发起革命的缘由在民权方面，民心怨恨的也在于民权的缺失，而"开省府县乡之议院，听其议财政外交之事，则民权已得，民气大伸，即革命者，亦无所借口"④，表达了他先从实行地方自治开设地方议会以保障民权的观点和认识。

---

① 康同璧.南海康先生年谱续编［M］//康有为.康有为自编年谱：外二种.北京：中华书局，1992：133.
② 康同璧.南海康先生年谱续编［M］//康有为.康有为自编年谱：外二种.北京：中华书局，1992：136.
③ 朱忆天.康有为的改革思想与明治日本［M］.上海：上海人民出版社，2011：147.
④ 康有为.物质救国论［M］//汤志钧.康有为政论集：上册.北京：中华书局，1981：581.

康有为在《法国大革命记》一文中曾这样警示世人："革命之举，必假借于暴民乱人之力，天下岂有与暴人乱民共事，而能完成者乎？终亦必亡，不过举身家国而同毙耳。"① 因此康有为认为中国不适合实行革命，而主张实行渐进的君主立宪。八年前康有为写作《法国革命记》进献给光绪皇帝时曾说："正是路易十六面对事态发展时的优柔寡断态度，助长了民众的革命行动。……中国若不想重蹈法国革命覆辙，清政府必须自行进行彻底改革。"② 这说明康有为关于法国大革命的观点发生了变化。康有为认为中国自两千年前改郡县制后，就已经不存在贵族阶层，实现了人人平等，无封建压制，民众久已经自由，"以文明之本皆具，自由平等之实久得，但于物质民权二者少缺耳。但知所缺在物质民权，则急急补此二者可也"③。他说中国民众已经非常自由平等了，这是与法国情况不同的，那些仰慕法国革命自由的人，应该深思明察。康有为认为中国的特殊状况不适合革命，并且革命将会引发如同法国一样的祸患，因此他主张中国通过改良的方式实现君主立宪。他说："仆审内外，度时势，以为中国只可行君主立宪，不能行共和革命，若行革命，则内讧分争，而促外之瓜分矣。若立宪法，君民同治，满汉不分，则以万里之地，四万万之民，有霸地球之资焉。"④ 况且中国民众所欠缺的在于民权，如果通过立宪民众可以获得权利的话，那么国家便能强大。因此当今中国最切近的急务在于宪政，而宪政即"当合朝野上下共图之，尤重且切矣，朝廷既决行而日考定之矣，又下诏令全国民预备之矣。国民之责任不可逃，政党之权利不可失"⑤。并且如果实行立宪的话，倡导革命的理论也将不攻自破。"散四万万人则愚兮，合四万万则

---

① 康有为．法国大革命记［M］//汤志钧．康有为政论集：上册．北京：中华书局，1981：591．

② 佐藤慎一．近代中国的知识分子与文明［M］．刘岳兵，译．南京：江苏人民出版社，2006：191．

③ 上海市文物保管委员会编．列国游记——康有为遗稿［M］．上海：上海人民出版社，1995：320．

④ 康有为．布告百七十余埠会众丁未新年元旦举大庆典告藏保皇会改为国民宪政会文［M］//汤志钧．康有为政论集：上册．北京：中华书局，1981：598．

⑤ 康有为．布告百七十余埠会众丁未新年元旦举大庆典告藏保皇会改为国民宪政会文［M］//汤志钧．康有为政论集：上册．北京：中华书局，1981：600．

圣。宪法立兮，君民同庆"，表达了他呼吁立宪的心情。1907 年康有为代草了请愿书，代表海外亚美欧非澳五洲二百埠商民向清政府提出了立开国会、实行立宪的请愿书。由此可知，康有为反对革命，主张君主立宪，从而保障民权的政治主张。

四、以立宪政府实现法律保障的民权思想

这一阶段，严复非常关注自由与国家政治制度的关系。特别是当时政界中流行的立宪运动，严复尤为关注，他认为立宪的政府体制是民众自由的重要保障，是民众是否拥有民权的重要标志，因此这一时期他大力支持立宪运动，从理论上阐述立宪政府的真正含义，同时他也指出立宪政府需要一定的条件，他希望通过教育培育立宪之民，而对于对立宪运动产生阻力的革命派他是大力批驳的。

首先，严复认为真正的自由是在法律保障下的民权的实现。他批驳了认为在专制体制下政府暴虐则民众无自由和政府仁慈则民众有自由的说法。他认为暴虐政府之下民众无自由的说法是与事实不相符的；同时认为仁慈政府的所作所为也并非民众的真正自由。他指出：

> 人动谓居于暴虐政府之下者，为奴隶国民，一若政府暴虐，则国民即无自由之事者，此于事实，亦未尽符。盖使其民生逢仁爱国家，以父母斯民自任，然而耕则为定播获之时，商则为制庸赢之率，工则与之以规矩，士则教其所率由，其于民也，若襁负而绳牵之，毫末无所用其发己之志虑。嗟呼！此在中国或将奉其上以神明父母之称，以其身所遭，为千载一时之嘉遇。顾彼西民则以如是之政府，为真夺其自由，而己所居者，乃真无殊于奴隶。①

从西方关于自由的理解来说，中国传统中"为民父母"型的政府剥夺了民众的自由，生活在如此政府下的民众是不自由的。因此他得出的结论

---

① 严复. 政治讲义 [M] // 王栻. 严复集. 北京：中华书局，1986：1283.

是民众的自由与政府的仁暴是两回事，民众的自由与民权有关，与国家的政治制度中是否有法律保障民众的权利有关。他说：

> 今假政府之于民也，惟所欲为，凡百姓之日时，百姓之筋力，乃至百姓之财产妻孥，皆惟上之所命。欲求免此，舍逆命造反而外，无可据之法典，以与之争。如是者，其政府谓之专制，其百姓谓之无自由，谓之奴隶。……立宪者，即立此吾侪小人所一日可据以与君上为争之法典耳。其无此者，皆无所谓立宪，君上仁暴，非所关于毫末也。①

民众是否自由不以政府的管束或干涉多少为区分，而是以是否拥有法律保障的民权为标准。关于民权，他认为："国之所以常处于安，民之所以常免于暴者，亦恃制而已，非恃其人之仁也。恃其欲为不仁而不可得也，权在我者也。使彼而能吾仁，即亦可以吾不仁，权在彼者也。在我者，自由之民也；在彼者，所胜之民也。必在我，无在彼，此之谓民权。"② 拥有民权需要法律的保障，而能够保障民权的法律必定是民众自己制定的，因此在西方，民众真正拥有自由的国家，必定有议院，即 "故西人所称之自由国，必其有议院以为立法成赋之机关。政府行事，必对于此而有责任，凡其所为，必受察于议院，设行事为民心所不附，议院有权以易置之"③。由此严复认为要实现真正的自由、要拥有民权必须建立立宪的政治制度。

其次，严复认为立宪政府既是一种法制政府又是一种责任政府。严复认为："夫立宪义法固繁，而语其大纲，要不过参用民权而已。不过使国中人民，于政府所为之事，皆觉痛痒相关而已。……是故自由立宪，限制君权，议立大典，定国民应享权利等语，皆五百年来产物，非西国当日所旧有者，不可取论以前之世局。"④ 立宪政府是社会天演之结果，是民众争取自由民权的产物，即使在西方也是近五百年以来所出现的现象，因此严复

---

① 严复.政治讲义 [M] //王栻.严复集.北京：中华书局，1986：1284.
② 严复.《法意》按语 [M] //王栻.严复集.北京：中华书局，1986：972.
③ 严复.政治讲义 [M] //王栻.严复集.北京：中华书局，1986：1285.
④ 严复.政治讲义 [M] //王栻.严复集.北京：中华书局，1986：1268-1269.

指出当今中国的革命派宣扬的"汉祖入关，为除专制，黄巢革命，乃伸民权"① 是不符合历史发展的事实，也是不可能实现民权的。立宪政府所制定的法律所有人必须遵守，"今日所谓立宪，不止有恒久之法度已也，将必有其民权与君权，分立并用焉。有民权之用，故法之既立，虽天子不可以不循也"②。立宪政府实际上是一种责任政府，立宪政府中非常重要的一个机构是议院，而议院存在的重要作用在于使政府的行为受到国民的监督。既然如此，严复认为称立宪政府为责任政府更加合适，他认为："盖政府无责云者，专制政府，惟所欲为，即至辱国累民，赔款割地，其高高在上，而安享富贵自若。即有责任，亦对于更上之君权，或对于其国之邻敌。其于百姓，以法制言，固无责也。一有议院，则议院之权，得以更置政府，故名有责政府也。"③ 立宪政府的责任是对民众的责任，之所以政府必须对民众负责是因为民众拥有"更置政府"的权利，也即民众具有民权，因此民众拥有权利并通过议院来实现权利是立宪政府的内涵所在。

最后，严复认为立宪政府是天演形成的，其产生是有一定条件限制的。严复认为政府权力的多少是自然演化的过程，君权与民权界限的划分也是天演的过程。他指出：

> 盖天演途术，视国家所为，有非人所得主者，内因外缘，合而成局。人群各本自性，结合以求自存，非其能国家也，乃其不能不国家。诸公若问政府权力，宜以何为限制，吾便答云：无有限制，但汝此时，须得多大权力政府者，其政府自具多大权力，不溢不欠，成于自然，非人力也。盖诸哲之论政府也，每分何者为政府所应管，何者为其所不应管，由此而政府之权限以立，特吾意不然。但以政府权界广狭为天演自然之事，视其国所处天时地势民质何如。当其应广，使为之狭，其国不安，当其应狭，而为之广，其民将怨。④

---

① 严复. 政治讲义［M］// 王栻. 严复集. 北京：中华书局，1986：1269.
② 严复.《法意》按语［M］// 王栻. 严复集. 北京：中华书局，1986：940.
③ 严复. 政治讲义［M］// 王栻. 严复集. 北京：中华书局，1986：1287.
④ 严复. 政治讲义［M］// 王栻. 严复集. 北京：中华书局，1986：1290.

　　立宪政府的形成是天演的过程，严复指出当今中国朝野上下纷纷倡言立宪，朝廷五大臣所考察的也不过是欧美各国当时实行的政治体制，"故今日立宪云者，无异云以英、法、德、意之政体，变中国之政体。然而此数国之政体，其所以成于今日之形式精神，非一朝一夕之事。专归其功于天运，固不可，专归于人治，亦不可；天人交济，各成专规"①。清廷所制定的预备立宪的上谕，是"期于久道而后化成者"，是符合天演的过程的。并且立宪政府中议院的代表是民众选举产生的，"推举之众，各国资格不同，享用此权，数有多寡，而政家遂以此觇各国自由程度焉"②。因此民众的程度不同将是民众拥有民权和享有自由的一个重要条件，"故一民之政权，虽极微而不可弃，几于失之则死，得之乃生。此如鄙人尝论教育普及，其程度不必求高，但使二十年以后，吾国无不识字之人，其程度即令极低，如能自署己名，略识方向数目之类，果能做到，民智教化，必然大有改观，吾国之利，不可亿计"③。严复认为立宪政府的形成不是一蹴而就的事情，特别在当时之中国是不宜立刻实行立宪改革的。他认为中国此时民众才智太浅，还不足以参与国事，自海禁以来，与西方各国接触日益密切，在接触中中国人逐渐发现中国的落后和差距，"乃今幡然而议立宪，思有以挽国运于衰颓，此岂非黄人之幸福！"但是建立立宪政府是需要条件的，"顾欲为立宪之国，必先有立宪之君，又必有立宪之民而后可。立宪之君者，知其身为天下之公仆，眼光心计，动及千年，而不计一姓一人之私利。立宪之民者，各有国家思想，知爱国为天职之最隆，又济之以普通之知识，凡此皆非不学未受文明教育者之所能辨明矣"④。立宪之君和立宪之民的产生需要教育的普及，因此当今教育的责任即在于陶铸国民使之能够实行新的政治制度，这并不难，但是需要时间，严复同时指出改革"难在乎平亭古法旧俗，知何者之当革，不革则进步难图；又知何者之当因，不因则由变

①　严复. 宪法大义［M］//王栻. 严复集. 北京：中华书局，1986：240.
②　严复. 政治讲义［M］//王栻. 严复集. 北京：中华书局，1986：1304.
③　严复. 政治讲义［M］//王栻. 严复集. 北京：中华书局，1986：1304.
④　严复. 宪法大义［M］//王栻. 严复集. 北京：中华书局，1986：245.

得乱。一善制之立，一美俗之成，动千百年而后有，奈之何弃其所故有，而昧昧于来者之不可知耶!"①。

严复这一阶段关于民权自由的言论，对当时的立宪运动具有推波助澜的作用。从他关于民权的论述中可知，他关于民权的认识已经"突破民本思想的传统，直揭西方近代民主政治的精神"②。

第四节　国家富强与国民平等观照下的民生思想

从兴中会章程和同盟会宣言中可以看出，兴中会时代与同盟会时代的革命主义，其主要的差别就在于同盟会时代增加了"平均地权"的主张，而"平均地权"就是孙中山后来阐述的"民生主义"，孙中山的民生主义的形成，是在他伦敦脱险之后不久。③ 孙中山有时也用社会主义或平均地权为民生主义的同义异词。因此在《民报》最初数期中，胡汉民、冯自由、朱执信等所发表的有关土地国有论，与社会革命及政治革命并行的言论，都应视为祖述中山先生民生主义的义旨，加以发挥。④ 本节主要阐述立宪运动前期思想界关于民生主义的思想。

一、以平均地权和土地国有实现均贫富思想

1905 年革命团体的联合组织中国同盟会正在筹备中，在筹备会议上，孙中山提出了同盟会的四大革命纲领，但有许多人对"平均地权"提出疑义。孙中山乃讲演世界各国社会革命的历史及其发展趋势，他说："现代文明国家最难解决者，即为社会问题，实较种族、政治二大问题同一重要。

① 严复. 宪法大义 [M] //王栻. 严复集. 北京：中华书局，1986：245-246.
② 韦政通. 中国的智慧 [M]. 长沙：岳麓书社，2003：45.
③ 在近代史资料中也认为孙中山的民生主义是在 1905 年春天他访问欧洲时形成的。并说当时他访问了布鲁塞尔的第二国际书记处，请求社会党国际局接纳他的党为成员，并表示了"毕其功于一役"的想法。(转引自丁守和. 辛亥革命时期期刊介绍：第一集 [M]. 北京：人民出版社，1982：507.)
④ 元冰峰. 清末革命与君宪的论争 [M]. 台北："中央研究院"近代史研究所，1980：209.

我国虽因工商业尚未发达，而社会纠纷不多，但为未雨绸缪计，不可不杜渐防微，以谋人民全体之福利。欲解决社会问题，则平均地权之方法，乃实行之第一步。本会系世界最新之革命党，应立志远大，必须将种族、政治、社会三大革命，毕其功于一役。"① "不当专问种族、政治两大问题，必须并将来最大困难之社会问题亦连带解决之，庶可建设一世界最良善富强之国家。"② 其中"平均地权"即孙中山后来所说的"民生主义"的核心问题。从以上孙中山对平均地权的解释中可以得出以下几点：他认为社会问题与种族、政治问题是同等重要的，时下中国社会问题并不困难，但将来将成为最大困难，社会问题的解决在革命中是连带的而非主要的任务。

在军政府宣言中，孙中山又是这样解释"平均地权"的，他说："文明之福祉，国民平等以享之。当改良社会经济组织，核定天下地价。其现有之地价，仍属原主所有；其革命后社会改良进步之增价，则归于国家，为国民所共享。肇造社会的国家，俾家给人足，四海之内，无一夫不获其所。敢有垄断以制国民之生命者，与众弃之。"③。以此可以总结出孙氏平均地权理论的三大重点在于："原则上要平等；方式上用改良法；目的则为建造一个社会主义的国家。"④ 其原则上的平等具有"均贫富"的意味，用孙氏自己的话就是"民生主义，就是因贫富不均，想要设法挽救"⑤ 才提出的；其改良的方法分两个步骤，一是核定地价，现有的地价归原主所有，二是革命后的增价归国家所有，为国民所共享。

从以上的分析中可见孙中山所提出的民生主义是为防范中国出现欧美国家存在的社会问题而做出的未雨绸缪的方案，其目的是为中国谋幸福，是"不愿少数富人专制，故要社会革命"。⑥ 是要中国成为一个良善的、至善至美的国家。正如墨子刻所说："孙氏的思想却掉进了乌托邦主义的陷

①　陈锡祺．孙中山年谱长编：上册［M］．北京：中华书局，1991：344.

②　陈锡祺．孙中山年谱长编：上册［M］．北京：中华书局，1991：344.

③　孙中山．军政府宣言［M］//孙中山选集．北京：人民出版社，1956：69.

④　朱浤源．同盟会的革命理论："民报"个案研究［M］．台北："中央研究院"近代史研究所，1995：155.

⑤　孙中山．同盟会宣言［M］//孙中山选集．北京：人民出版社，1956：77.

⑥　孙中山．三民主义与中国前途［M］//孙中山选集．北京：人民出版社，1956：79.

阱，因为他以为均富的资本主义，无政客的民主，以及人同此心，心同此理的'多元主义'乃是人类所能实行的目标。用张灏教授的话来说，他的'幽暗意识'不够。"①

胡汉民把孙中山的民生主义阐发为"土地国有"，他认为土地国有在三代的井田之制已经呈现，是我民族所固有的政策，因而实行于政治改革时代，是不难的；土地为生产要素，不是人为形成的，不应该私有，并且土地私有流弊太多，如可能出现土地的兼并以致形成土地的集中，造成地主的绝对强权等；土地的价值生于社会，并非个人之功劳；征收土地税须经过国家的合法程序；土地国有的政策在民主国家收效更大，有可能接近共产的境界；土地为国家所有，人民没有"所有权"，只有"使用权"。② 胡汉民还认为社会革命可以与种族、政治革命同时举行，他说："若中国者，仅一扑灭异族政府之劳，而国中一切阶级，无复存遗，社会主义乃顺于国民心理，而又择其易者以从事，其成功非独所期，殆可预必也。"③ 但是为什么推倒异族政府就容易实行社会主义，并且社会主义还顺应了国民心理，胡汉民并没有解释清楚，胡汉民还主要在接受孙中山的观念，从他的阐述中"可以看到孙氏十八年后演讲三民主义关于土地国有政策的原则"④。而陶成章则是这样理解革命派的"土地国有"，他说："要把田地改作大家公有财产，也不准富豪们霸占，使得我们四万万同胞，并四万万同胞的子孙，不生出贫富的阶级，大家安安稳稳享福有饭吃呢。"⑤ 这哪里是为共和国谋划，简直就是中国贫民在做"人人有饭吃，人人有田耕""有福同享，有饭同吃"的美梦！

---

① 朱浤源. 同盟会的革命理论："民报"个案研究 [M]. 台北："中央研究院"近代史研究所，1995：墨子刻序，2.
② 参见朱浤源. 同盟会的革命理论："民报"个案研究 [M]. 台北："中央研究院"近代史研究所，1995：186.
③ 胡汉民. "民报"之六大主义 [M] //张枬，王忍之. 辛亥革命前十年间时论选集（第二卷）：上册. 北京：生活·读书·新知三联书店，1960：378.
④ 朱浤源. 同盟会的革命理论："民报"个案研究 [M]. 台北："中央研究院"近代史研究所，1995：186.
⑤ 转引自王人博. 宪政文化与近代中国 [M]. 北京：法律出版社，1997：273.

二、以鼓励投资和保护农工实现国家富强和国民平等思想

梁启超认为革命派所说的民生主义不过只是"撷拾布鲁东、仙士门、麦喀等架空理想之唾余，欲夺富人所有以均诸贫民，即其机关报所标六主义之一，云'土地国有'者是也"①。这种理论即使在贫富悬殊的欧美社会，常常足以"煽下流"，因此不但在当时不可能实现，而且在千百年以内都不可能实现，这是世界学者的公论。梁启超的主要观点：第一，社会革命如果与政治革命、民族革命同时进行的话，将无法行走。因为同情甲主义的人不一定同情乙主义，而同情乙主义的人也不一定同情甲主义，这就造成他们将不会去帮助他们革命，况且反对民生主义的大多是上流社会的人士，因此如果实行社会革命的话，革命必定遭遇失败。第二，实行社会革命，将导致"游荡无赖子乃至乞丐罪囚之类，艳羡富民之财产可以均占，利用新政府之主义，而屠上流社会之族，潴上流社会之室，而挟此功以来降也"②。第三，经过这样的社会革命如果成功的话，其所成立的地方议会将大部分"必皆为家无儋石、目无识丁者而已"。由这种莠民组成的议会必将不称其为真正的议会，其政府也将不能成为好的政府。第四，如果社会革命实行的话，"大革命后，四万万人必残其半"，"十余年后，大难削平，田土之无主者十而七八"。③ 只有这样才有利于革命派民生主义的真正实行。梁启超通过以上对革命派民生主义的反驳得出结论，他认为革命派"土地国有"的民生主义不可能实现国民的平等和国家的富强，反而导致社会的混乱，他认为"土地问题不是中国的主要问题，中国所患在贫，不在不均"。而改良中国的情况，"应从资本入手，土地问题较不重要。中国未来经济上的重点在鼓励投资以及保护劳工"④。梁启超关于民生的观点在当

时的社会中具有代表性，他是从当时社会的现状和观感出发进行思考得出的，与康有为和严复具有很大的相似性。

三、以培育国民物质学实现国家富强思想

康有为在欧美出游七八年，遍游欧美十余国，仔细观察并比较中西的得失，对中国问题的认识更加深刻。他认为中国数千年的文明，"偏重于道德哲学，而于物质最缺然，即今之新物质学"①。而欧洲百年来最卓有成效的是国民学和物质学，国民是中国数年来大力提倡的，但是中国病弱的根源在于贫穷，其救急的药方在于物质学。物质学在欧美也刚刚诞生一二百年，"夫势者，力也；力者，物质之为多。故方今竞新之世，有物质学者生，无物质学者死"②。

首先，康有为认为欧美比中国强的原因不在于道德哲学而在于物质。欧美与中国比较，如果以物质论文明的话，欧美必定胜于中国；如果以道德论文明，则可以说中国胜于欧美，或者说双方互有长短而已。中国人"贫苦而好学，不求利达，殆天性也"。但是中国人今日败于欧美人，"在此一二百年间，而所最大败远不如之者，即在一二百年间新发明之工艺兵炮也"③。而工艺兵炮都是物质，"物质者，至粗之形而下者也，吾国人能讲形而上者，而缺于形而下者，然则今而欲救国乎？专从事于物质足矣"④。而物质之学的习得需要一定的时间，康有为说："夫炮舰农商之本，皆由工艺之精奇而生；而工艺之精奇，皆由实用科学，及专门业学为之。实用科学与专门业学，皆非六七年不能成，即捷径可得，亦须四五载，而学异国

---

① 康有为.物质救国论［M］//汤志钧.康有为政论集：上册.北京：中华书局，1981：565.

② 康有为.物质救国论［M］//汤志钧.康有为政论集：上册.北京：中华书局，1981：565.

③ 康有为.物质救国论［M］//汤志钧.康有为政论集：上册.北京：中华书局，1981：568.

④ 康有为.物质救国论［M］//汤志钧.康有为政论集：上册.北京：中华书局，1981：569.

之语者，尚须数年，故总计工艺炮舰之学能成，非十载不可。"① 从而指明中国贫弱的根源在于物质学的缺乏，而物质学的学习和掌握是需要一定时间的，指明学习物质学的紧迫性。

其次，康有为认为在物质学方面，中国救国最急切需要的是工艺、汽电、炮舰与兵等方面。他为物质学在中国国内的开设设计了几种方法，分别是实业学校，小学增机器、制木二科，博物院，型图馆，制造厂，分业职业学校，赛会，七种交举而并行，互摩而致精，乃可为也。② 在具体实施中，第一，在各省大市府，如上海、天津等地方开设实业学，"令各国驻使，访求专门名匠，聘为教习，分门设科，虽糜重费不惜也"③。各国的专门人才现在很多，只要重金聘请，各国的实业专门技艺不出数年就可以习得掌握。第二，宜令全国的小学，增设机器和制木两门学科，结合儿童的好玩天性，引导他们模仿万物，制作成模型，学校购买缩型物品，如道路、铁轨、电线、桥梁等各种通常器物或者各种机器模型等，让儿童上课模仿制作，十数年后则物质方面人才辈出，可以与美国竞争。第三，在大城市开设博物院，可仿照"苏格兰博物院各汽机，与华盛顿创制专利院之新器，每事购其一具，若力不足，募人捐之"④。康氏认为中国人难以制造出新的机器，在于见闻太少，工厂难以开办，也在于购买机器太贵，即使购进机器也不新的缘故。因此，举一国或一省之力开设博物院陈列新型机器，让国人参观、学习和模仿，以创造出新的机器。第四，"宜每省开一型图馆，聚百国各业之型图，大陈其间，以开民智，此万无惜费之理也"⑤。康氏认为工学如果无型无图的话，就如同航海而处于绝流断港中一样，欧美国家

---

① 康有为. 物质救国论［M］//汤志钧. 康有为政论集：上册. 北京：中华书局，1981：569.

② 康有为. 物质救国论［M］//汤志钧. 康有为政论集：上册. 北京：中华书局，1981：575.

③ 康有为. 物质救国论［M］//汤志钧. 康有为政论集：上册. 北京：中华书局，1981：575.

④ 康有为. 物质救国论［M］//汤志钧. 康有为政论集：上册. 北京：中华书局，1981：577.

⑤ 康有为. 物质救国论［M］//汤志钧. 康有为政论集：上册. 北京：中华书局，1981：578.

大多设立型图馆，以支持开设民力物质之学。第五，国家大力鼓励自开工厂，开设工厂是实业之财源，是解决今日中国贫穷的基础。

最后，康有为认为物质学在理财，而理财之本在于官制，因此他认为实行地方自治，开设省府县乡议院，其理财之法才可以实行。以上是康氏游历欧美数十国所获得的经验和启示，认为这些是当时中国救国之急务。

四、以加强实业教育解决中国贫弱思想

严复一直非常关注民生问题，他认为中国贫弱之病源在于实业的落后和对实业的不够重视。中国在海禁之前实行闭关自守政策，不与外界交流和竞争，"时至今日，舟车电邮之疾速，为往古之所无，故虽欲守前此之局有不可得"①。而在与外界接触过程中，中国所存在的弊端日益显现，中国的贫弱和落后成为国人的共识，但是中国贫弱之原因则众说纷纭，"曰中国之所以受侮者，无强权耳。于是以讲武诘戎为救时惟一之政策。又曰中国之所以贫弱者，坐利权之见夺耳。于是以抵制排外为富强扼要之方针。顾不知耗散国财，惟兵为甚"②。据此指出练兵制造军械和排外并不能使中国走上富强的道路，相反有可能使中国国财耗尽，以致更加贫弱。因此严复认为"中国今日自救之术，固当以实业教育为最急之务。何则？惟此乃有救贫之实功，而国之利源，乃有以日开，而人人有自食其力之能事。语曰既富方谷，又曰仓廪实而后知礼义，兵力教化，何一非富足而后可言乎！"③。

实业教育之所以是当今最急之务，是因为实业是中国最急之务，是关系到中国富强和民生饱暖的事业，他说："果使四百兆实业进步，将优胜富强，可以操券；而风俗民行，亦可望日进于文明。……实业将必有救国利民之效，……实业之事，将以转生货为熟货，以民力为财源，被之以工巧，

---

① 严复. 实业教育：侯官严复在上海商部高等实业学校演说 [M] //王栻. 严复集. 北京：中华书局，1986：204.
② 严复. 实业教育：侯官严复在上海商部高等实业学校演说 [M] //王栻. 严复集. 北京：中华书局，1986：204.
③ 严复. 实业教育：侯官严复在上海商部高等实业学校演说 [M] //王栻. 严复集. 北京：中华书局，1986：204.

塞一国之漏厄，使人人得饱暖也。"① 关于实业的利国利民，从大的方面说，主要有矿、路、舟车、冶、织、兵器等方面，这是国人所共见的；从小的方面说，主要是民众的日常所用，至于缄线锥刀，琉璃瓷纸等方面，这是大部分国人没有见到的。所以我国人人言救亡，但争言变法，每谈变法，必取材于外国，而对于本国旧有之物，则不用，这种方式的救亡变法只对官商贵富有利，而对"遍地之小民，凡勤俭劳力以治身者，又无裨也！其于全国，岂有豸乎？故吾谓实业为功，不必著意于重且大，但使造一皮箱、制一衣扣、一巾、一镜之微谓，果有人焉，能本问学以为能事，力图改良旧式，以教小民，此其功即至不细，收利即至无穷耳"②。实业是当今贫弱之中国利国利民的"最急之务"，但是今日之教育却存在误区，因为"吾国近日风气，教育所亟，大抵不出政法、武备两涂"。而政法和武备教育亦存在着很大的弊端，"顾武备为物，其所待之外缘极多，必皆讣合，而后有守坚战胜之可望。使外缘不相为助，而惟兵之求，恐事变推移，将徒得其恶果。至于政治为学，不得其人，则徒长嚣风，其于国尤无益"③。所以这两种教育都不如实业更加有效，但可惜的是中国旧的风俗阻碍实业教育人才的形成。因此，当今实业教育在于驱除往日学界的不足，彰显对国家和人民的功劳。

第五节　小　结

立宪运动前期（1905—1907）这一时段，中国思想界关于民族国家的理解更加深刻，国民意识觉醒的程度更加强烈。他们对国家建构中的政体选择问题和政党建设问题都有更加深入的思考，党派意识也更加明确，并

---

① 严复. 实业教育：侯官严复在上海商部高等实业学校演说［M］//王栻. 严复集. 北京：中华书局，1986：207.

② 严复. 实业教育：侯官严复在上海商部高等实业学校演说［M］//王栻. 严复集. 北京：中华书局，1986：209.

③ 严复. 实业教育：侯官严复在上海商部高等实业学校演说［M］//王栻. 严复集. 北京：中华书局，1986：209.

且开始积极投身于政党建设中。因此这一时段中国形成了具有近代意义的两大政党组织，即革命团体和立宪团体。他们在对国家建构的途径选择问题和国家政体选择问题上产生了很大的分歧，革命团体主张通过排满革命手段建立民主共和政体的国家，而立宪团体则主张通过改良渐进的方式建立君主立宪政体的国家，他们各自以团体的机关报为阵地展开了针锋相对、壁垒森严的论争，他们的论争主要围绕孙中山提出的三民主义即民族主义、民权主义、民生主义展开，本章主要从这三个方面展开考察和论述他们的民论主张。在两大团体积极倡导并寻求实际行动进行国家建构的压力下，清政府采取了积极回应，1905 年派遣五大臣出国考察其他国家政体，1906年发布预备立宪上谕，1907 年设立制宪局，并发布设立资政院和谘议局上谕，可谓国家政体改革一年一大步。清政府的改革措施也影响到思想界的精英们，他们积极投身到国家政体的建设中。本章在对主要思想家这一时段政治活动论述的基础上，对他们关于民族国家、民权主义和民生问题的思想观念进行了阐述，这一时段思想界的民论呈现出从国民资格、政府合法性和保障民权的政体选择的角度去关注的特点，现总结如下：

关于民族主义思想呈现出的特点。以孙中山为首的革命团体认为满族和汉族属于不同的民族，三百多年的接触由于清政府实行种族压迫政策使两大民族未发生同化，根据民族国家理论清政府统治中国是不具有合法性的，因此革命首要任务是实行排满的民族革命；这一时段梁启超的民族思想主要通过与革命团体的论争体现出来，他通过对民族六要素的具体分析认为满族和汉族已经同化，已经成为一个混合民族，中国不经过种族革命同样可以实现政治革命，种族革命并不是时下中国的主要任务，中国时下主要任务是团结国内各民族建设一个强大的民族国家；严复通过对西方国家政治学说的分析认为国家不是以种族划分的，不同种族可以组成同一个国家，真正的国家是以利益和保护为基础建立的，因此真正的国家以维护社会秩序为宗旨，从而批驳了革命团体排满的革命观念。

关于民权主义思想呈现出的特点。革命团体认为通过政治革命推翻君主专制实现民主共和政体的国家，其实现的途径要经过军政、训政、宪政三阶段，就能实现民权，实现民众的自由、平等和博爱。梁启超认为中国不能实行民主共和政体，因为通过革命能达到的不可能是民主共和而只能是民主专制，并且他从人民的角度分析中国当时不能立刻实行君主立宪政体，只能先经过开明专制的过渡阶段，培育民众的政治能力然后才能实现君主立宪政体。康有为坚持他一贯的通过实行地方自治召开地方议会的方式保障民权的实现，在这一时段，他通过论述法国革命警示国人，革命只能造成国家的混乱和灭亡，从而批驳革命团体的革命手段，他主张通过改良渐进方式建立君主立宪国家。严复从西方政治理论的高度阐述自由和立宪政府的真正含义，他认为自由是法律保障下民权的实现，立宪政府既是一种法制政府又是一种责任政府，他认为立宪政府是天演形成的，是需要一定条件的，立宪政府在当时的中国不能立刻实行，需要教育普及、陶铸立宪之君和立宪之民，他与梁启超的观点可谓不谋而合。

关于民生主义思想呈现出的特点。革命团体提出"平均地权"的主张，他们认为时下中国的社会问题并不重要，但将来必定最为重要，因此需要未雨绸缪，通过种族革命和政治革命附带着把社会问题一起解决掉。他们提出"土地国有"主张，他们的主要目的在于减少贫富差距，实现均富的社会主义。梁启超认为革命团体的民生主张不可能实现国民平等和国家富强，只能造成社会混乱，他认为中国时下的民生问题在于民众贫穷，其解决途径在于鼓励投资和保护劳工，在于大力发展资本主义商品经济。康有为认为中国贫弱在于物质方面，中国救国最急切在于工艺汽电炮舰与兵等物质方面的发展，他开列出实行物质发展的几种方法。严复也认为中国贫弱的病源在于实业方面和对实业的不重视，因此他主张通过实业教育大力发展实业。在此可以看出梁启超、康有为和严复对当时中国社会问题的认识大体相似，他们都主张大力发展商品经济以改变中国贫穷的现状。

综合上述，立宪运动前期无论立宪团体还是革命团体，他们的国家观念逐渐成熟，在此基础上他们的民论思想达到一个新高度。相对于传统民本思想，虽然民作为国家之本而受到古代思想家的重视和强调，但民仍然是一种消极被动的角色而处于被统治的地位，是统治者治理和统治的对象，而这一时段思想家的民论本质便是赋予民一种积极主动的角色，乃至使之成为国家的主人和政治的权力（或权利）主体。他们通过民族主义、民权主义、民生主义关于民在国家政治生活中的地位，表达他们在国家建构中通过民族认同实现民众的国民资格认同，通过民权主义实现人民主权的政治权利主体地位，通过民生主义实现民众生活保障的坚固后盾。从而体现思想家民论的日益成熟和对民本思想的超越，并初步具有了西方国家思想中的某些民主观念。

结　语

　　20 世纪前后在中国发生过三次重要战争，分别是甲午中日战争、庚子事变和日俄战争，三次战争都对中国产生了重要影响，甲午中日战争引发中国自上而下的政治改革即戊戌变法，庚子事变引发以民族国家思想建构国家的浪潮，日俄战争引发朝野上下立宪运动的推进。战争作为一个国家的重要政治事件对思想界影响是巨大的，正如梁启超所说："因政治的剧变，酿成思想的剧变，又因思想的剧变，致酿成政治上的剧变。前波后波展转推荡"①。本书在阐述从传统天下观向近代国家观转变和形成的基础上，分三个时段考察清末即 1895—1907 年中国思想界民论的思考。在考察中笔者既关注不同时段思想家民论对国家建构的影响，同时又关注思想家民论对传统民本思想的继承和超越，在此基础上，笔者考察不同思想家的民论主张。

　　戊戌维新时期，即 1895—1898 年，甲午战争失败和洋务运动破产给思想界带来巨大刺激，思考中国国家失败、积弱的原因和如何使中国成为富强国家成为当时思想界的共同目标。在这种时代背景下，思想家从不同的角度展开民论思考。通过考察，笔者发现这一时段思想家主要从民生、民智和民权三个方面展开民论思考，他们首先认识到中国四万万民众与其他国家相比在人数上是占绝对优势的，但在国家总体力量对比上中国又是贫弱的，思想家认识到其中原因有两个方面：一是中国君民上下不相通，他们认识到西方国家的强大在于合群体之力，而中国君民分割、民众分散、君民不同心，从而导致中国四万万民众并没有形成合力；一是中国民众贫弱、愚昧，用严复的

---

① 梁启超．中国近三百年学术史［M］．北京：人民出版社，2008：30.

话就是民力已衰、民智未开，个体之民力量非常弱，即使形成合力也不强大。在此认识基础上，思想家纷纷提出主张和建议，其中康有为提出通过自上而下的改革以开民智和设议院，通过自下而上的宣传和倡导以开民智，两条途径得到了当时社会的广泛响应。在民智方面，思想家认为中国传统的八股取士阻塞民众才智，要开启民智只有学习西方自然科学和社会科学，"于是举国争事于学矣"①，思想家大力倡导组织学会、创办报纸、兴办学校，希望以此承担开启民智责任，也希望通过开民智使民众既掌握农学、工学、商学等各方面知识，用以改善民众生活状况，也希望通过开民智使民众明白作为国家一员应该承担的责任，从而使更多人关心国家强弱兴衰。严复的"鼓民力、开民智、新民德"对此做了最好的概括，以此首先增强个体民众个人之力。在中国传统民本思想中，"教民"也是重民思想中的重要内容，但是教民的内容主要是"孝悌忠信之教"，在前文中曾有论述，而在戊戌维新时期开民智明显借鉴了西方自然科学和社会科学的相关内容，在开民智的方式上更加体现时代特色。在此基础上，思想家又提出了通过开设议院给予民众以"民权"，并大力倡导"人人有自主之权"② 的观念。这一时期思想家提出的民权虽然大多是民众参与政事的权利，属于参政权范畴，这与早期维新派王韬等提出的"君民共治"参与权具有继承关系，但是他们提出的"人人自主之权"却明显对传统民本思想和早期维新派具有超越意义，"中国学者自古代便有生知之说，认为每一个人都有'四端'，能辨善恶，都有道德本能。但是这只是说人人皆有道德禀赋，并没有说人人禀赋都有同样价值，都有自主之权"③。他们认为设立议院是达到合群的重要措施，西方国家正是因为设议院实行君民共治才使国家强大的。从以上思想家对民智、民权的主张和观点可知，这是

---

① 康有为. 物质救国论 [M] //汤志钧. 康有为政论集：上册. 北京：中华书局，1981：564.

② 此词出自基督教士编著的《万国公报》等书，在西教士的一些专著中亦用此词。（参见刘广京. 晚清人权论初探：兼论基督教思想之影响 [M] //夏勇. 公法：第1卷. 北京：法律出版社，1999：39.）

③ MUNRO D J. The Concept of Man in Early China [M]. Stanford：Stanford University Press，1969；MUNRO D J. Images of Human Nature：A Sung Portrait [M]. Princeton：Princeton U-niversity Press，1988. （转引自刘广京. 晚清人权论初探：兼论基督教思想之影响 [M] //夏勇. 公法：第1卷. 北京：法律出版社，1999：25.）

近代民族国家建设中非常重要的一步，即培育民众的国家认同，"原先认同部落、地区或其他亚国家团体的人必须认识到他们是这个国家的第一批公民，但这并不会轻易、快速或者是自动地发生"①。戊戌维新时期思想家关于民智、民权的主张和观点表明，他们通过改善民众的知识结构努力使民众认同国家，并达到与国家命运紧密相连，承担国家责任的目标。这一时期思想家的活动以康有为等人得到光绪帝信任并进行"变法维新"达到高潮，而以戊戌政变落下帷幕，但是思想家所倡导和宣传的"开民智""兴民权"思想观念逐渐被越来越多的人所接受，也引起政府当局者的恐慌和仇恨。② 这一时期思想家关于民生、民智、民权方面的主张既有对传统民本思想和早期维新派民论思想的继承，又有对西方民主思想的借鉴。

戊戌之后，即 1899—1904 年，庚子事变和随后签订的《辛丑条约》使中国陷入被西方列强"无形瓜分"的境地。这一时段中国社会受到西方更加广泛的影响，正如柯伟林所指出的："自 19 世纪中叶起，中国的历史便与全球经济、政治和思想的进步紧密地连在一起了。"③ 尤其是中国新思想的产生更与世界思想具有了密切关系。正如梁启超所说："因亡命客及留学生陡增的结果，新思想运动的中心，移到日本东京，而上海为之转输。"④ 这一时段中国面临被西方列强瓜分的危险，求中国自立、自存成为时代主题。主要思想家如梁启超、康有为等流亡海外，对西方社会和学说有了更加深刻的认识和理解，对中国所处国际局势有了更加清楚的认识。在此基础上思想家展开关于中国之民的思考和认识。通过考察，笔者发现这一时段思想家主要从中国人种和民性、民族主义、中国之民的塑造等几个方面展开民论思考。流亡海外的梁启超和康有为首先认为中国人种和民性具有非常好的品格，中国人不知

---

① 罗斯金，科德，梅代罗斯，等．政治科学［M］．林震，王锋，范贤睿，译．北京：华夏出版社，2001：35.

② 梁启超后来曾说：（戊戌政变后）"反动日演日剧，仇恨新学之不已，迁怒到外国人，跟着闹出义和团事件，丢尽中国的丑。而满洲朝廷的权威，也同时扫地无余，极耻辱的条约签字了，出走的西太后也回到北京了。"（选自梁启超．中国近三百年学术史［M］．北京：人民出版社，2008：31.）

③ 柯伟林．德国与中华民国［M］．陈谦平，陈红民，等译．南京：江苏人民出版社，2006：1.

④ 梁启超．中国近三百年学术史［M］．北京：人民出版社，2008：31.

爱国不是民性之劣而是不知有国。梁启超大力介绍西方国家学说，并注意到
"民族主义者，实制造近世国家之原动力也"①。随后开始倡导民族主义学说
和观念，希望以民族主义学说加强国民的国家认同，从而建设强大的民族国
家。但是民族主义思潮在国内流行却刺激了国内青年知识分子的种族意识，
国内掀起轰轰烈烈的排满革命，"产生革命联盟或革命同步行动的共鸣之处通
常就是民族主义，刺激通常就是外敌"②。自此国家建构中经常出现的第二大
障碍即政府合法性问题在中国呈现，梁启超、康有为和严复等思想家纷纷发
表言论以纠正排满风气之偏。关于民族和民族主义西方学者认为："'民族'
的建立是基于构建主权国家的需要，人为因素在其中有着相当的重要性，比
如激发民族情操的宣传与制度设计等，可以说，并不是民族创造了国家和民
族主义，而是国家和民族主义创造了民族。"③ 因此可以说民族主义是一把双
刃剑，这在中国戊戌变法之后民族国家的建构中也验证了这一说法。正如张
灏先生所说："中国民族主义是一个性格很不稳定的思潮，是一把双刃剑，有
它建设性的一面，也有它破坏性的一面。就它的破坏性而言，它可以造成族
群解纽的威胁，也可以变成现代化与民主化的绊脚石。"④ 其次在国家思想宣
传中，思想家普遍意识到中国民众不具有国家观念，如缺乏公德、没有义务
观念和公民意识等，他们指出中国民众具有的弱点并寻找根源和解决方法，
为中国民众形成国家认同寻找良策，梁启超和严复提出教育育民策略，康有
为提出通过地方自治培育公民自治的制度设计，而革命团体提出通过革命培
育革命人格以消除中国民众奴隶根性的方法。由此可以看出，这一时段中国
在民族国家建构中遇到"合法性危机"和"认同性危机"双重障碍，而思想
家正是从这两个方面展开民论思考。这一时段思想家受西方民族国家影响，
纷纷提出国民资格问题，梁启超提出"新民说"，康有为提出"公民自治"，
邹容提出"中国者，中国人之中国"口号，这表明他们都是从民族国家角度

① 梁启超. 论民族竞争之大势 [M] //饮冰室文集点校. 吴松，卢云昆，王文光，等点
　校. 南京：江苏教育出版社，2001：787.
② 亨廷顿. 变化社会中的政治秩序 [M]. 王冠华，译. 北京：生活·读书·新知三联书
　店，1989：278.
③ 霍布斯保姆. 民族与民族主义 [M]. 李金梅，译. 上海：上海人民出版社，2000：10.
④ 张灏. 幽暗意识与民主传统 [M]. 北京：新星出版社，2006：175.

观察民，认为在专制国家下民众是奴隶，而民族国家中"国民"应承担起国家兴亡的责任，这是一种超越传统的"国民权"。他们认为在传统中国，把朝廷当作国家，民是朝廷之奴隶；而到了清末，在亡国灭种危机意识中国家国民意识逐渐产生，这种"国民权"同时否定了传统天民思想所具有的散沙式自由和君主权，从而使国民集团权利发达起来而个人权却完全无望。①

立宪运动前期，即1905—1907年，日俄战争日本的胜利对中国思想界产生巨大影响，立宪政体改革开始成为时代主题，这时西方国家建构中的"政党"也在中国出现，中国政治思想层面上出现两大对立的政治派别，即立宪团体和革命团体，其中立宪团体的政治主张是通过渐进的和平请愿的方式"要求"政府实行政治改革，以建立君主立宪的民族国家；而革命团体的政治主张是通过激进革命手段推翻清政府，建立民主共和的民族国家。两大政治派别展开激烈论争，笔者通过考察发现他们围绕三个方面展开论争：民族主义、民权主义和民生主义。思想家的民论正是解决国家建构中的"参与性危机"②。其中以孙中山为首的革命团体提出以革命方式通过军政、训政、宪政三阶段实现民权和民众平等参与政事，关于民生他们主张通过"土地国有""平均地权"方式实现贫富均平。而梁启超、康有为和严复提出通过渐进方式进行政体改革以实现民权，并且他们关注通过发展资本经济以改变民众贫穷的教育措施和制度设计，希望通过经济发展使国家走向富强道路。这一时段革命团体民族主义具有明显的明末种族思想痕迹，而立宪团体及严复的民族思想受到西方民族主义的深刻影响。关于民权主义，无论是革命团体选择的民主共和政体还是立宪团体选择的君主立宪政体都是从西方国家政体中引入的结果，其实现的民权具有某些西方民主的含义，但由于中西方文化传统不

---

① 沟口雄三. 中国民权思想的特色［M］. 孙歌，译//夏勇. 公法：第1卷. 北京：法律出版社，1999：14.

② 参与性危机：当人们充分意识到自己被统治时，他们就"要求能在政府里说得上话"，这种感觉首先从受过教育、经济境况良好和社会地位较高的人开始。解决参与性危机的最好办法是采取渐进的步骤。（参见罗斯金，科德，梅代罗斯，等. 政治科学［M］. 林震，王锋，范贤睿，译. 北京：华夏出版社，2001：35-39.）

同，二者在实质上还存在差别。① 关于民生主义，革命团体的民生主张既具有中国传统中"三代井田之制"的意味，又更多地吸收了欧美国家的社会主义学说。而立宪团体及严复的民生主张则更多借鉴了西方国家发展资本主义经济而使国家富强的思想。

清末处在特殊的国际国内时代环境中，身处其中的思想家既从中国传统又从西方传统中选择那些他们迫切需要的思想，并修正某些西方思想以符合他们所熟悉的思维模式。清末中国面临亡国灭种的危险境地，建构强大的民族国家成为时代的迫切需要，传统"民惟邦本，本固邦宁"成为他们思考的起点，通过解释经典以满足新的需要，它本身便是中国思想一个悠久传统。通过民本思想这一棱镜来剖析西方民主，19世纪思想家为自己做出解释——个人权利如何能够成为国家权力。② 清末时期思想演进最激烈的是1895—1907年，这一时段思想界民论不断走向深化和成熟，其中近代国家观念也由产生到不断成熟，近代国家建构也由民众认同危机、政府合法性危机到国家政体选择不断演进。本书正是以这一时段作为研究范围，以重大政治事件，即甲午中日战争、庚子事变、日俄战争为分界，分三个时段对思想界民论进行全面考察和研究，以展现这一时段思想界民论的特征，以及对近代国家建构的影响和推动。相对于传统民本思想，虽然民作为国家之本受到古代思想家的重视和强调，但民仍然是一种消极被动的角色而处于被治的地位，是统治者治理和统治的对象，而近代民论的本质便是赋予民一种积极主动的角色，乃至使之成为国家的主人和政治的权力（或权利）主体，当然在现实层面这样的目标仍有待实现，即民仍然可能是消极被动的，但正因为意识到这一点，所以思想家才会提出开民智、新民德、鼓民力的主张，并提出君民共治、君主立宪、民主共和等政治制度方面的构想，乃至提出民族主义、民权主义和民生主义的系统理论主张，三大主义涉及民族认同、人民主权和民生保障等

① 黄克武称中国清末产生的民主观念为"以转化为基调并充满乐观精神的民主观"，并具体分析了这种民主观的特点和与西方自由民主思想的不同。（详见黄克武. 清末民初的民主思想：意义与渊源［M］//中国现代化论文集. 台北："中央研究院"近代史研究所，1991：383-388.）

② 内森. 中国权利思想的渊源［M］. 黄列，译//夏勇. 公法：第1卷. 北京：法律出版社，1999：72.

近现代民族国家及其政治生活实质的诸多重大问题，而其中笔者认为应以民权主义为核心，对于增强基于民族认同意识的国家力量和促进实现保障民生的社会分配正义的目标，民权的实现是其基础和前提条件。当然，在当时乃至今天这些仍然是富有争议性的问题，却是我们必须面对和努力去解决的难题。系统梳理和厘清清末或近代民论的基本内涵、历史演化过程及其所涉及的各种思想争议与理论分歧，正是本书在学术研究方面的价值和意义所在。

参考文献

一、中文专著

[1] 包天笑. 钏影楼回忆录 [M]. 香港：香港大华出版社，1971.

[2] 蔡尚思，方行. 谭嗣同全集 [M]. 增订本. 北京：中华书局，1981.

[3] 蔡尚思. 论清末民初中国社会 [M]. 上海：复旦大学出版社，1983.

[4] 陈来. 古代宗教与伦理 [M]. 北京：生活·读书·新知三联书店，2009.

[5] 陈弱水. 公共意识与中国文化 [M]. 北京：新星出版社，2006.

[6] 陈旭麓. 近代史两种 [M]. 上海：华东师范大学出版社，1996.

[7] 陈旭麓. 近代中国社会的新陈代谢 [M]. 上海：上海人民出版社，1992.

[8] 丁守和. 辛亥革命时期期刊介绍 [M]. 北京：人民出版社，1982.

[9] 丁守和. 中国近代启蒙思潮 [M]. 北京：社会科学文献出版社，1999.

[10] 费孝通. 费孝通论文化和文化自觉 [M]. 北京：群言出版社，2005.

[11] 冯桂芬. 校邠庐抗议 [M]. 郑州：中州古籍出版社，1998.

[12] 冯自由. 革命逸史 [M]. 北京：新星出版社，2009.

[13] 耿云志. 西方民主在近代中国 [M]. 北京：中国青年出版社，2003.

[14] 郭绍敏. 清末立宪与国家建设的困境 [M]. 郑州：河南大学出版社, 2010.

[15] 郭世佑. 晚清政治革命新论 [M]. 北京：中国人民大学出版社, 2010.

[16] 郭廷以. 近代中国史纲：上册 [M]. 香港：香港中文大学出版社, 1989.

[17] 韩锴. 中国民本思想 [M]. 北京：红旗出版社, 2006.

[18] 何启, 胡礼垣. 新政真诠 [M]. 沈阳：辽宁人民出版社, 1994.

[19] 湖南省哲学社会科学研究所. 唐才常集 [M]. 北京：中华书局, 1980.

[20] 黄福庆. 清末日本留学生 [M]. 台北："中央研究院" 近代史研究所, 1975.

[21] 黄克武. 清末民初的民主思想：意义与渊源 [M] //中国现代化论文集. 台北："中央研究院" 近代史研究所, 1991.

[22] 黄克武. 一个被放弃的选择：梁启超调适思想之研究 [M]. 北京：新星出版社, 2006.

[23] 黄宗智. 中国研究的范式问题讨论 [M]. 北京：社会科学文献出版社, 2003.

[24] 姜义华. 章太炎思想研究 [M]. 北京：中国人民大学出版社, 2009.

[25] 教军章. 中国近代国民性问题研究的理论视域及其价值 [M]. 北京：中国社会科学出版社, 2009.

[26] 金冲及, 胡绳武. 辛亥革命史稿（第 1 卷）：中国资产阶级革命派的形成 [M]. 上海：上海辞书出版社, 1979.

[27] 金观涛, 刘青峰. 观念史研究：中国近代重要政治术语的形成 [M]. 北京：法律出版社, 2009.

[28] 金观涛, 刘青峰. 开放中的变迁：再论中国社会超稳定结构 [M]. 北京：法律出版社, 2011.

[29] 金观涛, 刘青峰. 兴盛与危机：论中国社会超稳定结构 [M]. 北

京：法律出版社，2011.

[30] 金观涛，刘青峰. 中国现代思想的起源：超稳定结构与中国政治文化的演变：第一卷 [M]. 香港：香港中文大学出版社，2000.

[31] 金观涛. 探索现代社会的起源 [M]. 北京：社会科学文献出版社，2010.

[32] 金耀基. 中国民本思想史 [M]. 北京：法律出版社，2008.

[33] 景跃进，张小劲. 政治学原理 [M]. 北京：中国人民大学出版社，2006.

[34] 康有为. 春秋笔削大义微言考 [M]. 台北：宏业书局，1976.

[35] 康有为. 大同书 [M]. 郑州：中州古籍出版社，1998.

[36] 康有为. 康有为全集 [M]. 上海：上海古籍出版社，1992.

[37] 康有为. 康有为文集 [M]. 北京：线装书局，2009.

[38] 康有为. 孟子微 [M]. 北京：中华书局，1987.

[39] 李华兴，张元隆，李海生. 索我理想之中华：中国近代国家观念的形成与发展 [M]. 合肥：安徽教育出版社，2005.

[40] 李孝悌. 清末的下层社会启蒙运动 [M]. 石家庄：河北教育出版社，2001.

[41] 梁景和. 清末国民意识与参政意识研究 [M]. 长沙：湖南教育出版社，1999.

[42] 梁启超. 论中国学术思想变迁之大势 [M]. 上海：上海古籍出版社，1998.

[43] 梁启超. 清代学术概论 [M]. 上海：上海古籍出版社，1998.

[44] 梁启超. 戊戌政变记 [M]. 桂林：广西师范大学出版社，2010.

[45] 梁启超. 先秦政治思想史 [M]. 天津：天津古籍出版社，2003.

[46] 梁启超. 新民说 [M]. 郑州：中州古籍出版社，1998.

[47] 梁启超. 饮冰室文集点校 [M]. 吴松，卢云昆，王文光，等点校. 南京：江苏教育出版社，2001.

[48] 梁启超. 中国近三百年学术史 [M]. 北京：人民出版社，2008.

[49] 梁启超. 中国历史研究法 [M]. 上海：上海古籍出版社，1998.

［50］林存光，侯长安．与权力对话：儒家政治文化［M］．济南：山东教育出版社，2011．

［51］林存光．先秦诸子政治哲学研究［M］．沈阳：辽海出版社，2006．

［52］林明德．袁世凯与朝鲜［M］．台北："中央研究院"近代史研究所，1984．

［53］林志均．饮冰室合集［M］．北京：中华书局，1989．

［54］刘禾．跨语际实践：文学、民族文化与被译介的现代性［M］．北京：生活·读书·新知三联书店，2002．

［55］刘泽华，张分田．思想的门径：中国政治思想史研究方法论［M］．天津：天津古籍出版社，2006．

［56］卢向国．温情政治的乌托邦：中国古代民本思想的机理研究［M］．天津：天津人民出版社，2008．

［57］鲁迅．鲁迅全集［M］．北京：人民文学出版社，1981．

［58］闾小波．近代中国民主观念之生成与流变：一项观念史的考察［M］．南京：江苏人民出版社，2011．

［59］罗荣渠．现代化新论：世界与中国的现代化进程［M］．北京：商务印书馆，2004．

［60］钱穆．中国文化史导论［M］．北京：商务印书馆，1994．

［61］任剑涛．从自在到自觉：中国国民性探讨［M］．西安：陕西人民出版社，1992．

［62］桑兵．庚子勤王与晚清政局［M］．北京：北京大学出版社，2004．

［63］上海博物馆图书资料室．上海碑刻资料选辑［M］．上海：上海人民出版社，1980．

［64］石介．徂徕石先生文集［M］．陈植锷，点校．北京：中华书局，1984．

［65］宋仁．梁启超政治法律思想研究［M］．北京：学苑出版社，1990．

［66］孙宝瑄．忘山庐日记［M］．上海：上海古籍出版社，1983．

［67］孙文．三民主义［M］．台北：三民书局，2007．

［68］孙中山．孙中山选集［M］．北京：人民出版社，1956．

[69] 谭嗣同．仁学 [M]．郑州：中州古籍出版社，1998．

[70] 汤志钧．康有为政论集：上册 [M]．北京：中华书局，1981．

[71] 汤志钧．康有为传 [M]．台北：台湾商务印书馆，1997．

[72] 汤志钧．戊戌变法史 [M]．上海：上海社会科学院出版社，2003．

[73] 陶文钊．费正清集 [M]．天津：天津人民出版社，1992．

[74] 汪荣祖．晚清变法思想论丛 [M]．北京：新星出版社，2008．

[75] 王尔敏．晚清政治思想史论 [M]．桂林：广西师范大学出版社，2007．

[76] 王尔敏．中国近代思想史论 [M]．北京：社会科学文献出版社，2003．

[77] 王汎森．晚清的政治概念与"新史学" [M]．石家庄：河北教育出版社，2001．

[78] 王汎森．中国近代思想与学术的系谱 [M]．长春：吉林出版集团有限责任公司，2011．

[79] 王人博．宪政文化与近代中国 [M]．北京：法律出版社，1997．

[80] 王人博．中国的宪政之道 [M]．济南：山东人民出版社，2003．

[81] 王人博．中国近代宪政史上的关键词 [M]．北京：法律出版社，2009．

[82] 王栻．严复集 [M]．北京：中华书局，1986．

[83] 王韬．弢园文录外编 [M]．郑州：中州古籍出版社，1998．

[84] 韦磊．美国的近现代中国研究 [M]．北京：北京师范大学出版社，2010．

[85] 韦政通．中国的智慧 [M]．长沙：岳麓书社，2003．

[86] 韦政通．中国十九世纪思想史 [M]．台北：东大图书公司，1992．

[87] 韦政通．中国思想史方法论文选集 [M]．上海：上海人民出版社，2009．

[88] 魏源．海国图志 [M]．郑州：中州古籍出版社，1999．

[89] 翁同龢．翁同龢日记 [M]．北京：中华书局，2006．

[90] 吴文程．政治发展与民主转型：比较政治学理论的检视与反思

［M］．长春：吉林人民出版社，2008．

［91］吴玉章．辛亥革命［M］．北京：人民出版社，1961．

［92］夏勇．公法：第1卷［M］．北京：法律出版社，1999．

［93］夏勇．中国民权哲学［M］．北京：生活·读书·新知三联书店，2004．

［94］萧公权．中国政治思想史［M］．沈阳：辽宁教育出版社，1998．

［95］谢扶雅．中国政治思想史纲［M］．台北：正中书局，1954．

［96］熊月之．西学东渐与晚清社会［M］．北京：中国人民大学出版社，2011．

［97］熊月之．中国近代民主思想史［M］．上海：上海人民出版社，1986．

［98］徐复观．学术与政治之间：甲集［M］．上海：华东师范大学出版社，2009．

［99］徐继畲．瀛寰志略［M］．初刻本．上海：上海辞书出版社，1848（道光二十八年）．

［100］许纪霖，宋宏．现代中国思想的核心观念［M］．上海：上海人民出版社，2011．

［101］许政雄．清末民权思想的发展与歧义：以何启、胡礼垣为例［M］．台北：文史哲出版社，1992．

［102］闫玉刚．改造国民性：走近鲁迅［M］．北京：中国社会出版社，2005．

［103］殷海光．中国文化的展望［M］．上海：上海三联书店，2009．

［104］余英时．历史与思想［M］．台北：联经出版事业公司，1976．

［105］余英时．士与中国文化［M］．上海：上海人民出版社，2003．

［106］余英时．中国思想传统的现代诠释［M］．南京：江苏人民出版社，2003．

［107］余英时．中国文化的重建［M］．北京：中信出版社，2011．

［108］俞祖华．深沉的民族反省：中国近代改造国民性思潮研究［M］．济南：山东人民出版社，1996．

[109] 元冰峰. 清末革命与君宪的论争 [M]. 台北:"中央研究院"近代史研究所, 1980.

[110] 袁洪亮. 人的现代化:中国近代国民性改造思想研究 [M]. 北京:人民出版社, 2005.

[111] 袁伟时. 帝国落日:晚清大变局 [M]. 南昌:江西人民出版社, 2003.

[112] 张分田. 民本思想与中国古代统治思想(上)[M]. 天津:南开大学出版社, 2009.

[113] 张灏. 梁启超与中国思想的过渡(1890—1907)[M]. 北京:新星出版社, 2006.

[114] 张灏. 烈士精神与批判意识 [M]. 北京:新星出版社, 2006.

[115] 张灏. 危机中的中国知识分子:寻求秩序与意义 [M]. 北京:新星出版社, 2006.

[116] 张灏. 幽暗意识与民主传统 [M]. 北京:新星出版社, 2006.

[117] 张枬, 王忍之. 辛亥革命前十年间时论选集(第一卷)[M]. 北京:生活·读书·新知三联书店, 1960.

[118] 张朋园. 立宪派与辛亥革命 [M]. 长春:吉林出版集团有限责任公司, 2007.

[119] 张朋园. 梁启超与清季革命 [M]. 长春:吉林出版集团有限责任公司, 2007.

[120] 张朋园. 中国民主政治的困境(1909—1949):晚清以来历届议会选举述论 [M]. 长春:吉林出版集团有限责任公司, 2008.

[121] 张品兴. 梁启超全集 [M]. 北京:北京出版社, 1999.

[122] 张师伟. 民本的极限:黄宗羲政治思想新论 [M]. 北京:中国人民大学出版社, 2004.

[123] 张玉法. 清季的革命团体 [M]. 北京:北京大学出版社, 2011.

[124] 张玉法. 清季的立宪团体 [M]. 台北:"中央研究院"近代史研究所, 1971.

[125] 章开沅, 林增平. 辛亥革命运动史稿 [M]. 北京:中国人民大学

出版社，1988.

[126] 赵伯雄. 周代国家形态研究 [M]. 长沙：湖南教育出版社，1990.

[127] 郑超麟. 黄遵宪与近代中国 [M]. 北京：生活·读书·新知三联书店，1988.

[128] 郑观应. 盛世危言 [M]. 郑州：中州古籍出版社，1998.

[129] 郑匡民. 梁启超启蒙思想的东学背景 [M]. 上海：上海书店出版社，2003.

[130] 中共中央马克思恩格斯列宁斯大林著作编译局. 马克思恩格斯选集：第二卷 [M]. 北京：人民出版社，1972.

[131] 中国史学会. 中国近代史资料丛刊本：辛亥革命 [M]. 上海：上海人民出版社，2000.

[132] 中华书局上海编辑所. 秋瑾集 [M]. 北京：中华书局，1960.

[133] 周建超. 近代中国"人的现代化思想"研究 [M]. 北京：社会科学文献出版社，2010.

[134] 周阳山，杨肃献. 近代中国思想人物论晚清思想 [M]. 台北：台北时报文化出版事业有限公司，1980.

[135] 朱浤源. 同盟会的革命理论："民报"个案研究 [M]. 台北："中央研究院"近代史研究所，1995.

[136] 朱忆天. 康有为的改革思想与明治日本 [M]. 上海：上海人民出版社，2011.

二、中文译著

[1] 安德森. 想象的共同体：民族主义的起源与散布 [M]. 吴叡人，译. 上海：上海人民出版社，2005.

[2] 狄百瑞. 中国的自由传统 [M]. 李弘祺，译. 贵阳：贵州人民出版社，2009.

[3] 杜赞奇. 从民族国家拯救历史：民族主义话语与中国现代史研究 [M]. 王宪明，译. 北京：社会科学文献出版社，2003.

[4] 杜赞奇. 文化、权力与国家：1900—1942 年的华北农村 [M]. 王福

明，译．南京：江苏人民出版社，2010.

[5] 费正清．剑桥中国晚清史（1800—1911）[M]．中国社会科学院历史研究所编译室，译．北京：中国社会科学出版社，1985.

[6] 费正清．中国：传统与变迁 [M]．张沛，张源，顾思兼，译．长春：吉林出版集团有限责任公司，2008.

[7] 盖尔纳．民族与民族主义 [M]．韩红，译．北京：中央编译出版社，2002.

[8] 宫崎滔天．三十三年之梦 [M]．林启彦，译注．香港：三联书店，1981.

[9] 郝大维，安乐哲．先贤的民主：杜威、孔子与中国民主之希望 [M]．何刚强，译．南京：江苏人民出版社，2004.

[10] 赫胥黎．天演论 [M]．严复，译．郑州：中州古籍出版社，1998.

[11] 亨廷顿．变化社会中的政治秩序 [M]．王冠华，等译．北京：生活·读书·新知三联书店，1989.

[12] 亨廷顿．文明的冲突与世界秩序的重建 [M]．周琪，刘绯，张立平，等译．北京：新华出版社，1998.

[13] 黄仁宇．黄河青山：黄仁宇回忆录 [M]．张逸安，译．北京：生活·读书·新知三联书店，2001.

[14] 霍布斯鲍姆．民族与民族主义 [M]．李金梅，译．上海：上海人民出版社，2000.

[15] 杰克曼．不需暴力的权力：民族国家的政治能力 [M]．欧阳景根，译．天津：天津人民出版社，2005.

[16] 柯伟林．德国与中华民国 [M]．陈谦平，陈红民，等译．南京：江苏人民出版社，2006.

[17] 柯文．在传统与现代性之间：王韬与晚清改革 [M]．雷姬，罗检秋，译．南京：江苏人民出版社，2006.

[18] 柯文．在中国发现历史：中国中心观在美国的兴起 [M]．林同奇，译．北京：中华书局，2002.

[19] 里普森．政治学的重大问题：政治学导论 [M]．刘晓，等译．北

京：华夏出版社，2001.

　　[20] 利玛窦，金尼阁. 利玛窦中国札记 [M]. 何高济，王遵仲，李申，译. 北京：中华书局，2010.

　　[21] 列文森. 梁启超与中国近代思想 [M]. 刘伟，刘丽，姜铁军，译. 成都：四川人民出版社，1986.

　　[22] 列文森. 儒教中国及其现代命运 [M]. 郑大华，任菁，译. 桂林：广西师范大学出版社，2009.

　　[23] 刘禾. 帝国的话语政治：从近代中西冲突看现代世界秩序的形成 [M]. 杨立华，译. 北京：生活·读书·新知三联书店，2009.

　　[24] 罗斯金，科德，梅代罗斯，等. 政治科学 [M]. 林震，王锋，范贤睿，译. 北京：华夏出版社，2001.

　　[25] 墨子刻. 摆脱困境：新儒学与中国政治文化的演进 [M]. 颜世安，高华，黄东兰，译. 南京：江苏人民出版社，1995.

　　[26] 任达. 新政革命与日本——中国：1898—1912 [M]. 李仲贤，译. 南京：江苏人民出版社，1998.

　　[27] 实藤慧秀. 中国人留学日本史 [M]. 谭汝谦，林启彦，译. 北京：生活·读书·新知三联书店，1983.

　　[28] 史扶邻. 孙中山与中国革命的起源 [M]. 丘权政，符致兴，译. 北京：中国社会科学出版社，1981.

　　[29] 史华兹. 寻求富强：严复与西方 [M]. 叶凤美，译. 南京：江苏人民出版社，1990.

　　[30] 斯宾塞. 群学肆言 [M]. 严复，译. 北京：商务印书馆，1981.

　　[31] 萧公权. 近代中国与新世界：康有为变法与大同思想研究 [M]. 汪荣祖，译. 南京：江苏人民出版社，2007.

　　[32] 徐中约. 中国近代史 [M]. 计秋风，朱庆葆，译. 香港：香港中文大学出版社，2001.

　　[33] 甄克思. 社会通诠 [M]. 严复，译. 北京：商务印书馆，1981.

三、中文期刊

　　[1] 安树彬. 从传统天下观到近代国家观 [J]. 华夏文化，2004 (1).

[2] 陈平原. 论近代中国改造国民性的社会思潮 [J]. 近代史研究, 1992 (1).

[3] 郭绍敏. 君主立宪与中国民族国家建设 [J]. 二十一世纪, 2011 (127).

[4] 韩丽雯. 立足本土传统 彰显文化自觉: 读《原理及其意义——探索中国法律文化之道》有感 [J]. 中国政法大学学报, 2012 (1).

[5] 黄广友. 回应"挑战": 刘大年晚年关于革命史范式的思考 [J]. 清华大学学报 (哲学社会科学版), 2012 (1).

[6] 黄彰健. 读康有为《日本变政考》[J]. 大陆杂志, 1970, 40 (1).

[7] 金观涛, 刘青峰. 从"天下""万国"到"世界": 晚清民族主义形成的中间环节 [J]. 二十一世纪, 2006 (94).

[8] 李华兴. 戊戌维新与国家观念的转型 [J]. 史林, 1998 (2).

[9] 林存光. 思想、社会与历史: 刘泽华先生的"王权主义"说评析 [J]. 天津社会科学, 2009 (3).

[10] 林存光. 维新运动与孔子观念的裂变 [J]. 齐鲁学刊, 2005 (5).

[11] 林存光. 转换视角, 重读诸子: 评刘绪义的《天人视界: 先秦诸子发生学研究》[J]. 中国图书评论, 2009 (9).

[12] 任剑涛. 政党、民族与国家: 中国现代党化国家形态的历史、理论分析 [J]. 学海, 2010 (4).

[13] 孙晓春. 儒家民本思想发微 [J]. 吉林大学社会科学学报, 1995 (5).

[14] 王汎森. 戊戌前后思想资源的变化: 以日本因素为例 [J]. 二十一世纪, 1998 (45).

[15] 王珂. 民族: 一个来自日本的误解 [J]. 二十一世纪, 2006 (95).

[16] 王人博. 论民权与人权在近代的转换 [J]. 现代法学, 1996 (3).

[17] 王人博. 民权词义考论 [J]. 比较法研究, 2003 (1).

[18] 王人博. 庶民的胜利: 中国民主话语考论 [J]. 中国法学, 2006 (3).

[19] 王人博. 中国宪政文化之自由理念 [J]. 现代法学, 1997 (6).

［20］王也扬.戊戌变法：近代中国唯一可能成功的改革［J］.浙江社会科学，2000（3）.

［21］谢放.戊戌前后国人对"民权""民主"的认知［J］.二十一世纪，2001（65）.

［22］闫润鱼，陆央云.20世纪90年代以来中国近代国民性改造思潮研究述评［J］.教学与研究，2009（3）.

［23］张分田，张鸿.中国古代"民本思想"内涵与外延刍议［J］.西北大学学报（哲学社会科学版），2005（1）.

［24］张分田.论"立君为民"在民本思想体系中的理论地位［J］.天津师范大学学报（社会科学版），2005（2）.

［25］张灏.再认戊戌维新的历史意义［J］.二十一世纪，1998（33）.

［26］张灏.中国近代思想史的转型时代［J］.二十一世纪，1999（52）.

［27］张灏.中国近代思想史的转型时代［J］.二十一世纪，1999（52）.

［28］张锡勤.中国近代资产阶级思想家对"奴隶性"的批判［J］.学习与探索，1988（6）.

［29］郑师渠.辛亥革命后关于国民性问题的探讨［J］.天津社会科学，1988（6）.

［30］郑云山.辛亥前夕的国民性问题探讨［J］.近代史研究，1992（1）.

［31］周建超.梁启超与《新民说》［J］.江苏社会科学，1997（4）.

四、学位论文

［1］冯先祥.同天不同公：康有为与孙中山的大同思想［D］.台北：台湾大学政治学研究所，2006.

［2］胡波.民本思想在近代中国的命运（1840—1912）［D］.广州：中山大学，2002.

［3］柯继铭.20世纪前十年思想史中的"民意识"研究［D］.成都：四川大学，2005.

［4］潘光哲.近代中国"民主想象"的兴起（1837—1895）［D］.台北：

台湾大学历史学研究所，2000.

［5］王人博. 中国近代宪政思潮研究［D］. 北京：中国政法大学，2001.

［6］王小红. 从天下到民族国家：十九世纪末期中国世纪秩序观的空间重构［D］. 兰州：兰州大学，2005.

五、外文

［1］KEENE D. The Survival of Chinese Literary Tradition in the Meiji Era［C］//谭如谦. 中日文化交流：第2册. 香港：香港中文大学出版社，1985.

［2］KEENE D. The Sino – Japanese War of 1894—1895 and Its Cultural Effects in Japan［M］//SHIVELY D H ed. Tradition and Modernization in Japanese Culture. Princeton：Princeton University Press，1971.

［3］REYNOLDS D. The Golden Decade Forgotten：Japan – China Relations 1898—1907［J］. The Transactions of the Asiatic Society of Japan，1987，2（4）.

后　记

本书是在我博士论文基础上修改而成的。选取思想界民论作为研究课题是与我的心性相关的。我不仅是国家公民中的一员，更是中国农民的女儿。长期以来，从农村走出来的我内心常常感到自卑，尽管我努力地去弥补，但那种内心深处的自卑感却挥之不去，这让我非常困惑和不解。带着这份困惑和不解我在阅读中逐渐喜欢上思想史和心理学，喜欢探究人们行为和观点背后的根源和思想。在阅读思想史时我注意到中国古代政治思想中一直贯穿着民本思想，注意到作为理论上的民受到思想家的重视，同时也受到统治者的重视，孟子的"民贵君轻"就是这种思想的最好表达；但作为现实中的民，思想家和统治者都认为民是没有独立能力的、需要他们保养和教化的人；受此影响，民自己也形成一种臣民意识，认为需要有圣人来解救他们，怀有一种浓烈的清官期待。这种心理理路似乎与现代社会的我的心路历程有某些相似，这似乎提供了某种解读和解释，但是我更期望能够解除这种普遍的心理，更渴望解除辜鸿铭所说的"无形辫子"的束缚。

在阅读中国近代政治思想史的相关书籍时，我似乎找到了思想家为之努力的历程，他们为培育自由和自立自强的国民不遗余力地思考和探索着。甲午战争之后，面临民族危机和列强环视的国际环境，先进的知识分子发出救亡图存的呐喊，开始思考国家独立和富强的途径和方法。西方文化作为一种强势文化对当时的知识分子产生深刻影响，特别是西方的国家思想、民主观念更是受到思想家的青睐，西方民众的自由、独立、自立自强、自治、爱国、勇敢等特性深深刺激着思想家的心灵，在内外环境的刺激下他们想到了中国国民特性中的种种弊端，开始了国民性批判和改造，并且开始在构建现代民族国家基础上，塑造符合现代民族国家要求的"新民"，他们从教育、报刊等各方面展开国民素质提升工作，并且他们的工作也卓有成效，在甲午战争到辛亥革命这一时段，中国国民意识得到提升，国民参与国家建设、争取国民权利、倡导建立立宪政府的呼声非常高昂。我非常投入地阅读着，为他们的思想而激动，为他们的行动而欢呼不已，为他们所遇到的困境与挫折而黯然神伤，并认为清末这一时段是中国极为宝贵为塑造符合民族国家建构之国民的重要资源。

　　本书选取这一时段思想界的民论研究，为的是考察和总结这一时段思想家宣传、倡导和塑造国民意识的种种努力，以及他们是如何借助传统文化中的有利思想和克服传统文化中的不利观念，从而接受和引入西方民主观念和公民意识的。吸取他们的教训、总结他们的经验，为当下公民意识的塑造提供可以借鉴的思路和途径，正是本研究关注的目标。在这一过程中，我个人也逐渐克服内心自卑走向心灵自由，自己的知识与思想得以升华。

　　我是用心灵和生命去做这项研究的。写作过程是我心灵涅槃和成长的过程，一方面挑战着我的情感和心灵，思想家深刻的思想深深打动着我，他们对民众的关切和对人生的感悟感化着我，夜深人静的时候我时常因为他们的困境而哭泣，因为他们的思想而感慨人生、感叹生命，并且感受到他们的心灵之痛和情感炽烈；另一方面挑战着我的学术素养和能力，学术素养的不足和理论驾驭能力的缺乏时常困扰着我，我真正体会到"书到用时方恨少"的尴尬和无奈。写作过程让我体会到对每个存在过的或存在着的生命的敬畏，体会到对思想的尊重，更让我体会到浩瀚知识的博大精深和人类思想和智慧的无限魅力！写作的过程尽管难熬，却让我收获颇丰，我为之而欣慰！本书尽管已经完成，但由此引发的思考还在继续，知识的不足还需要弥补，学术道路似乎也才刚刚开始，它将伴随我的生命而延续。